DIMENSÕES DA RECUSA

DIMENSÕES DA RECUSA

Vanessa Chreim

Dimensões da Recusa
© 2021 Vanessa Chreim
Editora Edgard Blücher Ltda.

Publisher Edgard Blücher
Editor Eduardo Blücher
Coordenação editorial Jonatas Eliakim
Produção editorial Lidiane Gonçalves
Preparação de texto Ricardo Souza
Revisão de texto Bárbara Waida
Imagem da capa iStockphoto

Blucher

Rua Pedroso Alvarenga, 1245, 4º andar
04531-934 – São Paulo – SP – Brasil
Tel.: 55 11 3078-5366
contato@blucher.com.br
www.blucher.com.br

Segundo o Novo Acordo Ortográfico, conforme 5. ed. do *Vocabulário Ortográfico da Língua Portuguesa*, Academia Brasileira de Letras, março de 2009.

Dados Internacionais de Catalogação na Publicação (CIP)
Angélica Ilacqua CRB-8/7057

Chreim, Vanessa
Dimensões da Recusa / Vanessa Chreim. – São Paulo : Blucher, 2021.
352 p.

Bibliografia
ISBN 978-65-5506-155-0 (impresso)
ISBN 978-65-5506-156-7 (eletrônico)

1. Psicanálise. 2. Recusa (Psicanálise).
I. Título.

21-3411 CDD 150.195

Índice para catálogo sistemático:
1. Psicanálise

Para Nissim, Paula, Johnny, Ariel, Beto, Dani, e os que vierem depois.

Conteúdo

Agradecimentos

Agradeço, em primeiro lugar, à vida, por me agraciar com a curiosidade, a sensibilidade e a ousadia para realizar este sonho. E por me ensinar a transformar a pele fina em pele psíquica.

Dizem que é preciso uma aldeia para criar uma criança. Como foi um parto escrever este livro, parece-me que a comparação é justa e, por isso, agradeço a tantos amigos, colegas, professores e parentes que fazem parte dessa aldeia. Entre eles, agradeço a algumas pessoas especiais.

Ao meu pai, por ter me transmitido a centelha mágica da curiosidade, da valorização do saber, da possibilidade de interpretação e do olhar ao estrangeiro. À minha mãe, pelas ricas trocas que temos sobre as diversas formas de escutar e de dizer. Aos meus irmãos e cunhados, cujo companheirismo aquece a alma e ensina o viver. Aos meus sobrinhos, que dividem sua infância comigo, nos quais encontro algumas das coisas mais bonitas e verdadeiras da vida.

À Fernanda Fazzio, amiga cúmplice neste jogo de letras e palavras. À Rachel Holcman e à Patrícia Vaz Prudente Corrêa, arrimos e inspirações das mulheres fortes e corajosas.

À Vera Maria de Moura Leme, à Bia Black, à Maggy Morabia e aos seus corações doces.

À Aline Choueke Turnowski, leitora de primeiras versões. Aos queridos e admirados amigos da Pontifícia Universidade Católica de São Paulo e do Instituto Sedes Sapientiae. Ao GT Pacu, uma nascente no meio da pandemia.

À Elisa Maria de Ulhôa Cintra, mestra que fez de mim mestre. Ao Luís Claudio Figueiredo, um mar de conhecimento que me leva a explorar novos terrenos. Ao Bernardo Tanis, pela escuta da minha escuta. À Marilucia Melo Meireles, por me ensinar a importância da palavra em ato.

À Thais Blucher e ao Jonatas Eliakim, por acatarem minha proposta sem restrições. À Áurea Rampazzo, fiel escudeira nesta empreitada, que fez a manutenção da pista de voo e aterrissagem para cada capítulo deste livro.

Ao Conselho Nacional de Desenvolvimento Científico e Tecnológico (CNPq) pelo financiamento do meu mestrado.

E, finalmente, à Talya Candi (Z"L), que antes de partir ainda estendeu a mão para o nascimento deste livro.

(...) mas se deixou levar por sua convicção de que os seres humanos não nascem para sempre no dia em que suas mães os dão à luz, e sim que a vida os obriga outra vez e muitas vezes a se parirem a si mesmos.

(MÁRQUEZ, 1986, p. 205)

Prefácio

O livro *Dimensões da Recusa*, que o leitor ora tem em mãos, resultou de uma pesquisa de muitos anos, que se estenderam desde o curso Formação em Psicanálise no Instituto Sedes Sapientiae até o mestrado da autora no Programa de Psicologia Clínica da Pontifícia Universidade Católica de São Paulo (PUC-SP). Tive o prazer de orientar o trabalho de Vanessa: uma aluna sempre presente aos seminários de orientação e que foi se tornando amiga e colega de trabalho. Há nela uma inconfundível chama de paixão pela pesquisa clínica e teórica no campo da psicanálise e das diversas expressões artísticas.

Vanessa me conta, com humor, que o fenômeno da Recusa chamou sua atenção quando estudava psicanálise pela primeira vez na graduação em Psicologia – um dos professores preencheu o quadro com conceitos psicanalíticos e a Recusa ocupava um pequeno cantinho inferior, como se fosse uma noção que não merecia muita atenção. A partir desse fragmento sem importância, o trabalho do pensamento e a pesquisa clínica e teórica fizeram surgir um trabalho de fôlego a respeito de uma dimensão da condição humana, com seus muitos desdobramentos, impasses e paradoxos. O aprofundamento do tema deu-se gradualmente, por meio da clínica e de um minucioso estudo de Freud e de autores, como Ferenczi, Klein, Winnicott, Bion, Green, Bass e outros autores contemporâneos.

No primeiro capítulo, Vanessa relata toda a história do conceito de Recusa na obra freudiana, de forma muito clara e competente, desde *A organização genital infantil*, de 1923, até os últimos textos escritos por Freud: *Compêndio de psicanálise* (1940[1938]a) e *A cisão do Eu no processo de defesa* (1940[1938]b). Por ser uma longa exposição de teorias metapsicológicas, o tema dessas páginas poderia tornar-se árido e monótono, mas, ao contrário, vai emergindo com vivacidade e fluidez, partindo sempre das exigências clínicas e da observação da vida cotidiana, para chegar à construção dos conceitos teóricos.

Encontramos aí um trabalho de ampliação da compreensão da angústia de castração, mostrando que a descoberta infantil da diferença dos sexos obrigará a uma mudança de posição da criança quanto ao prévio "saber" de que meninos e meninas teriam o mesmo genital, época na qual predominava a recusa em aceitar a diferença sexual. Essa nova posição exige que as crianças reformulem suas prévias teorias sexuais e leva a um primeiro contato com a descoberta de que todo saber estará sempre sujeito a reformulações.

A admissão da castração "promove a báscula entre duas posições subjetivas: uma alicerçada no tempo da suposta integridade narcísica e outra assentada no reconhecimento da própria incompletude da condição humana", conforme abordado no capítulo "A Recusa em Freud e o modelo do fetichismo".

Partindo dessas ideias, a autora retira então o complexo de castração de sua referência prioritariamente ligada à diferença anatômica dos sexos e introduz a lógica desse complexo no universo mais amplo do narcisismo e de suas quebras. Tudo que pode ferir o narcisismo passa a ser pensado como uma forma de "castração": a condição humana de desamparo, a necessidade de depender do auxílio alheio, a finitude, as perdas inevitáveis e o fato de estar sujeito ao tempo e às transformações tornam-se assim lugar de origem de toda sorte de traumas e feridas narcísicas. Na verdade, dirá Vanessa, no capítulo "A Recusa em Freud e o modelo do fetichismo", todas as *diferenças* entre os sujeitos, sejam elas "étnico-raciais, culturais, políticas, etárias, estéticas, entre tantas outras", acabam sendo impregnadas de fantasias, crenças e valores positivos ou negativos e ingressam, então, em uma infindável dialética entre o que adquire valor – o que é "fálico" – e o que é marca da falta ou deficiência.

A vida familiar e social exige um intenso trabalho de luto e de elaboração psíquica em torno da admissão e da não admissão das diferenças que separam os sujeitos humanos, dos diferentes lugares em que são colocados ao nascer, das posições de saber e poder que conquistam ou que são impedidos de conquistar e das dolorosas experiências afetivas ligadas a essas descobertas e esses processos. Neste âmbito metafórico, a angústia de castração ampliada servirá de inspiração a Freud (1926) para pensar o desamparo, e este, chamado por ele de *Urangst*, ou angústia originária, servirá de modelo a todas as angústias subsequentes que nascem das incontáveis feridas narcísicas e dos traumas e microtraumas cumulativos de uma vida inteira.

Em *Dimensões da Recusa*, o modelo do fetichismo em sentido ampliado, pensado por Freud e outros autores, permanece como um pano de fundo para analisar as incontáveis estratégias humanas para recuperar a crença nos ideais absolutos do narcisismo fálico em geral e, em particular, a crença na mãe fálica. Somos levados pela autora a descobrir uma infinidade de dimensões associadas ao desejo de recusar faltas e diferenças, e ao impulso de recuperar a experiência fugidia de plenitude. A autora captura nossa atenção e nos faz viajar através de dimensões poéticas e trágicas da vida humana, sem nos darmos conta de que, ao mesmo tempo, estamos aprendendo psicanálise.

Como é possível renunciar aos traços de memória de uma plenitude vivida em algum momento da vida intrauterina ou dos primeiros tempos de vida, quando um sistema biológico e depois ambiental se encarregou de tudo suprir? Como renunciar ao desejo de ser amado, preferido, reconhecido e colocado em um lugar de destaque e superioridade? Pequenas quebras nos projetos de perfeição fazem surgir grande ódio e fúria. Como renunciar ao desejo de ser atendido imediatamente e sentir-se subjetivamente poderoso? Por que isto aconteceu comigo e não com esta pessoa, aqui a meu lado? E, no entanto, é preciso fazer o luto originário de tudo isso: aceitar a condição de dependência, de espera para ser atendido, e a realidade de obter um prazer quase sempre incompleto, quando já se teve a ilusão de tudo poder ser e conquistar. Como a existência humana deixaria de ter uma dimensão trágica? É sobre isso que o livro de Vanessa falará em seguida.

Do segundo ao quinto capítulo a autora discorre sobre a perversão, o fetichismo, a crença na mãe fálica e uma inquietante estranheza – *Unheimliche* – que surge da persistência de fantasias de onipotência e do combate a um insuportável sentimento de impotência e desamparo. Impõe-se o sonho de garantir a dinâmica do Todo, isto é, tudo poder conquistar, nem que seja às custas de um remendo fetichista, de uma reparação maníaca, de um grande golpe. Predominam então os grandes golpes e as megafantasias, defendidas até o delírio, para proteger e remendar as faltas. O anseio de encontrar um mundo perfeito, onde seria possível a plena satisfação de suas demandas e seus desejos, é apresentado por meio de histórias cotidianas, casos clínicos e análise de filmes, como *A ilha do medo* (Scorcese) e *La Luna* (Bertolucci) e da história de Casanova.

Como podemos sair da captura pelo sistema do "todo", "imediatamente", sem espaço para pensar e sentir; levados pela vertigem e pela violência de um imaginário sem limites? O que fazer para sair deste impasse? É sobre isso que Vanessa refletirá nos últimos capítulos de seu livro.

No capítulo "O analista, a Recusa e o enquadre", Vanessa pensará sobre a função do analista e seu enquadre interno, com sua capacidade de aceitar e conter a irracionalidade, a violência destas demandas e da razão delirante, que precisará ser desconstruída pouco a pouco, fragmento por fragmento. Só o amor transferencial não é suficiente: é preciso decifrar os mecanismos de violência que são acionados pela tirania dos desejos fálicos de perfeição e sair de um sistema de aspirações absolutas, de uma lei do "tudo ou nada". Pensará sobre a Recusa da utopia e a perda da esperança em um mundo dominado por uma negação dos verdadeiros riscos da pandemia e por uma política de recusas e desmentidos.

Last but not least, não poderia deixar de mencionar um dos pontos mais interessantes deste livro. Trata-se da comparação entre o objeto fetiche e o objeto transicional em Winnicott: a análise de dois casos clínicos – o Menino do Cordão e a Mulher da Manta (sobretudo essa última, atendida por Winnicott e por Green) – são ocasião de um novo relato tocante e esclarecedor. Vanessa nos oferece uma trama de pensamento densamente tecida, criando uma interlocução viva entre Freud, Winnicott e André Green. É notável a sua capacidade de transformar conceitos complexos em algo compreensível e assimilável; caminha sem vacilar pelo "trabalho do negativo" e seus extravios, sem nos deixar a sós entre situações de muito abandono e desesperança. Ouvimos, através de todo livro, a inquietação desta autora: qual é, afinal, a tarefa do analista? O que se pode fazer por esses pacientes?

Ela nos conduz a pensar a importância de uma das principais tarefas do analista: o trabalho de restaurar o movimento psíquico, restaurar o trânsito e o fluxo entre percepções e representações. Reconstruir o ambiente originário, onde se deram os primeiros traumas, permite ao sujeito dividir um peso absurdo que carrega: à luz da intersubjetividade, aparecem todos os atores e as formas de *bullying* e de violência sofridas de forma invisível ao longo da vida.

A análise possibilita que os pacientes recuperem a vivacidade de seus afetos, possam novamente rir e chorar, e possam, enfim, restaurar a sua capacidade de brincar e sonhar. Neste mundo em que as pessoas estão exaustas de tantas injustiças e privações, de tanto abandono e corrupção, é um alento acompanhar Vanessa na realização de um verdadeiro trabalho do pensamento para dar inteligibilidade a um mecanismo de defesa que é muito usado para lidar com as diferenças.

A Recusa afeta profundamente a capacidade de pensar, sentir e julgar. Mais que um mecanismo restrito aos casos de fetichismo, esse mecanismo de defesa deve ser entendido de forma ampliada, como uma grande estratégia – *lato sensu* – para gerar uma forma delirante de razão, que pode promover uma grande quantidade de ódio e exclusão. Está presente em germe nas inúmeras destruições que marcaram a história de guerras e genocídios nos últimos cem anos.

Entender a Recusa faz parte de uma tarefa maior e muito urgente: a de desconstruir os mecanismos que a violência emprega, para além da realidade psíquica, também no plano das diferenças sociais e culturais, tendo em vista, é claro, que entender os mecanismos da violência é uma tarefa muito mais complexa, que convida o trabalho de todas as ciências humanas. A psicanálise pode dar sua contribuição, sobretudo por meio de um constante trabalho crítico sobre si mesma e de uma ampliação de suas estratégias de escuta e intervenção.

Além de discorrer sobre os efeitos patogênicos da Recusa e de todas as formas de cisão, Vanessa não deixa de chamar nossa atenção para os aspectos antitraumáticos e para a dimensão estruturante desse mecanismo de defesa. Para viver, para tornar a vida viável, é necessária alguma forma de Recusa de tudo que nos faz sentir o impacto do desamparo, a finitude e a impossibilidade de uma satisfação plena; em suma, de tudo que é traumático. A face antitraumática da Recusa é bem explorada no capítulo intitulado "A Recusa da utopia e o paciente sem esperança".

Na verdade, é preciso, até certo ponto, recusar faltas e perdas, pelo menos até que se possa elaborar - sempre de forma parcial e inacabada - a intensidade de angústias e a hemorragia de processos primários e secundários que se reúnem em torno dos ferimentos narcísicos. Até mesmo a crença na mãe fálica e alguns ideais do narcisismo primário precisam coexistir com o luto da onipotência e com as formas secundárias do narcisismo. Se assim não fosse, não haveria festa nem celebração da vida, e o senso de humor desapareceria devagar; haveria apenas a pura consciência da morte, da falta e da transitoriedade de tudo, e a vida não teria mais por onde respirar. É preciso negar a mortalidade para poder viver. O problema é quando essa negação se cristaliza em formas maníacas e os remendos para suturar as faltas tornam-se fetiches - feitiços -, que nos encerram em uma forma de pensamento mágico, ideológico e fanático. A arte, o pensamento filosófico e todas as produções culturais podem nos salvar deste fascínio e abrir poros por onde a vida possa respirar de novo.

Este livro mostra que, entre todas as formas culturais, a escuta analítica pode nos dar algo único, algo que poderá, talvez, estender-se para além da sessão analítica. Trata-se de oferecer escuta a alguém que precisa aprender a narrar-se. Pois a escuta da Recusa coloca em movimento o que estava cristalizado; isso se torna evidente no livro de Vanessa se acompanhamos, por exemplo, sua análise do caso Jeanne (PENOT, 1992). Trata-se da transformar as formas cristalizadas da Recusa em movimentos *transicionais*, *transformacionais*, que admitem o paradoxo e o enigma, e celebrar novas separações e novas ligações. Ou seja, o sujeito analisante precisa entrar no tempo, na jornada de constituição de sua subjetividade, como diria Winnicott, que é uma jornada no tempo e no espaço potencial. E precisa de alguém a seu lado nesse momento que possa deixá-lo transitar livremente no tempo histórico, deixar passar o passado, e narrar a própria vida a alguém que o escuta com uma forma de atenção despida de julgamento moral, pois uma vida que não é narrada a alguém não se torna real.

Em última instância, o leitor verá de que forma Vanessa nos indica, por meio de muitos casos e histórias clínicas, que é preciso resgatar os trabalhos psíquicos – do sonho, do luto e do humor –, fazendo-os incidir sobre a própria teoria psicanalítica, senão ela também se cristaliza e se torna opaca, envelhecida. Pois são sempre esses trabalhos psíquicos que podem desobstruir as resistências e transformar os fetiches, devolvendo a nós a capacidade de lidar com o paradoxo da vida psíquica e dos laços sociais.

Elisa Maria de Ulhôa Cintra

Psicanalista, professora do Programa de Pós-Graduação em Psicologia Clínica da PUC-SP e coordenadora do Laboratório Interinstitucional de Estudos da Intersubjetividade e Psicanálise Contemporânea (LipSic) – IPUSP/PUC SP.

Por que a Recusa?

> *Por um momento me encontro na interessante posição de não saber se o que pretendo comunicar deve ser visto como algo há muito conhecido, e mesmo óbvio, ou como algo inteiramente novo e surpreendente. Mas me inclino a crer na segunda possibilidade.*
>
> (FREUD, 1940[1938]b, p. 346)

A Recusa é um mecanismo de defesa pouco explorado entre psicanalistas, mas que tem se revelado cada vez mais presente na clínica. O tema atravessa a obra de Freud do início ao fim, entretanto, não teve o devido destaque porque só ganhou o estatuto de conceito nos textos que ele escreveu logo antes de sua morte, os quais permaneceram incompletos ou inconclusos[1]. Embora Freud tenha

1 Segundo Paulo César de Souza, os editores alemães afirmam que o texto *Compêndio de psicanálise* (1940[1938]b) permaneceu incompleto e que alguns termos estavam abreviados, de modo que foram completados para publicação. Ele considera, entretanto, que o texto se encontrava ainda em estágio rudimentar. Segundo Strachey, trata-se de um texto inconcluso, ao passo que o texto *A cisão do Eu no processo de defesa* (1940[1938]b) é considerado incompleto.

afirmado, em *Compêndio de psicanálise* (1940[1938]a), que a Recusa se manifesta na psicose, na neurose e na perversão, essa noção ficou em um limbo de incerta aplicabilidade em nossa práxis.

A afirmação de que um sujeito perverso não procura análise, além de equivocada, contribuiu para que a Recusa ficasse de escanteio mesmo no plano teórico. Alguns se indagam: afinal, para que compreender e ensinar a Recusa se ela não aparecerá na clínica? Não é bem assim. A Recusa tem diversas formas de se manifestar, mas é preciso que o analista saiba ouvir.

Na formação dos psicanalistas e mesmo entre o público leigo, fala-se muito sobre conflito e sintoma, desejo e Repressão, símbolo e sonho, Complexo de Édipo e Complexo de Castração. No entanto, a Recusa nos coloca diante de outra lógica de funcionamento psíquico: falamos de crenças intransigentes, não apenas de fantasias, falamos de fetichismo, de equação simbólica e de falhas da triangulação, além de diversas formas de perturbação da função de representação.

O tema da Recusa me interpela a partir de diversas experiências de escuta: de mim mesma, de meus pacientes,[2] do que é dito ao meu redor, de muitos filmes e outras produções culturais e até do mal-estar social. Em minha clínica, logo identifiquei atos

---

2 Quanto aos aspectos éticos desta publicação, as vinhetas clínicas utilizadas advêm de minha própria experiência clínica. Tais situações foram combinadas entre si de forma a não prejudicar o raciocínio clínico proposto, embora tenham sido devidamente modificadas e protegidas em relação ao sigilo, sem nenhuma possibilidade de individualização e de identificação. Este livro deriva de minha dissertação de mestrado *Dimensões da Recusa: crença, trauma e clínica* (2019), submetida ao Comitê de Ética do Programa de Mestrado de Psicologia Clínica da Pontifícia Universidade Católica de São Paulo (PUC-SP) e aprovada por ele e pelo Comitê de Ética em Pesquisa (CEP), por meio dos quais obtive a licença para dispensar-me do uso do Termo de Consentimento Livre e Esclarecido (TCLE).

O fetichismo envolve, principalmente, a) a duplicidade de correntes psíquicas opostas e simultâneas; b) a não admissão da realidade psíquica, ou o tal do "como se nada tivesse acontecido"; c) a defesa contra o trauma; d) a suspensão da função de julgamento e do teste de realidade; e) a paralisação e a fixação. A partir desses eixos, podemos construir balizas teóricas, técnicas e éticas a respeito da Recusa, criando uma lente que preserva a especificidade e ao mesmo tempo revela o alcance e a potência desse tema.

Procurando desmistificar o conceito de Recusa, tive uma surpresa: pensei que fosse um pedaço de gelo, mas não era nem um *iceberg*, e sim um continente. Este livro pretendia ser a publicação da minha dissertação de mestrado, defendida em 2019; entretanto, não resisti à tentação de acrescentar novas considerações e descobertas: mais um filme, mais um relato clínico, mais um capítulo, mais um fenômeno social, mais um autor, mais um conceito e uma expansão de horizontes.

As *dimensões da Recusa* articulam as relações entre a Recusa e a neurose, a perversão, as diversas facetas do narcisismo, a defesa maníaca, o medo do colapso, a tendência antissocial, o desmentido, a alucinação, o objeto transicional, entre outros. A Recusa é muito mais presente do que supúnhamos, no entanto, não tínhamos ainda tantas ferramentas para acessar esse aspecto do inconsciente. Nessa incursão, o assunto é inesgotável e a pesquisa é contínua.

Sobre a atualidade (ou não) do conceito de castração

O resgate das raízes freudianas do conceito de Recusa nos defronta com a necessidade de indagar sua relação com o conceito de castração, uma vez que o termo *Verleugnung*, originalmente, dizia respeito a uma defesa contra a angústia de castração. Ambos os conceitos passaram por transformações ao longo de anos de evolução e expansão do conhecimento psicanalítico, especialmente nas últimas décadas, em que as novas formas de pensar a sexualidade humana vêm indagando a psicanálise. Por exemplo, a manutenção da concepção de castração estritamente ligada à concretude da diferença anatômica entre os sexos contribuiu para uma patologização[6] da homossexualidade e da transexualidade, associando-as com a perversão. Além disso, a concretude do termo e da noção de castração já não responde mais às indagações a respeito da feminilidade e da masculinidade, nem às configurações atuais dos laços familiares e sociais. A clínica interpela a teoria a se rever, e as dimensões da Recusa se somam a este coro que interroga: *o que, afinal, significa admitir a castração?*

Na linguagem cotidiana, mesmo entre psicanalistas, usamos o termo "castração" para nos referir às frustrações que a vida nos impõe, aos imprevistos e às situações que fogem totalmente do nosso controle. Mas, então, eu pergunto: não parece absurdo afirmar que uma criança sem limites admitirá a castração se constatar a diferença entre pênis e vagina? Ora, então *por que tanta importância foi dada à cena da descoberta das diferenças anatômicas entre os sexos*, descrita por Freud (1925a), como momento emblemático de admissão da castração?

Em vários momentos de sua obra, Freud ainda se atém a determinações biológicas para refletir sobre o funcionamento psíquico masculino e feminino, especialmente no que se refere ao Complexo de Édipo e ao Complexo de Castração. Tais noções foram amplamente criticadas e reformuladas pelos psicanalistas que o

---

6 Aprofundei-me nesta discussão no capítulo "A infância e o infantil: sexualidade e gênero", presente no livro *Psicanálise, sexualidade e gênero: um debate em construção* (CECCARELLI, P. R. et al., 2019).

sucederam; por vezes, parece que o próprio Freud interpretava o mundo sob essa ótica infantil da fase fálica, entre quem tem e quem não tem pênis.

Mas é preciso ter em mente o contexto cultural em que seus textos foram escritos, o que deixou marcas na sua produção intelectual. Naquele tempo, não causava tanto estranhamento a afirmação de que as mulheres tinham menor valor por não terem um pênis, uma vez que a diferença entre homens e mulheres tinha, de fato, um impacto considerável na configuração da sociedade. Além disso, não podemos menosprezar que Freud descendia de uma família tradicional judaica, também atravessada por padrões de gênero. Atualmente, as mulheres ainda travam importantes batalhas sociais para conquistar seus direitos, desde a liberdade sexual até sua inserção no mundo profissional, porém a violência de gênero é um tema cada vez mais pujante, que alcança amplos debates no espaço público e acadêmico, inclusive na psicanálise.

Como Roudinesco declarou em entrevista ao jornal *Zero Hora*, em 2014, penso que não podemos tomar a obra de Freud como atemporal, mas nem por isso precisamos invalidar toda a teoria psicanalítica. Se por um lado o conceito de castração é muito precioso para a psicanálise, por outro, ele precisou ser atualizado, sem, no entanto, perder a força de suas implicações teóricas e clínicas. A emblemática cena da descoberta das diferenças anatômicas entre os sexos (FREUD, 1925a) precisa ser reinterpretada para podermos compreender quais são as inúmeras consequências psíquicas que ela desvela. Muito além de dar crédito à ameaça de castração, a criança que faz essa descoberta passa a enxergar uma série de feridas narcísicas.

Clavreul (1990) afirma que o centro do Complexo de Castração não é o pênis ou a vagina, mas a mudança de posição subjetiva perante o desejo, o saber, a sexualidade, entre outros. Portanto, a

Recusa da castração não se refere à realidade objetiva dos fatos, mas ao seu significado: a defesa se interpõe *à realidade psíquica*, ou seja, ao impacto afetivo de uma experiência emocional.

Conforme nos recordam Laplanche e Pontalis (2001), a castração não é parte da realidade material, uma vez que à mulher não falta um genital. A castração é uma fantasia produzida pelo psiquismo infantil a partir de uma interpretação dos fatos, em que o menino deduz que a ausência de pênis na menina é resultado do castigo de castração, o que lhe remete à possibilidade de perder algo de seu corpo. Porém, Freud (1923b) afirma que só devemos falar de Complexo de Castração quando se trata da angústia ligada à perda dos genitais, e não a outras perdas como no desmame ou no desfralde. Sobre essa posição do autor, tenho algumas ressalvas.

Parece-me adequado reservar o termo *Complexo de Castração* para o âmbito das questões edípicas, mas *a angústia de castração* se expressa de formas muito variadas além do medo de perder um genital. Muito além desse protótipo centrado na diferença entre pênis e vagina, a clínica nos revela que a lógica fálica envolve qualquer traço que aos olhos de si ou dos outros esteja imbuído de maior ou menor valor narcísico: ser branco ou negro, alto ou baixo, pobre ou rico, ateu ou religioso, por exemplo.

Além disso, *as facetas da castração* são múltiplas e atravessam-nos desde o início da vida. Referem-se a qualquer forma de ameaça ao narcisismo e à sua pretensa integridade, ou seja, a tudo que nos põe diante de nossa incompletude, como o movimento de presença-ausência do seio, da mãe, do pênis e de qualquer outro objeto que venha imbuído da promessa de plenitude. Defrontamo-nos com a castração o tempo todo no que diz respeito à imprevisibilidade da vida, do desejo do outro e do inconsciente; por isso, quando nossos planos não saem como planejado, exclamamos brincando: "maldita castração!". Ela vem nos lembrar que não somos perfeitos, autossuficientes, onipotentes, imortais, independentes. Retomemos, então, nossa interrogação inicial: *quais são as condições para que a castração possa ser admitida?*

O grande engano de algumas perspetivas sobre a castração, no âmbito do Complexo de Édipo, é enfatizar apenas o caráter de *exclusão* da criança perante o casal parental, menosprezando a importância da *inclusão* no eixo narcísico da família e a organização do campo do desejo. A castração não diz respeito à figura do pai concretamente, e sim à função de terceiro que ele exerce, como elemento que separa mãe e filho, mas que também os une, afinal, a criança é fruto do desejo do casal parental. A castração não pode ser sinônimo de exílio, mas de exogamia. Essa é a problemática explorada na análise do filme *Prenda-me se for capaz* (SPIELBERG, 2002) e na discussão do caso Jeanne, publicado por Penot (1992).

Voltemos ao exemplo da criança que tem dificuldade de lidar com a frustração. A psicanálise contemporânea nos convida a repensar a noção de limites, não apenas como diferença, interrupção ou interdição, mas na acepção do conceito de Green (1976), como um espaço de fronteira entre eu e o outro, que envolve também o encontro e a conjunção. Nesse sentido, a atualização do conceito de castração precisa beber da noção de ausência proposta pelo mesmo autor: a ausência está entre a falta e a presença. No mundo sem limites, o castigo, a advertência, a punição ou a privação, mesmo que consistentes, não bastam para reeditar a relação do sujeito com o mundo. É preciso conexão: vínculo e representação.

Sem uma base narcísica e alicerces simbólicos, a castração representa apenas a falta, a morte, a dor, a ferida, a mutilação, e por isso não pode ser admitida. É o que revelam as dimensões da Recusa: a castração só é admitida entre aspas. Isso significa que, para lidar com as diversas faces da castração, é preciso construir um campo de desejo e de ilusão, em que se pode fazer de conta ou almejar a não castração. As diversas vicissitudes do narcisismo são as herdeiras desta Recusa essencial, sem a qual não conseguimos encarar as frustrações, as dores e os lutos que vêm no pacote da castração.

Em qualquer idade, a vida traz um potencial traumático para todas essas experiências e facetas do encontro com a castração – seja em relação ao enigmático do próprio corpo, seja em relação ao enigmático do desejo dos outros e das forças da natureza;[7] por isso, os mecanismos de defesa são indispensáveis para o funcionamento do psiquismo. Sobretudo no psiquismo incipiente de um bebê, a Recusa tem um papel fundamental no amortecimento desses impactos, que são inerentes à vida pulsional e também oriundos da relação com o mundo externo. Nesse sentido, a relação do Eu com o Id encontra uma simetria com a relação entre o eu e o outro, ambas atravessadas pelo estrangeirismo e pelo potencial traumático. É nestas fronteiras que a Recusa se interpõe.

Verleugnung, *suas traduções e traições*

As múltiplas traduções do termo alemão *Verleugnung* para o português contribuíram para a confusão e a imprecisão em torno do tema: recusa, denegação, negação, renegação, rejeição, desmentido, desautorização, entre outros. Em cada tradução há uma traição do sentido original, mas cada opção dá ênfase a uma das diversas dimensões desse mecanismo de defesa, revelando a riqueza de um conceito que ainda é muito enigmático entre os psicanalistas: quase ninguém sabe o nome, o que é e para que serve.

Optei pela tradução do termo *Verleugnung* como Recusa por alguns motivos, entre os quais alguns critérios de exclusão (devo

7 Como bem testemunhamos durante a pandemia de covid-19.

confessar). No Brasil, os termos mais correntes são "negação", "desmentido" e "recusa". Em primeiro lugar, destaco que há uma enorme confusão entre o termo "negação" e o conceito de *Verleugnung* que precisa ser desfeita, pois leva a uma imprecisão que contribui para que o tema fique à sombra. Como abordado no capítulo "Objeto fetiche e objeto transicional", o conceito de Recusa (*Verleugnung*) se opõe clinicamente ao fenômeno denominado "negação" (*Verneinung*), pois esse último revela o funcionamento da função de julgamento (FREUD, 1925a), enquanto o primeiro envolve a sua perturbação.

Descartei também o uso dos termos "denegação" e "renegação". Conceitualmente eles são muito precisos, pois enfatizam esta oposição entre *Verleugnung* e *Verneinung*, colaborando para diferenciar Negação e Recusa. Mas no Brasil, "denegação" e "renegação" são termos pouco usados e implicam um conhecimento ainda mais aprofundado sobre esse conceito que pretendemos desmistificar. Além disso, por derivarem do termo "negação", alimentam o mal-entendido abordado anteriormente.

O termo "rejeição" também não me pareceu adequado como tradução para *Verleugnung*, primeiro porque remete a uma noção de impermeabilidade absoluta, o que não é o caso desse fenômeno, que se caracteriza pelas simultâneas admissão e não admissão da realidade. Além disso, o termo "rejeição" tem sido muito usado na literatura para abordar o processo radical de defesa típico da psicose; todavia, quando falamos de *Verleugnung*, constatamos que há diversos graus de afastamento da realidade, inclusive em seus aspectos saudáveis.

Por sua vez, o termo "desmentido" faz referência a um conceito de Ferenczi (1933) que apresenta uma particularidade: veremos no capítulo "A Recusa e o desmentido" que o desmentido é uma das dimensões da Recusa, mas em um contexto específico de um trauma intersubjetivo. Prefiro reservar o termo "desmentido" para a obra de Ferenczi, que tem uma importância e uma potência clínica próprias da contribuição desse autor.

Por isso, optei por traduzir *Verleugnung* como Recusa, e com letra maiúscula, para enfatizar que o termo comporta um estatuto conceitual, e não apenas um verbo corriqueiro usado no cotidiano em diferentes contextos. Inspirei-me no movimento de Freud, que, no final de sua obra, começou a escrever *Die Verleugnung*, "a Recusa", como um substantivo.

Como ler este livro?

Este livro é um convite para criar maior familiaridade com o tema da Recusa e pode ser usado como melhor aprouver a cada um, mas, tendo em vista que é um tema amplo e pouco conhecido, faço algumas sugestões de leitura.

Assim, recomendo que se leia o primeiro capítulo, que aborda com profundidade a raiz freudiana do conceito, e depois se escolha qualquer outra sessão que interesse. A ideia é que o livro possa ser consultado em diversos momentos da vida e da clínica. Os capítulos são independentes entre si, mas a chave para uma compreensão mais potente do assunto está no primeiro capítulo, em que se explora o fetichismo como modelo de funcionamento mental da Recusa.

A análise dos filmes é a abordagem mais lúdica e didática, pois permite a cada leitor a experiência de se reconhecer nos personagens e escutar dentro de si as diversas dimensões da Recusa.

Outro caminho interessante é seguir a ordem dos capítulos, pois eles acompanham a trilha da pesquisa que originou este livro: desde Freud até os autores da psicanálise contemporânea, desde o âmbito do narcisismo e das simultâneas admissão e não admissão da castração até o campo dos fenômenos transicionais e as simultâneas admissão e não admissão da realidade. Por fim, convido vocês a explorar as dimensões da Recusa.

Vanessa Chreim

1. A Recusa em Freud e o modelo do fetichismo[1]

Recusa e sexualidade infantil

Embora a noção de Recusa esteja presente nos textos de Freud desde 1905, foi mais tarde que o autor começou a usar o termo *Verleugnung* para designar esse fenômeno. No início, a Recusa se referia à não admissão da castração, entretanto, nos últimos

1 Este capítulo deriva de outros textos de minha autoria, dentre eles minha dissertação de mestrado *Dimensões da Recusa: crença, trauma e clínica* (2019b), realizado na Pontifícia Universidade Católica de São Paulo (PUC-SP), e minha monografia de conclusão do curso Formação em Psicanálise, do Instituto Sedes Sapientiae, intitulada *Um estudo sobre a Recusa (Verleugnung)* (2019a), e também reproduz ideias abordadas no artigo "A Recusa e as crenças: a dimensão narcísica da não admissão da castração" (CHREIM; CINTRA, 2020) publicado na revista *Estudos Interdisciplinares em Psicologia*, e no capítulo "A Recusa e a transmissão do impensável" (CHREIM; CINTRA, 2019), do livro *Sonhos privados: psicanálise e escuta contemporânea* - Parte 2.

textos escritos por Freud antes de seu falecimento – *Compêndio de psicanálise* (1940[1938]a) e *A cisão do Eu do processo de defesa* (1940[1938]b) –, o conceito se tornou mais complexo e passou a envolver a relação do psiquismo com a realidade.

O termo *Verleugnung* desponta na obra de Freud no texto *A organização genital infantil* (1923b), no qual o autor procura incorporar à teoria as diversas notas de rodapé de seu texto *Três ensaios sobre a teoria da sexualidade* (1905). Logo no início do texto de 1923, o autor destaca que aquilo que diferencia a sexualidade genital adulta da infantil é a fantasia do primado do falo. Embora tenha constatado que homens e mulheres são diferentes, a criança não relaciona esse fato aos genitais, pois não concebe ainda a ideia de dois órgãos genitais distintos (um masculino e um feminino). Pelo contrário, supõe que todos têm um órgão genital sensível e interessante como o seu; o Pequeno Hans (FREUD, 1909), por exemplo, atribuiu falo aos cavalos e inclusive a objetos inanimados, como os trens.

Por que Freud fala de primado do falo, e não do pênis? Porque, apesar de a suposição da criança se referir ao órgão masculino, o que está em questão nesta fantasia infantil é o valor narcísico investido no pênis. Ou seja, é a dimensão fálica que está em jogo, sinônimo de poder, onipotência, completude. Essa forma de interpretar o mundo é uma expressão de como a criança teoriza a sexualidade a partir de sua própria vida pulsional. Na descrição de Freud, o pênis é o depositário dessa crença, mas na clínica psicanalítica contemporânea observamos como outras características também servem de suporte para a fantasia infantil de castração, como diferenças étnico-raciais, culturais, políticas, etárias, estéticas, entre tantas outras, desde que tenham valor narcísico agregado.

No texto de 1923, Freud adota a perspectiva de um menino para explorar o tema da descoberta da diferença anatômica entre os sexos, e o autor reconhece que pouco se conhecia desses processos psíquicos nas meninas. Segundo Freud, quando o menino vê o órgão genital feminino em uma mulher ou menina, ele não interpreta que está vendo uma vagina, mas se surpreende com a falta daquele órgão que supunha encontrar, aquele igual ao seu.

> *Sabe-se como reagem às primeiras impressões da ausência de pênis. Eles recusam*[2] *essa ausência, acreditam ver um membro, atenuam a contradição entre o que viram e o que esperavam, mediante a evasiva de que ele é ainda pequeno e crescerá, e aos poucos chegam à conclusão emocionalmente significativa de que no mínimo ele estava presente e depois foi retirado. A ausência de pênis é vista como resultado de uma castração, e o menino se acha ante a tarefa de lidar com a castração em relação a ele próprio. (FREUD, 1923b, p. 173)*

A princípio, o menino não dá crédito àquilo que viu, por ação da Recusa; só depois ele conclui que, se a menina não tem pênis, é porque foi castrada. Vemos, assim, a relação entre percepção, fantasia e representação: apesar da visão da vagina, o significado dado a esse percepto depende das representações já existentes no psiquismo. Ou seja, a fantasia de castração é derivada da crença no primado do falo.

No entanto, cada descoberta demanda uma reinterpretação das experiências vividas, de modo que a constatação da ausência do pênis requer que a criança reveja suas teorias sobre o mundo.

---

2 Segundo Paulo César de Souza, o termo original é *leugnen*, derivado de *Verleugnung*.

Começará primeiro por supor que algumas mulheres sofreram o castigo de castração: tinham um pênis, mas perderam porque foram punidas. Mas sabemos que nem no corpo do menino nem no da menina falta um órgão sexual; na verdade, a criança sente falta de algo que lhe restitua a experiência de plenitude e deposita essa falta no contraste entre o que vê e o que esperava encontrar. Reformulando suas teorias sexuais infantis, a criança poderá chegar à conclusão posterior de que se trata, na realidade, de dois órgãos genitais diferentes.

Segundo Freud, o menino não concebe que todas as mulheres são castradas porque "Já é um obstáculo para isso a sua suposição de que a ausência de pênis na mulher seria uma consequência do castigo de castração" (FREUD, 1923b, p. 174). Isso significa que, por si só, já é muito custoso imaginar que se possa perder o tão estimado falo, quanto mais presumir que todas as mulheres o perderam.

O menino supõe que não são todas as mulheres que sofreram a castração: apenas as indignas, que cederam aos impulsos indevidos. A mãe é a última a ser enquadrada em tal hipótese, de modo que a crença de que ela possui um pênis persiste por muito tempo até ser abandonada, o que implica manter a mãe[3] em um lugar todo-poderoso, a quem nada falta. Segundo Freud, é a partir da investigação do nascimento e da descoberta de que somente as mulheres engravidam que a criança generaliza para todas as mulheres seu achado sobre a ausência de pênis. Porém, o autor ressalta que, apesar da equivalência simbólica fálica que se processa entre pênis e filhos, as mulheres continuam sendo castradas na fantasia infantil, pois o genital feminino ainda não foi descoberto como a presença

3 Embora Freud se refira à mãe especificamente, consideramos que esta função possa ser exercida por outro cuidador, de modo que a fantasia da criança de onipotência materna pode se referir a qualquer pessoa que ocupe este lugar.

de algo diferente – a vagina – e continua por representar a falta de pênis. Isso é o que caracteriza a organização genital infantil, a oposição entre fálico e castrado. Portanto, no texto *A organização genital infantil* (1923b), a Recusa diz respeito a uma reação infantil inicial diante da visão do genital feminino, evitando a chegada a conclusões afetivas impactantes.

Já no texto *A dissolução do complexo de Édipo* (1924a), o termo *Verleugnung* não aparece, embora seu sentido se faça presente quando Freud afirma que o menino não acredita na ameaça de castração que recebe, nem cede a ela. Mas a importância de dar crédito a essa ameaça é que ela circunscreve a criança em um discurso que determina o que se espera dela e que lugar no desejo de seus pais ela ocupa – e que anuncia a possibilidade de uma perda de amor. Tal ameaça não precisa ser de mutilação ao genital estritamente, pois todos os discursos, as advertências, as proibições e os elogios à criança fazem alusão a esse lugar afetivo que ela ocupa no âmbito familiar, bem como todas as feridas e as injúrias ao narcisismo: são palavras e gestos depreciativos e desaprovações que apontam para a diminuição do valor de si aos olhos do outro.

Por sua vez, em *Algumas consequências psíquicas da diferença anatômica entre os sexos* (1925a), o termo *Verleugnung* aparece novamente; todavia, nesse texto, Freud começa a conceituar a diferença entre o Complexo de Édipo feminino e o masculino, que ainda não havia sido aprofundada no texto de 1924. Nas meninas, o Complexo de Castração introduz o Complexo de Édipo, enquanto nos meninos, leva-o a uma conclusão. Embora Freud mencione a Recusa como reação possível ante a descoberta da diferença anatômica genital tanto para meninos como para meninas, as descrições e as manifestações são diferentes.

Freud afirma que a menina vê o genital do menino e logo lhe atribui superioridade em comparação com o próprio órgão genital, o que gerará a inveja do pênis. Nas palavras do autor, "Ela viu, sabe que não tem e quer ter" (FREUD, 1925a, p. 291), mas a menina também poderia ter outras reações. Uma delas seria alimentar a esperança de que seu órgão ainda crescerá e ela terá um pênis, o que Freud denominou "Complexo de Masculinidade".[4] Essa reação é diferente da ideia que o menino faz sobre a menina, de que ela recebeu um castigo, e também não é igual à reação da menina que sente inveja do pênis, pois essa última presume que não o recebeu. E então Freud (1925a) afirma:

> *Ou surge o processo que eu designaria como "recusa", que na vida psíquica da criança parece não ser raro nem muito perigoso, mas que no adulto daria início a uma psicose.[5] A menina se recusa[6] a admitir o fato de sua castração, aferra-se à convicção de que possui um pênis, e se vê compelida, subsequentemente, a agir como se fosse um homem. (p. 291)*

Assim, se na menina o efeito da Recusa é a identificação com o masculino, o que esse mecanismo procura evitar é uma ferida narcísica resultante da depreciação do feminino, castrado. Portanto, a Recusa na menina também diz respeito à não admissão da diferença genital entre os sexos, como no menino. Freud aponta que a persistência da masturbação clitoriana representa a insistência em

---

4 A relação entre Complexo de Masculinidade e Recusa tem sido alvo de importantes debates envolvendo a noção de feminilidade, interrogando a obra de Freud e atualizando estas questões. O importante aqui é considerar que a crença de que o pênis crescerá revela uma forma de não admissão da diferença sexual.

5 Penot (1992) afirma que, ao longo da obra de Freud, não é clara a diferença conceitual entre *Verleugnung* e *Verwerfung*.

6 Segundo Paulo César de Souza, o termo original aqui é *Verweigert*, mas o sentido é de *Verleugnung*.

atribuir valor fálico ao clitóris, e que admitir a castração implicaria o sentimento de inferioridade para ela. Assim, na menina também persiste a fantasia de primado do atributo fálico, que articula a fantasia de inferioridade de quem não o possui.

> *Eis um interessante contraste no comportamento dos dois sexos: na situação análoga, quando o garoto avista pela primeira vez a região genital da menina, ele se mostra inicialmente indeciso, pouco interessado; ele nada vê, ou recusa[7] sua percepção, enfraquece-a, busca expedientes para harmonizá-la com sua expectativa. Somente depois, quando uma ameaça de castração teve influência sobre ele, tal observação lhe será significativa; sua recordação ou renovação suscita nele uma terrível tempestade de afetos e o força a crer na realidade da ameaça até então desdenhada. (FREUD, 1925a, p. 290)*

Neste texto, notamos que a admissão da castração é um processo que envolve diferentes tempos, em uma conjunção da visão da ausência de pênis e da ameaça de castração, que tem influência sobre o menino *après-coup*, como uma operação psíquica que liga os dois eventos. Mas, em um primeiro momento, há a descrença na ameaça e, mesmo diante da evidência da ausência de pênis, há o movimento que busca enfraquecer os efeitos dessa percepção, ao qual o autor se referiu pelo termo "recusa".

É apenas em outra etapa – quando um fato se relaciona com o outro – que as consequências psíquicas se processam plenamente. A visão do genital da menina relaciona a percepção a uma conclusão: a da legitimidade da ameaça de castração à qual o menino não

7 Segundo Paulo César de Souza, o termo original aqui é *Verleugnet*.

deu crédito. Se as meninas foram punidas, ele também pode ser punido. Desse modo, a fantasia do primado do falo faz com que os meninos, ao descobrirem a ausência do pênis na mulher, deduzam a castração feminina como um castigo consumado. A manutenção dessa crença é a responsável pela fantasia da inferioridade feminina, em que o menino a considera uma "criatura mutilada" ou triunfa sobre ela, menosprezando-a. Para Freud, a castração é o que a criança deduz da diferença anatômica entre os sexos, mas o autor não leva em conta que essa concepção fomenta a depreciação do feminino tanto aos olhos do menino quanto da menina.

Por sua vez, a Recusa impede que o menino chegue à conclusão de que a ameaça de castração é verdadeira e, na menina, impede a conclusão de que ela foi consumada. Assim, tanto para o menino como para a menina, a principal característica da Recusa é interromper a marcha dessas engrenagens que relacionam percepções e representações e paralisam a possibilidade de se chegar a conclusões. Esse mecanismo conserva as convicções e a criança não acredita naquilo que vê, e que anuncia importantes consequências psíquicas em relação à dimensão faltante do ser humano.

É o atravessamento do Complexo de Édipo[8] que traz esta tarefa de elaboração simbólica em torno da falta, em que a vagina deixará de representar a ausência de pênis e será concebida como uma presença de um outro órgão: o feminino. A Recusa, por sua vez, não permitirá a descoberta da feminilidade como outro sexo, como suporte da diferença e de um gozo não fálico.

8 Esta é uma leitura dos autores pós-freudianos sobre o Complexo de Édipo.

As consequências psíquicas da diferença anatômica entre os sexos

Para além da anatomia, a cena descrita por Freud quanto à descoberta da ausência de pênis na mulher é subjetivamente atravessada por muitas outras diferenças, condensando valiosos aspectos metafóricos da desilusão que acontece desde o começo da vida, com o movimento de presença-ausência da mãe, do seio, de um objeto de satisfação plena. A descoberta descortina para a criança diversos aspectos da castração[9] e demanda-lhe admiti-los e elaborá-los emocionalmente.

Ao discorrer sobre a perversão, Clavreul (1990) permite um olhar renovado à cena da descoberta das diferenças anatômicas entre os sexos, destacando as consequências psíquicas que dizem respeito à mudança de posição subjetiva da criança nessa passagem emblemática. O que causa tanto horror na descoberta da castração e do que se trata esta tempestade de afetos suscitada pela visão da vagina, petrificante como a visão da medusa? Clavreul destaca que, na cena mítica da descoberta da ausência de pênis da mulher, a criança não é pega de surpresa por uma visão inesperada, mas, pelo contrário, é guiada pelo desejo de ver e de saber, embora o ignorasse. É a posteriori que a descoberta é reinterpretada pela criança como uma flagrante consequência de seu desejo e de sua falta de saber, constatando que não era onisciente como supunha. Nesse sentido, a experiência de realizar uma descoberta implica a admissão da própria castração, ou seja, daquilo que não temos, não sabemos e que pode ser muito diferente do que imaginamos.

O autor considera que, para Freud, o verdadeiro centro do Complexo de Castração é o saber sobre a ausência de pênis.

9 Na apresentação do livro, abordei a necessidade de atualizar o conceito de castração.

Segundo Clavreul (1990), descobre-se que o Saber é enganador, uma vez que a posição subjetiva da criança anterior à descoberta repousava em um Saber errôneo, na fantasia do primado do falo. Aquele que admite a castração tem de rever suas teorias sexuais e abarcar a possibilidade de "não saber". Isso confere um caráter transitório ao Saber, como algo a ser sempre reformulado e jamais absoluto, e é o que permite o processo de conhecimento.

Aulagnier-Spairani (2003) também traz contribuições sobre as consequências psíquicas da descoberta da ausência de pênis na mulher e sobre a Recusa, apontando para a ferida narcísica causada pela admissão da castração. Ela afirma:

> *Eis porque o primeiro recurso que o menino terá, face ao perigo que representa para ele dever reconhecer que o objeto do desejo materno está para mais além do seu próprio ser, será recusar que ele possa não ser a representação da totalidade do que ela*[10] *deseja e do que ela pudesse sentir falta, seja o que for. (AULAGNIER-SPAIRANI, 2003, p. 49)*

Assim, a descoberta da ausência do pênis materno leva a criança a encarar que a mãe não é completa e autossuficiente: ela também está inserida no campo do desejo, e seu desejo está atrelado ao pai e a outros interesses. Desse modo, a criança é desbancada de sua ilusão de ser o falo da mãe, de ser o único objeto de desejo dela, e contra isso todos nós nos defendemos inicialmente.

> *É esta recusa (que faz parte da experiência de todo indivíduo) que será, em um segundo tempo, refutada pelo teste da realidade que confronta o sujeito com*

10 A mãe.

> *aquilo que ele quer (a descoberta do sexo feminino) e com o que ele adquire como saber, isto é, que existe um mundo do gozo do qual ele está excluído e ao qual a mãe tem acesso somente através do pai. (AULAGNIER-SPAIRANI, 2003, p. 49)*

As palavras da autora nos permitem vislumbrar o desenho da triangulação que se forma a partir das revelações acerca do desejo da mãe, que demarcam um campo de exclusão da criança quanto ao relacionamento sexual parental, do qual ela é fruto. No entanto, é essa configuração que possibilita que a vagina seja interpretada pela criança como diferença que causa desejo no outro, como um órgão genital que também está investido de valor narcísico, e não como na terrível fantasia de castração, em que é sinônimo de privação, punição ou depreciação.

Clavreul (1990) complementa essa perspectiva, ao considerar que diante da visão da vagina, a criança também descobre que era ignorante em relação a seu objeto de desejo – a mãe – e tem de lidar com o fato de que alguém já sabia sobre isso que ela ignorava – o pai. Nesta articulação, fica marcada a anterioridade do pai em relação ao saber sobre o desejo da mãe. Mas a Recusa busca manter a criança em um lugar de ignorância e onipotência, em que ela não reconhece a mudança subjetiva entre o antes e o depois da descoberta da ausência de pênis na mulher e tampouco admite que não sabia e que desejava saber.

Podemos, então, considerar que a elaboração dessas questões permite a admissão da castração quando é possível transformar o olhar enganado em um campo de ilusão que permeia todos os relacionamentos. Esse campo de ilusão é o que permite a eleição de objetos substitutos, que não preenchem a falta que sentimos de um objeto que ofereça plenitude, mas que oferecem prazer suficiente para serem aceitos como mimeses imperfeitas nas quais vale a pena investir nossa libido. Isso só é possível pelo trabalho de luto. Explicita-se, assim, uma íntima relação entre a admissão da castração, o campo simbólico e a condição desejante do sujeito.

A leitura de Clavreul (1990) oferece ricos e diversos pontos de vista para considerar que a cena da descoberta das diferenças anatômicas entre os sexos condensa o atravessamento das diferenças em diversas dimensões, todas elas demandando uma transformação do narcisismo. Por exemplo, a diferença de gerações é estabeelecida quando a criança se situa em seu lugar na família, fruto do relacionamento dos pais, mas excluída desta conjugalidade.

Encontrar uma vagina no lugar onde se supôs haver um pênis deflagra a diferença entre o que se espera e o que se apresenta, entre o caráter onipotente da fantasia e a frustração inerente à realidade. A possibilidade de admitir outro órgão genital além do pênis demarca a diferença entre a sexualidade infantil e a adulta, entre a suposição do primado do falo e a concepção de que existem dois órgãos genitais diferentes. Portanto, trata-se da possibilidade de se dar conta de que nada falta em nosso corpo, mas que sentimos falta de algo que nos complete narcisicamente.

A admissão da castração também demarca uma diferença nostálgica do tempo da ingenuidade, da ignorância e da ilusão de plenitude narcísica, anterior à descoberta. Ela promove a báscula entre duas posições subjetivas: uma alicerçada no tempo da suposta integridade narcísica e outra assentada no reconhecimento da própria incompletude da condição humana.

Ao se deparar com o fato de que não era o único objeto de desejo da mãe, apresenta-se à criança a alteridade presente em todos os relacionamentos, nos quais nunca sabemos o que somos para o outro. Percebendo-se desejante, a criança se dá conta de sua alteridade em relação a si mesma, aquilo que de si desconhece – o inconsciente. Portanto, é a relação entre todas essas diferenças que está em jogo na admissão da castração de si e do outro, e é o que enlaça a criança na dimensão da interdependência dos desejos.

Podemos, finalmente, entender que poderosas e penosas consequências psíquicas são geradas a partir da admissão da castração, por um lado abalando o narcisismo infantil e, por outro, efetuando uma importante função organizadora da subjetividade. Por sua vez, a Recusa paralisa as conclusões que a percepção engendra e protege o narcisismo infantil, mas impede esse efeito ordenador e constitutivo que a admissão da castração promove. Todas essas diferenças mencionadas serão alvo da ação da Recusa, não apenas na perversão, mas também em outros quadros clínicos. O Tempo, como grande representante da diferença e da transformação, também será alvo da Recusa, como explora Ferraz (2010). Mesmo a diferença entre um analista e seu analisando estará em jogo na Recusa, atravessando a transferência e o enquadre.

São tantas as transformações e as turbulências causadas pela admissão da castração que podemos compreender por que é traumática a visão da vagina na obra de Freud. Nesse contexto, a Recusa protege o psiquismo de toda essa intensidade, buscando enfraquecer o impacto emocional das experiências quando não se dispõe de recursos para elaborar o excesso de estimulação e tensão, evitando o transbordamento.

Entretanto, é preciso ponderar que a admissão da castração não depende de a criança ter de fato visto outro genital, ou seja, está para além da diferença anatômica: as feridas narcísicas em questão acham-se presentes desde cedo na vida de uma criança, também mediadas pela percepção, pela fantasia e pela relação com o outro. São múltiplas as facetas da castração, mas é preciso discernir que a angústia de castração, especificamente, diz respeito a essas questões da fase fálica. No entanto, isso não implica que a

Recusa atue *apenas* contra a angústia de castração; pelo contrário, ela se manifesta também perante outras angústias, como a de separação.[11]

Além do Princípio do Prazer

Embora tenha meandros e curvas de difícil navegação na metapsicologia, o texto *O problema econômico do masoquismo* (1924d) permite abordar a relação entre vida pulsional, realidade e Recusa, acompanhando as mudanças propostas na segunda tópica.[12] Por meio do conceito de masoquismo erógeno e de sua relação com a fantasia de castração, veremos a ação da Recusa como defesa ante uma demanda da vida pulsional, servindo como um mecanismo de proteção e regulação do aparelho psíquico, mas que pode levar a complicações. Portanto, vamos avançar com cautela entre os eixos do texto.

Embora os termos sadismo e masoquismo sejam com frequência associados a patologias, à perversão e ao fetichismo, neste texto, Freud dá sequência a suas reflexões de *Além do Princípio do Prazer* (1920) considerando os aspectos constitutivos e inevitáveis destas expressões da vida pulsional. Por meio do conceito de masoquismo erógeno, o autor nos fala de um processo fundamental em que a pulsão de vida domina a de morte. Como se dá esse processo? No início da vida, quando o sujeito é tomado como objeto do desejo e do investimento libidinal de alguém, a pulsão de vida se funde

---

11 No capítulo "Objeto fetiche e objeto transicional" são oferecidos diversos exemplos da Recusa como defesa ante a angústia de separação.

12 Em torno de 1920, Freud escreveu diversos textos metapsicológicos propondo alterações no modelo de aparelho psíquico como concebido pela psicanálise, especialmente quanto ao dualismo pulsional entre pulsões de vida e pulsões de morte. Isso é o que chamamos de segunda tópica.

com a pulsão de morte do psiquismo incipiente, direcionando-a a objetos externos. O autor propõe que os ataques ao objeto (sadismo) são uma forma de deflexão da pulsão de morte; porém, há um resto de pulsão de morte que não realiza essa transposição para fora. Da mesma forma, a pulsão de vida – oriunda do laço com o outro – se liga a esse *quantum* excedente de pulsão de morte em um movimento autoerótico, fazendo com que o sujeito tome a si mesmo como objeto de prazer e de agressividade, o que produz o masoquismo erógeno.

Portanto, sadismo e masoquismo são formas de ligação das pulsões de vida e de morte, mas nem sempre é a primeira que domina a segunda, como explorará Freud ao longo do texto. Por ora, o que nos interessa é observar este movimento do masoquismo erógeno em que o sujeito toma a si mesmo como alvo da pulsão. Isso se expressa na fantasia de "ser objeto de", portanto, admite na forma passiva o colorido de qualquer faceta pulsional, desde a oralidade (ser comido) até os impulsos genitais (ser castrado). Assim, entendemos o que foi afirmado por Freud (1924c):

> *O masoquismo erógeno partilha todas as fases de desenvolvimento da libido, delas tomando as variadas roupagens psíquicas que assume. O medo de ser devorado pelo animal totêmico (o pai) procede da organização oral primitiva; o desejo de ser surrado pelo pai, da fase sádico-anal que a ela sucede; a castração, embora depois negada,*[13] *introduz-se no conteúdo das fantasias masoquistas como um precipitado do estágio fálico de organização; as situações em que o indivíduo é possuído ou dá à luz, caracteristicamente femininas, derivam naturalmente da organização genital final. (p. 193)*

---

13 Segundo Paulo César de Souza, o termo original é *Verleugnet.*

Nesse contexto, a fantasia de ser castrado é uma expressão da vida pulsional, no sentido de ser objeto das tendências da fase fálica envolvendo a fantasia de castrar/ser castrado. No processo descrito, o sujeito entra em contato com essas representações de seu mundo interno, antevê as conclusões que elas anunciam e, diante do impacto afetivo de horror, recua assustado. Assim, embora tenha sido alvo da Recusa, a fantasia de castração é primeiramente admitida, mas a defesa busca restabelecer a posição subjetiva anterior a esse choque. No entanto, a criança aqui já descobriu algo sobre seu anseio de ser castrado, penetrado, atingido. Resulta que há uma parte dela que é impactada pela fantasia, e outra que a desacredita, defendendo-se. Nos outros textos examinados até então,[14] Freud afirma que a castração é recusada de início para somente depois adquirir influência sobre o psiquismo da criança. Mas a partir desse momento de sua obra, fica claro para o leitor que é justamente a fantasia de castração que põe em marcha a Recusa, o que será explicitado em *O fetichismo* (1927).

Então, agora nos deparamos com o problema econômico envolvendo a Recusa, pois se a fantasia de castração é gerada pela vida pulsional, é contra essas forças que a defesa atuará. Esse é o tema retomado no final de *Compêndio de Psicanálise* (1940[1938]a), em que Freud explicita a função da Recusa como um mecanismo de defesa que regula as tensões do aparelho psíquico, mas que gera sérios efeitos colaterais.

Entre o processo civilizatório e as insaciáveis exigências da vida pulsional, o aparelho psíquico vive em uma tensão constante, tentando manejar um precário equilíbrio, ameaçado por forças do mundo externo e do mundo interno. Esse conflito é perene, mas há circunstâncias em que chega a níveis insuportáveis de tensão,

---

14 Refiro-me a *Organização genital infantil* (1923b) e a *Algumas consequências psíquicas da diferença anatômica entre os sexos* (1925a).

e então o Eu se desliga de uma destas fontes de perturbação excessiva. Por meio da Recusa, o psiquismo se defende da origem da dor, mas não tem como fugir do perigo. Como afirma Freud (1940[1938]a):

> *não importa o que faça o Eu em seus esforços de defesa, que procure recusar uma parcela do mundo externo real ou rejeitar uma demanda instintual do mundo interior, o êxito jamais é completo, integral; sempre nascem duas atitudes opostas, das quais mesmo a vencida, a mais fraca, leva a complicações psíquicas. (p. 269)*

Assim, a Recusa explicita que a cegueira e a surdez às exigências da vida pulsional podem ser tão perigosas para o aparelho psíquico quanto desconsiderar as ameaças do mundo exterior, porque um psiquismo sem freios tende à descarga imediata e fica à mercê de toda a turbulência da vida pulsional. Sem a ligação com o outro, o psiquismo fechado em si mesmo naufraga em pulsão de morte, pois é dominado pelo Princípio de Nirvana, ou seja, pela tendência a levar as tensões do aparelho psíquico a zero, a retornar ao estado inorgânico, ao desligamento.

Por isso é muito importante a recapitulação que Freud faz em *O problema econômico do masoquismo* (1924d): é incorreto associar o Princípio do Prazer à pulsão de morte, pelo contrário, ele é o guardião da vida, pois impele o psiquismo a buscar ligação, tolerar a tensão e a excitação, também dando vias para a satisfação pulsional. É isto o que o conceito de masoquismo erógeno evidenacia: para desafogar o psiquismo da pulsão de morte; é preciso que tenha sido instalado o circuito do prazer de estar ligado ao objeto. Assim, a função do masoquismo erógeno é impelir o sujeito a ser objeto da pulsão, seja como autoerotismo, seja como posição subjetiva perante o desejo do outro.

Contudo, Freud (1924d) nos alerta que quando o Princípio do Prazer é narcotizado, formam-se outras expressões do masoquismo, que são perigosas. A Recusa é uma das causas dessa perturbação do Princípio do Prazer, em que ele perde o lastro no Princípio de Realidade, dando vez a passagens ao ato, à impulsividade, ao imediatismo e a outras expressões da pulsão de morte. Nesse sentido, a compulsão à repetição é uma manifestação da Recusa retraumatizante, uma vez que envolve expressões pulsionais com pouca mediação do campo simbólico, como descargas energéticas intensas e violentas, em que a tensão do aparelho psíquico transborda. Tal é o caso de Jeanne, paciente de Penot (1992), que tinha orgasmos espontâneos muito constrangedores.

Desse modo, revela-se que a defesa contra o impensável pode tornar o psiquismo cada vez menos apto a pensar. Assistimos, então, a um atrofiamento do aparelho psíquico, cuja capacidade de lidar com cargas afetivas se torna cada vez mais restrita, o que mobilizará defesas contra mudanças e transformações. Em situações graves, a Recusa encaminha o aparelho psíquico para a morte, ainda que o organismo sobreviva.

A arquitetura do fetiche

No texto *O fetichismo* (1927), o termo *Verleugnung* já é de fato um conceito na obra de Freud. As características da Recusa que já estavam presentes nos textos anteriores encontram-se, aqui, organizadas em torno do fenômeno do fetichismo.

Logo de início, deparamo-nos com uma definição essencial: "o fetiche é o substituto do falo da mulher (da mãe), no qual o menino acreditou e ao qual – sabemos por quê – não deseja renunciar" (FREUD, 1927, p. 304). O menino se recusou a tomar conhecimento de sua percepção, mas não se trata de uma escotomização, termo que faz referência a uma impressão que cai no ponto cego da retina, impermeável à sensorialidade. Na Recusa, a percepção não é apagada, mas há uma importante ação psíquica sobre essas marcas.

Nesse texto, Freud dará destaque à duplicidade de correntes psíquicas opostas e simultâneas que se formam na Recusa. No fetichismo, estabelece-se uma atitude dividida, em que o menino conservou a crença na mãe fálica e ao mesmo tempo a abandonou. Assim, o fetiche tenta combinar essas duas afirmações contraditórias por meio de uma articulação complexa. O autor afirma: "Sim, na psique a mulher continua a ter um pênis, mas este pênis já não é o mesmo de antes. Outra coisa ocupou o seu lugar, foi como que nomeada seu substituto e veio a herdar o interesse que antes se dirigia a ele" (FREUD, 1927, p. 305). O que sustenta alguma coerência entre as afirmações "a mãe não tem pênis" e "a mãe não é castrada" é o deslocamento do valor fálico do pênis ao fetiche. Desse modo, pode-se admitir a ausência do pênis materno apenas porque ele não representa mais o falo, cujo valor narcísico foi transferido a outro objeto.

Vejamos. Em *A dissolução do complexo de Édipo* (1924a), Freud afirma que o Complexo de Édipo estabelece para a criança um conflito entre o interesse narcísico depositado no pênis e os investimentos libidinais dos pais dirigidos a ela. O que está em jogo é a possibilidade de fazer uma renúncia a fim de não perder o amor do outro. Segundo o autor, o menino que atravessa essa elaboração e pode admitir a castração acaba por abrir mão do falo para salvar o pênis: "Todo o processo, por um lado, salvou o genital, afastou dele o perigo da perda, e, por outro lado, paralisou-o, suspendeu sua função" (FREUD, 1924a, p. 209). Ou seja, ocorre a renúncia à onipotência depositada simbolicamente no órgão genital e, assim, ele é preservado da ameaça. Afinal de contas, o que se pede da criança não é o sacrifício de uma parte de seu corpo, mas que possa transformar seu narcisismo.

Entretanto, não é isso que ocorre no fetichismo, em que o pênis é salvo pelo fetiche, mas não houve a transformação do narcisismo, não houve renúncia pulsional. Na Recusa, o afeto de horror perante a castração feminina não foi transformado, nem o desprezo pelas mulheres, que estarão condensados no fetiche.

A descrição de Freud sobre a formação do fetiche nos serve como chave de compreensão para os fenômenos ligados à Recusa. Ele é composto pela percepção justamente anterior à visão do genital feminino, seguindo o mesmo princípio da detenção da memória na amnésia traumática, interrompendo o processo no meio do caminho. Desse modo, delineamos que a Recusa paralisa os processos psíquicos, buscando conservar a posição subjetiva em que ainda se podia imaginar a mulher como fálica, ou seja, o momento anterior à descoberta da diferença. É justamente este o intuito da Recusa: paralisar o pensamento antes que se chegue a conclusões inadmissíveis. Por isso, o termo "impensável" é muito adequado para se referir ao conteúdo que é alvo da Recusa e que não encontra formas de ser processado pelo psiquismo.

O fetichismo, portanto, está longe de ser apenas uma preferência sexual: ele nos revela um modo de funcionamento psíquico. Isso fica claro quando Freud (1927) relata o caso de dois irmãos que perderam o pai. Não havia um objeto fetiche envolvido, mas um deles desenvolveu esta atitude dividida, típica da Recusa, ante a morte do pai: por um lado vivendo como se tivesse o direito de se ver como sucessor, admitindo a morte do pai, e, por outro, como se o pai ainda vivesse e fosse dificultar e impedir todas as suas ações.

No texto *A perda da realidade na neurose e na psicose* (1924b), Freud afirma que o mundo da fantasia, como o jogo das crianças, constitui um campo no qual os desejos podem ser expressos em um faz de conta que impede a perda do contato com a realidade. Porém, é importante resgatar que, no campo do fetichismo, tal princípio não se aplica, uma vez que não existe essa dimensão metafórica do "como se fosse". No fetichismo, o deslocamento é uma equação simbólica, mera substituição, que contém um grau de concretude,[15] pois o fetiche é indispensável para o fetichista, *ele é o falo da mãe*. Assim, nos fenômenos ligados à Recusa, há um comprometimento da função de simbolização que leva à perda do contato com a realidade psíquica, ou seja, com o significado emocional da experiência. Mas essa perda da realidade pode ser muito perigosa. Segundo Freud (1927), "à criança talvez fosse permitido o que traria sérios danos para o adulto" (p. 308).

No texto *Construções na análise* (1937b), Freud segue cotejando a relação entre os processos de defesa e a construção da realidade psíquica. O autor aborda uma manifestação clínica ligada à Recusa, que nos permite vislumbrar os efeitos dessa defesa e do fetichismo, envolvendo os processos de representação. Segundo o autor, no processo de análise, paciente e analista tecem construções hipotéticas sobre as experiências de um passado do qual o paciente não se recorda. Nesse trabalho de ficcionalização, pode emergir um material inconsciente que, para o paciente, aparece com grande nitidez, como uma representação muito clara, entretanto, absolutamente enigmática. Essa representação se impõe com força e insistência, mas não encontra ligação e sentido. Ele escreve:

15 Sobre o paciente concreto, ver o capítulo "A Recusa primária e o trauma de Eros".

> *talvez seja uma característica geral da alucinação, até agora não devidamente apreciada, que nela retorne algo vivido na infância e depois esquecido, algo que a criança viu ou escutou num tempo em que mal podia falar, e que agora abre caminho até a consciência, provavelmente deformado e deslocado por efeito das forças que se opõem a tal retorno. (FREUD, 1937b, p. 341)*

Isso que emerge com nitidez é como uma marca deixada no psiquismo, aquém da verbalização, que passa a ser reavivada pelo trabalho de construções na análise. Com o retorno daquilo que foi recusado, essa representação foi formada, mas está desconectada das demais.

Nesse contexto, podemos compreender que o que Freud chamou de alucinação – no sentido do reinvestimento de uma marca pré-verbal – tem a mesma função do fetiche. O que ocorre nesse processo defensivo é a substituição de uma representação atual impensável e inadmissível por uma representação antiga, pré-verbal, que também tem esse caráter de "ainda não pensado". O autor afirma:

> *Os delírios dos doentes se apresentam, para mim, como equivalentes às construções que fazemos nos tratamentos analíticos, tentativas de explicação e recuperação que, nas condições da psicose, apenas podem levar a substituir o pedaço da realidade que é recusado no presente por outro pedaço que foi igualmente recusado numa época distante. A tarefa da investigação individual será desvendar as relações íntimas entre o material da recusa de agora e o da repressão daquele tempo. (FREUD, 1937b, p. 343)*

Portanto, a Recusa usa um elemento de realidade para ocultar um outro, ou seja, uma representação tão forte e indigesta é usada para distrair nosso olhar de outra imagem também intolerável. Da mesma forma como a alucinação é feita de representação, de percepção e de verdade, o fetiche também é produzido a partir de uma visão real. Mas na Recusa, esses registros da realidade são usados para desfazer a trama de sentidos, e não para esclarecê-la.

Nesse sentido, compreendemos o motivo pelo qual as representações que são alvo da Recusa são chamadas por Figueiredo (2008) de "pseudopercepções", pois, em vez de levarem a um encadeamento de ligações, têm a função de interromper a marcha do psiquismo, da mesma forma como opera o fetiche. O conteúdo pré-verbal também advém de uma percepção, mas, na situação que analisamos, não permite o desenvolvimento de um pensamento, uma vez que nunca pôde ser processado pela mente infantil. Em um estado de representação que Figueiredo chama de "quase coisas", esses elementos recusados têm uma precariedade simbólica, como as impressões pré-verbais registradas no aparelho psíquico.

Esses elementos nítidos e enigmáticos que Freud (1937b) descreveu nesse texto funcionam como a visão da medusa, impactante e paralisante. É essa a arquitetura do fetiche, um superinvestimento na percepção que antecede a visão dos genitais femininos, impedindo que o olhar se dirija para a representação traumática. Por isso, Figueiredo (2008) caracteriza o fetiche como um ultraobjeto: ele contém em si um excesso libidinal que visa fixar a atenção para que ela não avance em direção à descoberta impactante.

Fetichismo: um remendo à cisão do Eu

A relação entre o fetichismo e a cisão do Eu só foi estabelecida posteriormente, nos textos *Compêndio de Psicanálise*[16] (1940[1938]a) e *A cisão do Eu no processo de defesa*[17] (1940[1938]b), nos quais Freud destaca a função do fetiche como formação de compromisso[18] entre as duas versões de realidade. Embora o primeiro seja inconcluso, e o segundo, incompleto, nesses textos o termo *Verleugnung* aparece de modo recorrente.

Em *A cisão do Eu no processo de defesa*, Freud não discrimina a reação masculina ou a feminina diante da percepção da diferença sexual: ele descreve uma situação em que a criança se vê dividida entre a demanda pulsional e um perigo anunciado pela realidade. A solução da criança é atender às duas exigências, mantendo a satisfação libidinal, mas assumindo a angústia frente à ameaça que enuncia a realidade: "Por um lado, rejeita a realidade, com o auxílio de determinados mecanismos, e não aceita nenhuma proibição; por outro lado, reconhece o perigo da realidade, admite a angústia diante dele como sintoma de sofrimento e procura então defender-se" (FREUD, 1940[1938]b, p. 346).

Nessa descrição, podemos vislumbrar a ação de dois mecanismos defensivos diferentes: um que age na corrente psíquica que não admite a realidade e outro naquela que admite. Segundo o

---

16 Segundo Paulo César de Souza, os editores alemães afirmam que este trabalho permaneceu incompleto e que alguns termos estavam abreviados, de modo que foram completados para publicação. Ele considera, entretanto, que o texto se encontrava ainda em estágio rudimentar. Segundo Strachey, trata-se de um texto inconcluso, mas não incompleto.

17 Segundo Strachey, este texto, sim, é considerado incompleto.

18 O termo "formação de compromisso" se refere a manifestações do inconsciente que revelam o embate de forças entre o desejo e a defesa; fazem parte dos esforços do psiquismo para manter algum equilíbrio.

autor, "O êxito foi alcançado ao preço de uma fissura no Eu que não se curará jamais e que aumentará com o tempo. As duas reações opostas ao conflito prosseguem existindo como núcleo de uma cisão do Eu" (FREUD, 1940[1938]b, p. 347).

Nesse texto, fica claro que a angústia de castração teve influência no psiquismo, mesmo perante a Recusa, levando inclusive à formação de sintomas. Isso se evidencia no caso relatado por Freud em que um menino de 3 anos de idade, cuja masturbação foi ameaçada com o castigo de castração, criou um fetiche, recusando a realidade da punição e, assim, salvando o próprio pênis. Esse menino, no entanto, continuou com medo de ser castigado e devorado pelo pai e temendo ter os dedos mínimos tocados. Portanto, o fetiche não é totalmente eficiente em sua função de livrar da angústia de castração.

Em *Compêndio de Psicanálise* (1940[1938]a), Freud explicita que o fetiche não é uma consequência da cisão do Eu, mas uma formação de compromisso, e que essa alteração do Eu é resultante da Recusa. O fetichismo, portanto, pode ser compreendido como um esforço do Eu para tentar remendar-se no ponto em que se encontra uma ruptura devida à falha de simbolização gerada por essa atitude ambígua diante da castração. Penot (1992) comenta Freud quando diz que:

> *Ele julga que este,*[19] *bastante frequentemente, consegue assegurar aos pacientes em questão uma suficiente proteção (narcísica), que permite evitar-lhes o agravamento das consequências da clivagem de seu ego, em sua relação com a realidade. Portanto, o fetiche poderia constituir uma neo-proteção, mais eficiente do que a construção delirante; em uma certa medida, o fetiche*

19 O fetiche.

> *se mostra capaz de obturar a falha criada, no jogo simbólico, pela recusa (e abolição significante que ela perpetua). (p. 27)*

A cisão do Eu pode ser pensada como um rasgo nas tramas de um tecido, quando uma ponta se prende a uma engrenagem e a outra se engancha em uma roldana, uma girando no sentido oposto da outra. Entretanto, Penot (1992) enfatiza que as duas correntes psíquicas não se encontram em conflito como na Repressão, em que certo grau de tensão é tolerado; pelo contrário, apesar de ambas serem formadas por representações e serem parte do mundo interno, a Recusa faz com que uma trate a outra como se fosse a realidade externa.

Nesse texto, Freud (1940[1938]a) generaliza a presença de uma cisão do Eu nas psicoses, nas neuroses, nas perversões e no fetichismo, destacando que esta dupla atitude ante o conflito pulsional e a realidade estará presente em todas as formas de subjetivação. Segundo o autor, "O modo de ver que postula a existência de uma *cisão do Eu* em todas as psicoses não mereceria tanta atenção se não se revelasse pertinente para outros estados mais semelhantes às neuroses e, por fim, para elas mesmas. Disso me convenci primeiramente nos casos de *fetichismo*" (FREUD, 1940[1938]a, p. 267, grifos do autor).

Para Freud, a diferença entre a cisão do Eu nas neuroses e no fetichismo é de ordem estrutural e tópica: se o conflito na neurose é entre Eu e Id, na Recusa o campo de batalha é o próprio Eu. A questão é que a sustentação de um conflito psíquico demanda tolerância a altos níveis de tensão – quando ultrapassam o limite, a função da Recusa é evitar que a angústia seja despertada e, assim, a defesa reduz a tensão e evita a sobrecarga do aparelho psíquico. Mas para isso, o Eu se deixa dilacerar pelas forças que estavam duelando: as demandas vorazes do Id e as ameaças do mundo exterior. É importante ter em mente que o Eu tende a essas duas direções porque ambas trazem notícias de perigos, uma vez que o Id ameaça o psiquismo de transbordamento pulsional, enquanto o mundo externo sinaliza a ameaça de castração.

Porém, é justamente esta atitude dupla da Recusa que leva à cisão do Eu, afirma Freud. Ora, se a ruptura com a realidade (tanto a interna quanto a externa) fosse absoluta, não haveria um confronto entre correntes psíquicas. Mas na Recusa, sempre há um reconhecimento e uma não admissão. Segundo o autor, mesmo na psicose não há um desligamento completo do mundo externo.

Chegamos, finalmente, às trilhas que nos permitirão discernir as manifestações clínicas da Recusa daquelas do recalcamento. O sintoma neurótico, como solução de compromisso, manifesta um conflito entre a censura e o desejo, ou seja, entre instâncias psíquicas, em que o aspecto simbólico permite a expressão do retorno do reprimido, porém com deformações produzidas pela defesa. Por sua vez, as manifestações clínicas da Recusa dizem respeito a uma oposição de forças dentro de uma mesma instância psíquica. Essa distinção traz implicações clínicas muito importantes, que estabelecem alguns parâmetros diferentes para a escuta e a intervenção ante a Recusa, mesmo nos casos de neurose.

A ilha do medo *(SCORCESE, 2010)*

O filme ilustra uma das manifestações da Recusa mais facilmente identificada entre leigos, envolvendo delírios e uma blindagem muito resistente e asfixiante. Mas, ao mesmo tempo, nos coloca na pista da complexidade e das diversas ramificações clínicas e teóricas que desvela o conceito de Recusa a respeito da realidade psíquica.

O personagem central do filme é Teddy Daniels, um agente federal que vai a Shutter Island, junto com Chuck Aule, seu assistente, para investigar o desaparecimento de uma paciente do hospital psiquiátrico localizado lá. Ao inspecionar o quarto da fugitiva, Rachel Solando, Teddy encontra um bilhete dizendo "regra dos 4, quem é o 67?". Rapidamente, ele matou a charada: escutou a conversa da equipe médica contabilizando 66 pacientes na instituição e, portanto, conclui que haveria ainda um 67º paciente, que não estava no registro oficial.

Logo se estabelece um clima tenso entre Teddy e os funcionários do hospital, e ele suspeita que tenham colaborado com a fuga de Rachel Solando, especialmente dr. Cawley, que se recusou a disponibilizar os arquivos sobre a equipe técnica da instituição. Esse psiquiatra conta que Rachel havia matado os três filhos afogando-os no rio, mas agia como se nada tivesse acontecido e como se ela ainda morasse na própria casa. Segundo os médicos, Rachel não admitia o que fizera e criara uma neorrealidade em que atribuía papéis a todos os funcionários da instituição, como se fossem personagens da vida que ela tinha antes: o porteiro, o carteiro, o leiteiro.

Mais adiante, Teddy confessa a Chuck que sua vinda à ilha tinha segundas intenções: ele está em busca de outro prisioneiro, Andrew Laeddis, o zelador que havia incendiado o edifício em que Teddy morara com a esposa, Dolores. Segundo Teddy, ela não sobreviveu à tragédia. Em seguida, ele diz que um fugitivo de Shutter Island lhe contou que estavam praticando lobotomia nos pacientes como parte de uma conspiração do governo americano. Surpreso, Chuck o interpela: será que Teddy não foi trazido de propósito para a ilha como um plano do governo para enlouquecê-lo e, assim, torná-lo um dos prisioneiros desacreditados? Será que Teddy está em uma armadilha? É assim que o diretor dá uma guinada na perspectiva dos fatos e perturba de modo radical o nosso senso de realidade, como Chuck faz com Teddy, e temos dificuldade de entender se a persecutoriedade da trama é real ou paranoica.

Conforme sua busca avança, Teddy começa a ter enxaquecas, alucinações visuais e pesadelos, que condensam vários temas: Rachel Solando e as crianças afogadas, a morte de Dolores, cadáveres amontoados em um campo de concentração nazista e a imagem de si mesmo metralhando os soldados a sangue frio. Sem dúvida, o psiquismo de Teddy estava se revolvendo, perturbado pelo mal-estar da ilha, que cutucava seu inconsciente.

A situação nos remete a algo que Freud descreve em *Construções na análise* (1937b). Por vezes, o avanço do trabalho analítico atrai novos elementos e faz emergir um material inconsciente que, para o paciente, tem grande nitidez, mas continua embebido de um enigma, pois não encontra ligação nem sentido. O autor afirma que:

> *talvez seja uma característica geral da alucinação, até agora não devidamente apreciada, que nela retorne algo vivido na infância e depois esquecido, algo que a criança viu ou escutou num tempo em que mal podia falar, e que agora abre caminho até a consciência, provavelmente deformado e deslocado por efeito das forças que se opõem a tal retorno. (FREUD, 1937b, p. 341)*

Porém, uma representação fidedigna da realidade histórica é absolutamente inassimilável enquanto está em estado bruto. É o que lhe confere tanta nitidez, mas que também desperta um sentimento inquietante, como na vivência de *Unheimliche*:[20] trata-se de um elemento estranho e familiar ao mesmo tempo. É assim que as representações que foram alvo da Recusa emergem; mas, para não despertar um novo movimento defensivo, é preciso criar condições para integrar este estrangeiro, seja qual for sua origem.

No caso de Teddy, esses elementos dispersos não contam a que vieram e carecem ser inseridos em uma trama de sentidos. Não sabemos a história dele, mas estas produções inconscientes do personagem dão indícios do que aconteceu em seu mundo interno enquanto experiência emocional: comunicam afetos envolvendo culpa, violência, perdas e lutos mal elaborados.

Quando Teddy chega ao farol da ilha, onde suspeitava que faziam os procedimentos de lobotomia, ele encontra o dr. Cawley. Este lhe diz que não há mais tempo, é hora de admitir a realidade, e indica uma lousa em que está escrito: Andrew Laeddis – Teddy Daniels, Rachel Solando – Dolores Chanal. O médico explica que esta é a regra dos 4: esses nomes são anagramas que conjugam e separam a identidade do paciente 67 como uma forma sofisticada de defesa.

Segundo o psiquiatra, Teddy Daniels é Andrew Laeddis, o paciente mais perigoso da instituição, que estava sendo alvo de uma experiência radical de *role play*.[21] Dolores, sua esposa, sofria de uma doença mental muito séria, mas Andrew não o admitia, mesmo após ela ter incendiado o apartamento em que moravam e dito que havia um inseto morando em sua cabeça, puxando os fios de sua mente. Dolores sobreviveu ao incêndio, mas a Recusa de Andrew persistiu, até que um dia ele voltou para casa após o

20 Tema do capítulo "Recusa e *Unheimliche*: a inquietante estranheza"..

21 Trata-se de uma técnica usada no psicodrama em que os participantes assumem papéis, com em uma peça de teatro, favorecendo a representação e a elaboração dos dramas pessoais e o desenvolvimento da empatia.

trabalho e encontrou a esposa ensopada da água do rio, onde ela mesma havia afogado os três filhos do casal. Tomado pelos afetos insuportáveis, ele atirou nela, e por isso estava internado em Shutter Island.

Concretizando o delírio do paciente, dr. Cawley esperava que ele pudesse admitir a realidade e dissolver a Recusa e, por um momento, Andrew parece entrar em contato com sua realidade psíquica: emociona-se e declara-se culpado pela morte dos filhos, uma vez que fechou os olhos para a loucura da esposa. Mas logo depois, o delírio volta a se instalar, e a equipe médica decide prosseguir com a lobotomia de Andrew, pois ele se tornara um paciente muito perigoso e violento, refratário à medicação e a qualquer tratamento.

Mas, afinal, do que a Recusa de Andrew o defendia? Ele carregava uma enorme culpa por não ter admitido a insanidade da esposa, responsabilizava-se pelo incêndio que ela havia causado (por isso, em seu delírio, Laeddis era o culpado) e pela morte dos filhos. A Recusa já era o principal mecanismo de defesa de Andrew, antes mesmo de toda essa tragédia. Sentindo-se um monstro, ele criou uma neorrealidade na qual assume o papel de justiceiro, expressando até desprezo pelos pacientes da instituição, que, como ele, eram criminosos acometidos de doença mental.

Podemos esboçar o motivo que sustentava a Recusa de Andrew em relação a Dolores. Em sua ficha, consta que ele participou da libertação dos campos de Dachau, mas não havia comprovação de que matara algum nazista. Não sabemos quais poderosos sentimentos a experiência de guerra despertou, mas podemos pensar que Andrew se defrontou com a terrível violência do ser humano, e até mesmo com um desejo de vingança contra os nazistas.

No entanto, alerta-nos Hannah Arendt (1999), a violência habita cada um de nós, essa é a banalidade do mal. Diversos personagens do filme descrevem Andrew como um "homem de violência", o que ele contestava e ao mesmo tempo admitia. Se a Recusa pretendia desligá-lo de sua realidade psíquica, em que se via como um monstro, talvez seja por isso que não tenha podido se separar de Dolores, pois, apesar de sua loucura, ela oferecia um amor enorme e idealizado que compensava a violência que o habitava.

Rachel Solando nunca existiu, ela era parte do delírio de Andrew e representava o vínculo adoecido entre ele e Dolores.[22] À semelhança do fetiche, a figura de Rachel Solando sustenta uma equação simbólica entre Dolores e Andrew: Rachel matou os três filhos, assim como Andrew se via como o autor do assassinato dos próprios filhos, em uma identificação melancólica com Dolores. Assim, a loucura atribuída a Rachel Solando era a dele: Andrew não admitia o que fizera e vivia na ilha como se fosse um visitante que, de dentro de seu delírio, atribuía um papel aos médicos, funcionários e pacientes.

Como um filme de suspense, o objetivo de *A ilha do medo* é nos pegar de sobressalto e, por isso, não se aprofunda tanto no sofrimento psíquico do personagem. Apesar do absurdo da abordagem clínica ficcional que o filme nos apresenta, é justamente o seu fracasso que nos convoca a refletir sobre a natureza da Recusa da realidade.

Em primeiro lugar, tal experiência seria uma irresponsabilidade enorme da instituição, que joga perigosamente com o senso de realidade de Andrew e de todos os outros pacientes da ilha, que são forçados a compactuar com uma mentira, afinal, a encenação criada está longe de ser terapêutica. Em um enquadre ético, a participação no *role play* é voluntária e temporária; recordemos que o

22 No filme, dr. Cawley apenas estabelece o paralelo entre Rachel e Dolores, sem abordar esta perspectiva da identificação melancólica de Andrew.

campo da transicionalidade permite o *nonsense*, mas sempre com um pé no chão, em que tudo *é e não é* real.[23] Por sua vez, concretizar uma experiência como em Shutter Island levaria a um maior enlouquecimento, e não à admissão da realidade.

O principal aqui é que a intervenção dos psiquiatras do filme parte de um equívoco fundamental a respeito da Recusa como mecanismo de defesa. Quando Freud (1937b) afirma que todo delírio tem um fundo de verdade histórica, isso não quer dizer que o alvo da Recusa seja a realidade objetiva, e sim a realidade psíquica. O que é insuportável é o impacto emocional das conclusões às quais Andrew chegou quanto à tragédia que viveu: "é tudo culpa minha, eu matei meus filhos", ele diz.

Segundo Freud (1925a), no psiquismo nada se apaga, tudo deixa marcas. Ele afirma: "a existência da representação já é uma garantia da realidade do representado" (p. 279). No entanto, precisamos recordar que a realidade não é formada apenas de percepções, mas sobretudo da relação entre elas. Portanto, entre os aspectos da realidade material, da realidade psíquica e da verdade histórica, o analista deverá possibilitar a criação de um espaço para a ficcionalização desses elementos. Assim, o importante não é recuperar a origem do elemento de verdade histórica do delírio, mas combinar essa figura com outras, para dar uma nova forma ao todo.

Figueiredo nos permite mais um aprofundamento sobre essa questão envolvendo a realidade e o processo perceptivo. O autor opta pelo termo "desautorização" para traduzir *Verleugnung*, termo que se refere à "interrupção de um processo pela eliminação da *eficácia transitiva* de um dos seus elos" (FIGUEIREDO, 2008, p. 59, grifos do autor). Ele compreende que a Recusa não anula a

---

23 Sobre o aspecto transicional do enquadre psicanalítico, ver o capítulo "O analista, a Recusa e o enquadre".

representação de uma percepção nem seu significado, mas atua sobre a possibilidade de ela estabelecer conexões na cadeia psíquica.

Segundo o autor, o processo perceptivo acompanha um movimento de abertura e fechamento de uma rede de sentidos, como um momento de *Gestalt* e outro de anti-*Gestalt*. Há uma etapa de formação de figura e atribuição de significado a partir da organização de diversos elementos psíquicos, e um outro instante em que essa estabilidade é perturbada para a inclusão de novos elementos, abrindo-se para a formação de outras composições. É precisamente essa disponibilidade de desorganização e reorganização que é afetada pela Recusa, mantendo o fechamento da *Gestalt* e causando seu enrijecimento. É essa clausura psíquica que faz com que o delírio e as crenças irracionais sejam tão persistentes.

Mas é preciso recordar que o delírio é uma formação de compromisso e, da mesma forma que o fetiche, tem a função de remendar a cisão do Eu (FREUD, 1940[1938]a) e afastar a angústia. Portanto, essa outra realidade que Andrew criou não deve ser combatida, ela não é a causa do adoecimento psíquico, mas sim uma tentativa de cura. Contudo, ao final do filme, vemos que ele continua isolado em sua ilha de medo: embora seja muito sofisticado, seu delírio não impede que ele sofra e que viva constantemente ameaçado.

No final da trama, descobrimos que o assistente de Teddy, Chuck, era na verdade o terapeuta de Andrew, que o tratava há mais de 2 anos, dr. Sheehan. Quando entrega a seu paciente o seu próprio prontuário, dr. Sheehan faz uma aposta no poder dos dados objetivos da percepção, e não na construção de significados. Assim, ele perde a chance de conversar com Andrew na pele de Teddy e costurar a cisão do Eu do paciente. Este é o engano da abordagem terapêutica dos psiquiatras do filme: eles bombardeiam Andrew com percepções, fatos e cenários que contêm um fundo de verdade histórica, mas em momento algum criam um campo para conter e elaborar os afetos suscitados, nem para abordar o medo da loucura que tão claramente tomava o paciente.

Portanto, quando falamos que o psicanalista deve acolher a loucura pessoal (Green, 1979a) do paciente, não se trata apenas de não contestar o delírio, mas também de tomá-lo como expressão do inconsciente não recalcado. Mergulhar na realidade psíquica significa adentrar os coloridos afetivos do mundo interno. É aí que jazem os conteúdos impensáveis, inadmissíveis, insuportáveis, indizíveis, inconfessáveis. Sobretudo, não se trata de explicitá-los ao paciente, como faz dr. Cawley com Andrew no final do filme: "você sente culpa e por isso não admite a realidade". De jeito nenhum. Trata-se de criar um espaço psíquico em que se possa sentir e pensar sobre os avessos, medos, sonhos, delírios e pesadelos.

Esta é a última fala de Andrew, antes de se render à lobotomia: "O que é pior? Viver como um monstro ou morrer como um homem bom?". Eu teria vontade de dizer a Andrew como é difícil para todos nós, humanos, encarar que somos todos um pouco monstros e um pouco homens bons, todos temos um tanto de médico e de louco. Uma dose de Recusa está presente em todos nós.

2. A Recusa e as vicissitudes do narcisismo[1]

Em *Introdução ao narcisismo*, Freud (1914a) descreve diferentes vicissitudes do narcisismo, como o senso de identidade, a relação com o corpo, a autoestima, as fantasias onipotentes, entre outros. Todas elas, de modo mais ou menos evidente, estão ligadas à ada missão e à não admissão da castração.[2] O que se desvela é que há dimensões da Recusa presentes desde o início da vida, inclusive

---

1 Este capítulo deriva de outros textos de minha autoria, dentre eles minha dissertação de mestrado *Dimensões da Recusa: crença, trauma e clínica* (2019b), realizado na Pontifícia Universidade Católica de São Paulo (PUC-SP), e minha monografia de conclusão do curso Formação em Psicanálise, do Instituto Sedes Sapientiae, intitulada *Um estudo sobre a Recusa (Verleugnung)* (2019a), e também reproduz ideias abordadas no artigo "A Recusa e as crenças: a dimensão narcísica da não admissão da castração" (CHREIM; CINTRA, 2020) publicado na revista *Estudos Interdisciplinares em Psicologia*, e no capítulo "A Recusa e a transmissão do impensável" (CHREIM; CINTRA, 2019), do livro *Sonhos privados: psicanálise e escuta contemporânea* – Parte 2.

2 Na apresentação deste livro, abordei a necessidade de se atualizar o conceito de castração, como desenvolvido neste capítulo e no anterior.

como função estruturante e protetora do aparelho psíquico. Se no narcisismo primário a Recusa promove uma blindagem contra a alteridade, no narcisismo secundário vemos que a Recusa está ligada a uma aspiração à não castração na relação de filiação.

A relação entre Recusa e narcisismo não está ligada apenas a patologias e a sofrimento psíquico. Segundo Aulagnier-Spairani (2003), há uma Recusa da castração materna, presente em todos nós, que se refere à nossa tentativa de evitar entrar em contato com a incompletude e a finitude, protegendo-nos contra essa ferida narcísica. A autora afirma que há "uma primeira recusa que visa a preservar a mãe como instância suprema, a fim de salvaguardar o mito de uma onipotência do desejo e de uma automaestria do prazer" (AULAGNIER-SPAIRANI, 2003, p. 49). Porém, há casos em que a relação do sujeito com a castração está tão perturbada que ela se torna insuportável e, então, a Recusa se expressa de modo mais radical.

Para todos nós, a relação consigo mesmo é construída a partir da relação com os outros, em que são transmitidas versões do mundo. Esse vínculo intersubjetivo pode oferecer suporte para que o sujeito desenvolva formas de elaborar as frustrações e as surpresas da vida; entretanto, quando falham esses alicerces, a transmissão da castração alude apenas à privação, à vulnerabilidade e ao abandono e torna-se inadmissível. Por exemplo, se uma mãe demora demais para voltar ao encontro de seu filho, a ausência remete ao abandono, e não ao reencontro, de modo que a angústia de separação se torna insuportável. Nesse contexto, a Recusa defende o psiquismo da criança de uma versão terrível da castração, no tocante à ausência, em que o afastamento da mãe significa que ela vai, mas não volta mais. Assim, o objeto fetiche visa à não admissão da separação, como nas adicções, em que o objeto é onipotente e onipresente.

O narcisismo e os anseios de não castração

Desde o início da vida, a Recusa preserva o narcisismo e sua pretensa ilusão de perfeição, onipotência e autossuficiência. Contudo, esse campo que visa eliminar a castração, paradoxalmente, é construído em cima da admissão da castração: na relação de filiação, o narcisismo da criança é tecido sobre as feridas narcísicas dos pais, ou seja, nas marcas da castração que eles carregam. Nos genitores, é o reconhecimento das próprias frustrações que alimenta o anseio de que as próximas gerações sejam livres dessas dores. É justamente esse interjogo do desejo que cria os laços. Desse modo, desvela-se essa dupla face do narcisismo, que, de diversas formas, articula e desarticula a relação entre admissão e não admissão da castração.

A castração já faz sua primeira aparição importante na constituição do sujeito a partir do psiquismo de seus pais. Segundo Aulagnier (1964), a partir do momento que a mãe se descobre grávida, um conjunto de fantasias a esse respeito é produzido, de modo que essa criança imaginada encontra seu lugar não apenas no discurso e na história de seus pais, mas também em um contexto cultural e social. Mensagens são, assim, transmitidas quanto ao desejo inconsciente dos pais, atravessadas por uma relação com a castração. Nessa construção, os recursos psíquicos da mãe e o contexto de tal gestação influenciam a história e a narrativa familiares sobre essa criança.

A relação com o corpo também é demarcada pela especularidade, pois é a partir das experiências corporais amarradas no desejo da mãe que surge um corpo libidinal, que sente prazer, desprazer, dor e excitação. Dessa forma, organiza-se um Eu que está na fronteira da pele, mas que foi desenhado pelo outro. Aulagnier (1964) aponta que não basta a criança ser cuidada no nível de suas necessidades, é preciso que a mãe suponha um sujeito onde, na realidade, ainda há apenas um conjunto de órgãos e vísceras. Assim, a partir do imaginário da mãe, projeta-se uma imagem para essa criança, que atravessa toda a relação entre eles: discursos, olhares, cuidados, preocupações e encantamentos. A criança é amarrada à sua mãe por meio desse vínculo narcísico, que inscreve o filho no campo de desejo dela.

Tal investimento libidinal é movido pelos anseios narcísicos dos pais quanto a ter um filho. Apostas, esperanças e projeções dizem respeito a vivências e frustrações que eles mesmos viveram, ou seja, é o reconhecimento da sua própria condição faltante que move os pais em direção aos filhos, buscando realizar seus desejos como indenização pelas feridas narcísicas que a vida lhes impôs.

Assim, para além do autoerotismo – o uso do próprio corpo como objeto de satisfação pulsional –, surge este movimento de investir na própria imagem (narcisismo primário) e, posteriormente, de zelar para que ela sempre pareça perfeita (narcisismo secundário). Nesse processo que inaugura o Eu, ocorre uma montagem, explorada por Lacan (1966) em seu texto *O estádio do espelho como formador da função do Eu*, em que a mãe oferece a seu filho uma imagem singular e unificada de um corpo que tem um todo, com a qual o bebê se identifica. Assim, o termo "narcisismo" está pleno de sentido, e o sujeito advém desse apaixonamento pela imagem de si mesmo oferecida pelo outro, reconhecendo-se no olhar de sua mãe.

Esse é o processo de identificação primária, em que o narcisismo é constitutivo e inaugura uma condição autorreferente e onipotente: "*His Majesty the Baby*[3]", como afirma Freud (1914a). Paradoxalmente, esse Eu Ideal é uma ficção de perfeição, uma

3 Em português, "Sua Majestade, o bebê".

ilusão, no momento em que a criança se encontra em seu maior estado de dependência do outro. É um funcionamento psíquico em que a Recusa da castração é imprescindível: nesse campo, não existe a falta, não existe a alteridade. A mãe é cúmplice dessa ação defensiva, protegendo o bebê da variação de temperatura, da fome, da dor e de tudo o mais que possa estimular excessivamente o psiquismo incipiente, que tem pouca tolerância ao desprazer.

Por sua vez, sustentar essa função requer da mãe um balanço narcísico que não é simples, que envolve abdicar à satisfação de suas necessidades e seus desejos atuais em nome da realização de seus sonhos no futuro, por meio de seu projeto parental. Nesе sa báscula, há uma renúncia narcísica importante, que é aceita na condição de que seja compensada mais adiante. De certo modo, tal disposição é necessária para que a criança, quando olhar para sua mãe, não veja seu cansaço, sua angústia, seu desespero, e sim essa projeção de um bebê ideal e perfeito. Comentando o texto de Lacan, Winnicott (1967) propõe que a criança se vê refletida no rosto da mãe e conquista o senso de ser real, como sustenta o autor: "quando olho, sou visto; logo, existo" (p. 157). Mas o rosto da mãe só funciona como espelho na medida em que ela é atravessada pela castração, ou seja, quando ela é capaz de se apagar temporariamente, abster-se de suas questões, para que seu filho apareça. No entanto, essa dinâmica envolve sentimentos muito ambivalentes, que atravessam o vínculo entre pais e filhos, entre expectativas e idealizações que, quando frustradas, podem alimentar ódio e ressentimento.

Nas seguintes palavras, Freud nos permite um aprofundamento sobre a admissão e a não admissão da castração no laço narcísico da filiação:

Quando vemos a atitude terna de muitos pais para com seus filhos, temos de reconhecê-la como revivescência e reprodução do seu próprio narcisismo há muito abandonado. Como todos sabem, a nítida marca da superestimação, que já na escolha de objeto apreciamos como estigma narcísico, domina essa relação afetiva. Os pais são levados a atribuir à criança todas as perfeições – que um observador neutro nelas não encontraria – e a ocultar e esquecer todos os defeitos, algo que se relaciona, aliás, com a negação da sexualidade infantil. Mas também se verifica a tendência a suspender, face à criança, todas as conquistas culturais que o seu próprio narcisismo foi obrigado a reconhecer, e a nela renovar as exigências de privilégios há muito renunciados. As coisas devem ser melhores para a criança do que foram para seus pais, ela não deve estar sujeita às necessidades que reconhecemos como dominantes na vida. Doença, morte, renúncia à fruição, restrição da própria vontade não devem vigorar para a criança, tanto as leis da natureza como as da sociedade são revogadas para ela, que novamente será centro e âmago da Criação. His Majesty the Baby, como um dia pensamos de nós mesmos. Ela deve concretizar os sonhos não realizados de seus pais, tornar-se um grande homem ou herói no lugar do pai, desposar um príncipe como tardia compensação para a mãe. No ponto mais delicado do sistema narcísico, a imortalidade do Eu, tão duramente acossada pela realidade, a segurança é obtida refugiando-se na criança. O amor dos pais, comovente e no fundo tão infantil, não é outra coisa senão o narcisismo dos pais renascido, que

> *na sua transformação em amor objetal revela inconfundivelmente a sua natureza de outrora. (FREUD, 1914a, p. 36)*

Na relação entre pais e filhos, há uma admissão da própria incompletude, mas, ao mesmo tempo, a projeção de que este bebê vá torná-los novamente plenos. E, de parte da criança, há uma busca por satisfazer as expectativas projetadas sobre si, na esperança de que volte a se sentir amada incondicionalmente. O filho vem como consolo para a castração dos pais, o que permite esse voto narcísico na criança e a oferta de uma imagem inteira e perfeita.

Nessa dimensão, há uma colusão entre a aspiração à não castração, por parte dos pais, e o anseio dos filhos de preservar uma imagem de perfeição, na medida em que buscam corresponder aos ideais projetados pelos pais e se proteger da ameaça de perda de amor. Cria-se, portanto, um campo de ilusão que é muito sedutor, em que pais e filhos se complementam, no qual se elidem a falta e as feridas narcísicas de todos os envolvidos. Contudo, também se eliminam a alteridade, o desejo, a exogamia.

Essa ficção de uma mônada fechada em si mesma é muito presente nas relações fusionais, em que a Recusa à triangulação se manifesta e pode assumir tons incestuosos. Mas essa miragem sempre mostra suas rachaduras, afinal, ninguém é capaz de satisfazer plenamente o outro. Essa é uma faceta da castração incontestável, por mais que tentemos nos defender dela: procuramos capturar o desejo dos outros para não nos sentirmos de fora, mas não temos controle nenhum sobre isso.

No entanto, algumas dimensões da Recusa são imprescindíveis para continuarmos a investir na vida, mesmo sabendo que ela trará desamores, decepções, perdas, frustrações, sofrimento, tristeza e, inevitavelmente, a morte. São as miragens e as utopias que nos movem adiante, mesmo sabendo que nunca as alcançaremos. O que se explicita é que a aceitação da castração só é possível dentro de um campo de ilusão narcísica, que alude a promessas de completude e de indenização, ou seja, da projeção de um anseio de não haver mais castração – não necessariamente por meio de filhos, mas também por meio da conquista dos mais altos ideais, por exemplo. Nesse sentido, Pinheiro (1999) afirma que a castração é somente admitida entre aspas, ou seja, desde que haja a ilusão de retornar a um estado de plenitude:

> *A inserção no tempo, a dimensão de passado, presente e futuro que nos dá a noção de vida como espaço de tempo que compreende o tempo decorrido desde o dia do nascimento até a data ignorada da morte, essa temporalidade que traz embutida a finitude, a impotência, está no duro pacote da castração, mas é aceita sob a condição de que o passado seja de plenitudes e no futuro haja a segurança da "felicidade". (p. 32)*

Portanto, para qualquer um de nós, a admissão da castração requer uma sustentação para que possa ser tolerada. Não pode envolver apenas a perda, mas deve também engendrar o movimento do psiquismo para buscar recuperar seus investimentos libidinais. O campo de ilusão precisa persistir para podermos sonhar, fantasiar e viver. Mesmo sabendo que nada é perfeito, podemos nos enriquecer com vínculos que oferecem prazer suficiente para recriar a sensação de satisfação e de preenchimento das nossas faltas. Portanto, admitir a castração significa compreender que não perdemos nada do nosso corpo, mas que sentimos falta de algo que nos complete.

Entretanto, é fundamental que o sujeito encontre suporte para articular versões da castração suportáveis, seja nas figuras parentais, seja nos discursos familiares, seja no contexto cultural. É preciso que os pais amorteçam o impacto e ofereçam recursos simbólicos para a criança elaborar sua vulnerabilidade e sua imperfeição, afinal, o pacote da castração não é fácil de digerir. A falta *da* mãe e a falta *na* mãe são duas facetas da castração contra as quais nos defendemos por meio da crença na mãe fálica, que encarna a onipotência e uma promessa de amor incondicional.

La Luna *(BERTOLUCCI, 1979) e a mãe incastrável*

No processo de subjetivação de uma criança, é fundamental que seus pais lhe transmitam um registro de sua própria castração: quando admitem que não sabem tudo sobre seu bebê e que não podem tudo, interditando-se em relação ao corpo e ao psiquismo de seu filho, demarcam a separação e a alteridade. Na contramão, podemos vislumbrar no filme *La Luna* (BERTOLUCCI, 1979) as nuances narcísicas de uma mãe incastrável.

A personagem Caterina é uma reconhecida cantora lírica de sucesso, que dedicou a vida à carreira. Após a morte do marido, ela esconde as feridas narcísicas por trás dessa capa grandiosa e brilhante de sua vida de cantora. Assim que termina o funeral, essa viúva corre para o carro agarrada ao filho, Joe, e vão para a Itália, onde ela encontra um lugar social de muito prestígio. Mesmo diante dos protestos dele, preocupado com escola e amigos, Caterina sequestra Joe da vida dele, carregando-o como um pedaço de si mesma, sem se dar conta do desenraizamento que o filho viveu.

A Recusa de Caterina a deixa cega às necessidades dos outros: sua imagem impecável brilha tanto que ofusca todo o resto. Esse recurso defensivo aparece quando ela se depara com a faceta mais bruta da castração, a morte, que golpeia o narcisismo, porquanto nos remete a finitude, imperfeição e vulnerabilidade. A perda de uma pessoa querida nos defronta com o desamparo afetivo, e com nossa dependência do amor do outro. No caso de Caterina, a morte do marido também sinaliza que ela está envelhecendo, que nada dura para sempre. Mas sua imagem como cantora a imortaliza. Assim, ela desfila pela cidade fascinando a todos e entrega-se a um banho de louvor a si mesma, no qual pode sentir-se narcisicamente invencível. Seu poder de sedução é tão forte que ela se torna um objeto de veneração.

Nessa posição onipotente de majestade, ela vive a ficção descrita por Freud (1914a): "Ser novamente o próprio ideal, também no tocante às tendências sexuais, tal como na infância – eis o que as pessoas desejam obter, como sua felicidade" (p. 48). Por meio da Recusa, ela perverte a passagem do tempo, tentando reviver a nostálgica ilusão narcísica de ser o centro do mundo. Sua perspectiva não é vir-a-ser, mas voltar a ser, voltar a viver o idílio da não castração.

Caterina dirige seu olhar para os outros contanto que façam referência a ela, servindo de espelhos para uma imagem que nem sempre está como ela gostaria: perfeita. Quando o sofrimento de Joe começa a se manifestar, Caterina se mobiliza para resolver tudo, zelando pela imagem de uma mãe ideal. Mas esse narcisismo agigantado é tão evidente que ela esquece o aniversário do filho, e, como se esse fato não tivesse nenhuma importância emocional, ela busca compensar sua falha organizando uma festa. O evento é uma celebração à sua própria imagem e semelhança, e não do tamanho do desejo do filho, que havia pedido uma comemoração íntima. A festa é grande, mas vazia de significado. Caterina não vê o quanto fere seu filho, que se sente esquecido e insignificante.

Ela colocou uma imagem de si mesma onde deveria haver uma falta, ou seja, por meio da Recusa, ela homenageia a si mesma e a seus triunfos perante a castração. Como a mãe do perverso,[4] ela se envaidece neste lugar fálico e onipotente. Nessa toada, Caterina não admite a própria castração e tampouco tolera a castração de seu filho, afinal, qualquer insatisfação dele remete à insuficiência de sua mãe.

Enredado nessa trama narcísica, Joe se atrapalha na elaboração de um Totem e de um Tabu: em dado momento do filme, Caterina dá início à masturbação do próprio filho, mas após essa investida incestuosa, Joe a enfrenta, dizendo: "você não me ama, você me odeia". Ele parece se dar conta de que sua mãe o destrói como sujeito porquanto ela não se interdita em sua onipotência. Afinal, a questão do incesto não diz respeito apenas à dimensão erótica, mas também a toda forma de abuso psíquico, contra o qual Joe se vê desprotegido.

Uma vez que Caterina recusa a castração, ela não oferece suporte para que Joe aprenda a lidar com o desejo, com as frustrações e com as perdas. Diante do sofrimento do filho, ela lhe oferece chupetas, e não palavras, de modo que a relação entre eles é marcada pela concretude: o alimento, o sexo, as drogas. Nesse contexto, as adicções são manifestações da Recusa e do fetichismo e protegem o psiquismo de um menino assolado pela angústia de separação, que não consegue se discriminar de sua mãe e ter mente própria.

Em *La Luna*, a relação entre Caterina e seu filho nos mostra uma faceta venenosa do narcisismo, como caracteriza Pinheiro (1999):

4 Tema abordado no capítulo "A Recusa na perversão".

> *Eliminar diferenças, torná-las semelhantes, derrubar barreiras, tapar vazios, transformar enigmas em obviedades, assim é a libido, assim é o narcisismo. Fazer do outro eu próprio, do misterioso o mais claro, pasteurizando as diferenças. Deste modo torna-se possível a onipotência tão decantada do narcisismo. Espanta-se o desamparo, a falta, a precariedade humana. É contra isso, afinal, que o narcisismo se ergue, como a outra face da pulsão de morte, da agressividade, esta dirigida para fora, para o outro, para o que não aceita ser familiar e igual, isto é, aquilo que insiste na dessemelhança e transforma o estranho em perigoso inimigo. (p. 31)*

A Recusa e a transmissão do impensável

Nos discursos que envolvem a criança, estão presentes referências de como os pais, a família e o grupo social lidam com a mortalidade, com perdas e separações, com o envelhecimento, com a novidade, com o estrangeiro, com o saber e com a ignorância – facetas da relação com a castração. O sujeito herda essa bagagem, mas também a reinterpreta a partir de suas experiências, em um movimento dialético que permite a construção de enunciados próprios sobre a realidade. Portanto, a transmissão da castração tem um caráter histórico, bem como todas as vicissitudes do narcisismo são atravessadas por fantasias e fantasmas de gerações anteriores, que permeiam uma cultura familiar. São versões sobre a vida, o desejo e a falta, que delineiam as relações e os laços fundadores do narcisismo.

No entanto, quando essa rede de sustentação está muito esgarçada, a Recusa se interpõe de modo mais radical, protegendo o psiquismo de versões da castração inadmissíveis, incompreensíveis ou insuportáveis. Assim, a transmissão inconsciente do impensável diz respeito a conteúdos assustadores, traumáticos ou violentos, mas também pode se dar em função de uma precariedade simbólica. Isso significa que aquilo que ainda não foi suficientemente digerido e representado é repassado de forma crua e inassimilável e, portanto, também tem um potencial traumatogênico, na medida em que fica como um elemento tóxico no psiquismo.

Aulagnier (1964) tece considerações que iluminam esses aspectos da relação intersubjetiva entre mãe e filho, no que diz respeito à transmissão da castração. Sobre a mãe do psicótico, a autora diz:

> *O que nelas impressiona não é, como algumas vezes tem se escrito, que sejam "mulheres fálicas", o que faria delas, confessemos, um tipo muito comum, mas sim a existência de uma relação muito particular com a lei: a mãe do psicótico não é alguém que faz a lei, ela é a lei, o que é diferente. (p. 58)*

Portanto, a mulher fálica obedece à lei social, pois é essa a lei que lhe confere o valor fálico; por sua vez, a mãe psicogênica não apenas não aceitou as regras do jogo, como ressalta a autora, mas também não as entendeu. A transmissão de uma lei contraditória, confusa ou sem sentido pode se dar em função de uma mãe psiquicamente comprometida, mas, como aponta Penot (1992), pode se dar também por uma história familiar esburacada, oculta ou indigesta, que compromete a articulação desse sujeito com sua herança familiar, sendo-lhe designado um lugar ambíguo.

Segundo o autor, a mensagem indecifrável ou incongruente favorece a emergência da Recusa. Situações que se caracterizam pelo "duplo-vínculo", por exemplo, produzem uma confusão que pode se dar pela transmissão simultânea de dois conteúdos contraditórios ou quanto à comunicação de uma ideia incoerente. Quando se demanda de alguém que seja espontâneo, apresenta-se uma contradição inerente à formulação do mandato: ora, como se pode ser espontâneo por ordem de alguém? Produz-se, então, uma situação sem saída possível que satisfaça a expectativa narcísica em torno dessa criança, que pode sentir-se sempre insuficiente e decepcionante.

A fim de colaborar com as reflexões clínicas quanto à relação entre Recusa e narcisismo, Penot (1992) propõe que o analista convide o paciente a trazer na sessão as narrativas familiares e as fantasias de passado, presente e futuro. O autor destaca a intersubjetividade na transmissão da castração e seus extravios, na qual até a exclusão radical da ordem da filiação é resultado de uma indenização narcísica aos pais, ou seja, diz respeito ao que não gostariam que se repetisse na próxima geração. Isso significa que a amarração narcísica, nesses casos, acaba excluindo o sujeito da história familiar, mas na intenção de que ele pudesse ser poupado de uma corrente de maldições. Por exemplo, há relatos de sobreviventes dos terrores da Segunda Guerra Mundial que optaram por não contar a seus descendentes que estes têm origem judaica, porque essa identidade está carregada de ambivalência e sofrimento. O efeito, contudo, é que esse elo fica perdido, trazendo uma sensação de desfiliação. Segundo o autor:

> *De fato, existem múltiplos casos de figuras de não admissão intrafamiliar, dos quais alguns também podem derivar de uma fusão imaginária grande demais entre os pais, nostálgica ou vergonhosa, tendente a que a próxima geração seja excluída dela [...] será incesto demais, ou muito pouco? (PENOT, 1992, p. 58)*

No caso Jeanne,[5] descrito pelo autor, o pai da paciente não transmite seu sobrenome à filha em virtude da relação ambivalente com sua própria herança cultural familiar, mas, assim, ela tem dificuldade de se inserir narcisicamente nessa linhagem. O que Penot destaca é que a Recusa da castração não ocorre apenas pela tendência endogâmica e incestuosa, que sustenta a ficção de completude entre pais e filhos, pelo contrário: a Recusa também aparece em casos de exclusão familiar, procurando poupar as gerações seguintes dos traumas do passado.

Outro fato que colabora para a transmissão impensável se refere à incapacidade de elaboração simbólica dos próprios pais quanto às experiências que tiveram, afetando a possibilidade de ofertar esse recurso à criança. Experiências traumáticas transgeracionais, os segredos e os "não-ditos", justamente por não serem explicitados e simbolizados, produzem efeitos destrutivos e sinalizam que algo não pôde ser enlaçado na trama de sentidos que envolve a narrativa familiar. Desse modo, a Recusa defende o psiquismo desses elementos impensáveis ou "ainda não pensados".

Abordando esses aspectos intersubjetivos, o autor nos permite compreender que é em virtude das próprias feridas narcísicas, traumas e vulnerabilidades que os pais acabam sendo cúmplices da Recusa:

> *Deste modo, uma mãe pode dar a perceber, desde o início, a seu filho, que está fora de questão que ele mencione esta "falta" que o aflige, porque ela não suportaria isto. Pode-se perceber, deste modo, na cura de certos pacientes, os indicadores de uma "mãe incastrável", no plano imaginário – sem dúvida, porque demasiado frágil, na maioria das vezes... Os sinais indiretos*

5 Abordado no capítulo "Recusa e *Unheimliche*: a inquietante estranheza".

> *de uma tal incapacidade nos personagens parentais, a incapacidade duradoura destes de lidar simbolicamente com aquilo que os afeta e os põe à prova, serão frequentemente perceptíveis, através de manifestações de ordem comportamental, de uma maneira incoercível, no próprio paciente, que então dá a impressão de que elas lhe foram ditadas (de encomenda, é-se tentado a dizer). (PENOT, 1992, p. 38)*

Se a Recusa atua em consequência daqueles aspectos das figuras parentais que o sujeito não pôde metabolizar, é preciso criar um campo para conversar com essas almas penadas. Assim, o analista convida o paciente a se indagar sobre o psiquismo de seus pais e seus anseios narcísicos, como forma de representar e pensar o que parecia inconcebível. Trata-se de uma elucubração sobre *a realidade psíquica das figuras parentais*, que transforma idealizações e demonizações em prol da admissão da realidade, ou seja, dos pais como eles são, com todos os seus defeitos e virtudes.

Nesse processo de historização, os buracos de sentido podem ser entretecidos com outras versões da castração, possibilitando novas interpretações sobre as narrativas familiares. O lugar narcísico, portanto, pode ser revisitado e reeditado em novas relações, rearticulando admissão e não admissão da castração de modo a recriar o campo do desejo. As figuras parentais são motoras e financiadoras da constituição psíquica, mas é necessário que, em algum momento, este sujeito consiga se alforriar e tornar-se o narrador de sua história.

Esse movimento psíquico é fundamental para a simbolização e a elaboração das experiências, levando-nos a novas descobertas sobre nós mesmos. Entretanto, nesse caminho, podemos nos deparar com coisas terrivelmente assustadoras, como a violência, o segredo, os votos de morte ou de vingança, o trauma e a loucura, que atravessam nossa história pessoal e familiar. Por isso, o processo de análise não se dá sem resistências: a função do analista não se limita a colocar o paciente em contato com sua realidade psíquica, mas também deve criar condições de simbolização, para que essas descobertas se tornem mais digeríveis e suportáveis. Caso contrário, a reação terapêutica negativa[6] se torna insuperável, na medida em que os avanços da análise trazem mais dor psíquica do que o psiquismo consegue administrar.

6 Reação terapêutica negativa: conceito proposto por Freud em *O Eu e o Id* (1923a), que se refere a um fenômeno em que há uma piora do quadro clínico do paciente logo após um avanço na análise.

3. A Recusa e a crença na mãe fálica[1]

A seguinte charge de Calvin e Haroldo ilustra a função que as crenças exercem ao sustentar a continuidade de nossa existência, especialmente quando nos vemos muito ameaçados em nosso narcisismo, como diante da ameaça de castração que as ideias de morte e de desamparo representam.

---

1 Este capítulo deriva de outros textos de minha autoria, dentre eles minha dissertação de mestrado *Dimensões da Recusa: crença, trauma e clínica* (2019b), realizado na Pontifícia Universidade Católica de São Paulo (PUC-SP), e minha monografia de conclusão do curso Formação em Psicanálise, do Instituto Sedes Sapientiae, intitulada *Um estudo sobre a Recusa (Verleugnung)* (2019a), e também reproduz ideias abordadas no artigo "A Recusa e as crenças: a dimensão narcísica da não admissão da castração" (CHREIM; CINTRA, 2020) publicado na revista *Estudos Interdisciplinares em Psicologia*, e no capítulo "A Recusa e a transmissão do impensável" (CHREIM; CINTRA, 2019), do livro *Sonhos privados: psicanálise e escuta contemporânea* – Parte 2.

Figura 1 *Charge de Calvin e Haroldo (WATTERSON, 1987).*

A crença na mãe fálica

A dimensão da crença envolve expressões da Recusa que incluem fenômenos cotidianos como tradições e superstições, mas que também dizem respeito, no âmbito clínico, a um aspecto que pode estar presente em diversas formas de subjetivação. Segundo Mannoni (1969), a crença na mãe fálica é o protótipo a partir do qual derivam todas as outras crenças.

Escorada na Recusa, essa crença se transforma ao longo da vida, veste-se com outras roupagens e persiste em alguma medida no psiquismo, como promessa de um campo de não castração, oferecendo algum alívio à nossa angústia. As crenças irracionais – que sobrevivem ao desmentido da realidade – são manifestações da Recusa que se expressam em diversas formas de sofrimento psíquico, mas também como uma propriedade inerente ao âmbito cultural e privado, para além de uma caracterização patológica. Evidentemente, há diferenças entre crenças derivadas do narcisismo primário, que são expressão de um funcionamento psíquico mais arcaico, e outras que alcançaram maior nível de simbolização e estão ligadas ao narcisismo secundário. Entretanto, em todas elas opera esse movimento defensivo sustentado pela Recusa, inclusive naquelas que dizem respeito ao pai Totêmico (FREUD, 1912-1913), tão presente nas crenças religiosas, que é apenas outra faceta da crença na mãe fálica.

Mannoni (1969), em seu texto intitulado *Eu sei, mas mesmo assim*, aborda o tema das crenças por meio de uma perspectiva descritiva do fenômeno em diferentes contextos, procurando estabelecer paralelos e distinções entre eles. Embora os psicanalistas se deparem diariamente com o âmbito das crenças, o autor afirma que na obra de Freud não há uma dedicação especial a esse tema, apesar de estar sempre associado implícita ou explicitamente ao termo *Verleugnung* (Recusa).

Em *O fetichismo* (1927), Freud afirma que a Recusa preserva a crença no falo materno mesmo quando a criança se defronta com a ausência de pênis nas mulheres. Ao preço de uma clivagem do Eu, a crença é mantida e simultaneamente abandonada, sustentando uma atitude dividida. Assim, Mannoni (1969) cunha o jargão da Recusa referente às crenças, "eu sei que..., mas mesmo assim...": a afirmação "eu sei" diz respeito ao campo da admissão da castração – "eu sei que a mulher não tem falo" – e a adversativa – "mas mesmo assim" – expressa a persistência da crença. A possibilidade de conjugar essas duas sentenças contraditórias quanto à admissão da castração se deve à Recusa, em que uma se opõe à outra, mas uma depende da outra. Para o autor, não existe o "mas mesmo assim" sem o "eu sei", uma vez que o fetiche só é erigido porque alguma dimensão da castração penetrou a subjetividade. O paradoxo é que, se o fetiche tem a função de defender o narcisismo da angústia de castração, ele também é a prova da influência no psiquismo da admissão da castração.

Segundo Mannoni, o que Freud apresenta no texto *O fetichismo* (1927) diz respeito não apenas aos fatos da vida cotidiana, mas também ao que observamos nas experiências de análise. Nesse sentido, Mannoni estende o campo clínico da Recusa para além da perversão, e afirma que tanto o neurótico como o fetichista conjugam o "eu sei, mas mesmo assim". Sobre a Recusa do neurótico, ele afirma:

> *Mas, como todo mundo, por uma espécie de deslocamento, ele utilizará o mecanismo da* Verleugnung *a propósito de outras crenças, como se a* Verleugnung *do falo materno traçasse o modelo primeiro de todas as recusas à realidade, constituindo assim a origem de todas as crenças que sobrevivem ao desmentido da experiência. (MANNONI, 1969, p. 188)*

As crenças protetoras

As crenças têm sempre a função de preservar o narcisismo de tudo que pode feri-lo e sobrevivem para além da infância, especialmente diante das facetas da castração que mais nos ameaçam: o desamparo afetivo, nossa finitude e nossa fragilidade. As crenças prometem curar e eliminar as feridas narcísicas do passado, indenizar-nos pelas perdas, e oferecem uma ilusória garantia de um futuro sem sofrimento.

Em situações traumáticas, quando nos vemos expostos a grandes tormentos e incertezas, as crenças geram um alívio temporário do sofrimento que a realidade e as frustrações nos impõem. Podem oferecer um conforto, da mesma forma que a ideia de uma mãe fálica cria a sensação de estarmos protegidos dos males do mundo. Desse modo, as crenças têm a função de sustentar o senso de existência, que é muito importante para atravessar situações intensamente perturbadoras. Sabemos que a vida não é feita de certezas, mas nos reasseguramos ao acreditar que "vai dar tudo certo".

Mannoni (1969) também explora o campo das crenças que permeiam a cultura, que são veiculadas nas tradições. O Papai Noel, por exemplo, apesar de caracterizado como bonachão, é muitas vezes usado pelos pais como forma de advertência moral ou censura, quando dizem que ele só dá presente para quem se comporta. É uma figura que tem influência sobre o senso de moralidade das crianças, à semelhança da ameaça de castração. Se a criança não se comportar, perderá a gratificação à qual pensa ter direito. Assim, entendemos a função que pode ter tal mistificação para as crianças.

A partir do livro de Talayesva, chamado *Soleil Hopi*, Mannoni exemplifica não apenas o aspecto cultural das crenças, mas também sua transformação em fé. O autor nos conta que, no costume Hopi, as Katcina são divindades aterrorizantes que visitam as pest soas em uma época do ano, trazendo bênçãos, mas também ameaçando comer as crianças. Essas últimas são salvas do perigo pelos pais: eles oferecem carne às Katcina, que em troca deixam bolinhas de milho tingido de vermelho, *piki*. Nesse rito, os adultos mistificam as crianças, à semelhança da tradição de Natal, e há uma idade para se revelar a verdade de que as Katcina são, na realidade, os familiares fantasiados.

Certo dia, Talayesva havia flagrado sua mãe cozinhando o *piki* vermelho – que deveria ser oferecido pelas divindades –, o que lhe dera a sensação de *Unheimliche*,[2] experiência descrita por Freud (1919b) como inquietante estranheza. A partir desse incidente, algo da mistificação começou a se revelar, fazendo-o suspeitar de uma crença tão essencial em sua família e, inclusive, desconfiar de que os adultos o enganavam. Mas, no momento do ritual, sua mãe orquestrou para que as Katcina oferecessem o milho de outra cor, com a intenção de manter a mistificação e a crença de seu filho nessas divindades. O alívio sentido por Talayesva ao ser reassegurado de sua crença sugere que há sempre uma parte do psiquismo que não quer saber daquilo que a realidade deflagra e das consequências psíquicas das descobertas angustiantes. O efeito da Recusa é diminuir o impacto afetivo daquilo que Talayesva já começara a desvendar.

Quando alcançou a idade própria, foi-lhe revelada a verdade sobre as Katcina. Recordando a experiência do passado, quando as suspeitas começaram a aparecer, pairou no ar uma sensação de "então é verdade...". Essa é a expressão que Freud (1919b) usa para descrever a *Unheimliche*, sensação despertada quando uma crença abandonada volta a ser considerada real. Nesse caso, uma percepção da realidade, reveladora de um significado oculto, foi desmentida pela mãe de Talayesva e recusada pelo próprio menino, em favor de manter a crença nas Katcina.

Nesse grupo cultural, a transformação da crença em fé se dá quando os adultos dizem às crianças que agora as Katcina vêm visitar apenas de modo invisível, não como era antigamente. Mannoni (1969) assim expressa a sobrevida dessa crença: "*Eu sei* que as Katcina não são espíritos, são meus pais e meus tios, *mas mesmo assim*,

2 A *Unheimliche* – sensação de inquietante estranheza – é tema do próximo capítulo.

as Katcina lá estão enquanto meus pais e tios dançam mascarados" (p. 192). A sobrevivência de uma crença ao desmentido da realidaa de é que lhe confere o caráter mágico: no caso de Talayesva, é como se o ritual familiar convocasse as verdadeiras Katcina.

Desse modo, os rituais trazem o sentido de pertencimento a um grupo familiar e a uma tradição que têm seus valores; assim, quando a crença é abandonada, ela se transforma em uma preocupação da criança em fazer o que é prescrito por esse grupo social. A crença deixa sua forma imaginária e é simbolizada na forma de um engajamento, o que, segundo Cintra (2004), indica a formação do Ideal de Eu. Nesse processo, troca-se a proteção narcísica oferecida pela crença por uma expectativa ou promessa de pertencimento, garantida pelo pacto social, que assegura um lugar narcísico em um grupo. Embora ambos sejam de natureza narcísica, na transformação da crença em Ideal do Eu está em questão a possibilidade de fazer uma renúncia pulsional. Nesse exemplo, a crença é socializada e a mistificação é institucionalizada.

Na perspectiva de Mannoni (1969), mistificar as crianças tem uma função social importante de ajudar os adultos a encararem as próprias crenças, pois elas ficam depositadas nas crianças, na infância. Por exemplo, um adulto diz a si mesmo que acreditar no lobo mau é comum até certa idade, mas, ao mesmo tempo, reconhece que essa crença ainda o habita, porém se expressa de outras formas. Na vida adulta, há diversas experiências que permitem notar a sobrevivência da crença no falo materno: são as superstições, o horóscopo, as coincidências, a telepatia, o xamanismo e até o prazer de ser bem enganado por um ilusionista.

Casanova: a descompostura do impostor

O impostor, o golpista e o perverso nos pegam pelo ponto fraco para nos iludir e capturar em sua trama, pois se aproveitam de nossas próprias crenças e feridas narcísicas, prometendo um campo onde poderíamos triunfar sobre essas frustrações. Mas o que Mannoni (1969) nos revela é que esses ilusionistas, apesar de nos venderem essa ficção de um terreno sem castração, também acreditam nessa ameaça. É essa a crença que se perfila: "eu sei da castração, mas mesmo assim, ela não me atinge".

Por meio da figura de Casanova, o campeão anticastração, Mannoni nos revela que mesmo o impostor perde a compostura quando se depara com a ressurreição de suas crenças mais temíveis. Ou seja, quando o fetiche falha, a ameaça de castração o aterroriza.

Certo dia, Casanova encontra um desconhecido que o convida a entrar em seu gabinete de história natural, alegando possuir importantes relíquias. Casanova vislumbra uma espada que supostamente teria sido uma das quais São Pedro usara para cortar a orelha de Malco, mas logo se dá conta de que tem diante de si um impostor e aproveita-se disso para encenar uma trama que inverterá as posições: ele planeja adotar a impostura para tornar o outro crédulo. Então, diz ao estranho que aquela faca não tem valor sem a bainha. Encontra depois, em seu caminho, outro tolo, que acredita que possui um tesouro no porão. Casanova consegue convencê-lo de que o tesouro será trazido à tona por gnomos por meio da união mágica entre a espada e a bainha. E de onde veio a bainha? Ora, ele mesmo a fabricou. Assim, ele seduz dois tolos e coloca-se no lugar de místico.

Seguindo seu caminho, Casanova encontra outra crédula: uma camponesa que ele pretende seduzir e possuir como recompensa pelo sucesso de seu espetáculo ilusório de mágico. Diz-lhe, então, que a execução de tal façanha mística depende da participação de uma virgem, como ela, e convence-a de que é parte do ritual que durmam no mesmo leito e que se banhem juntos. Casanova cuida de todos os detalhes para conferir-lhe credulidade e arma a cena para mistificar os outros, organizando um círculo de papel como parte do ritual. Como um perverso, ele se apoia na suscetibilidade do outro e em suas crenças para mistificá-lo.

Entretanto, no momento crucial, forma-se uma tempestade e seu público iludido não comparece. Mesmo sabendo que a chuva tem causas naturais, ele começa a sentir certo temor. Casanova, então, se torna o crédulo, pois ganha força sua crença de que seria punido por tudo de indevido que havia feito na vida e enuncia: "Eu sei que a chuva é natural, mas começo a sentir um pavor". Convence-se de que, se os raios não o atingiam, era porque estava dentro do círculo mágico que havia traçado para fazer seu truque. A tempestade encarna o lugar de uma divindade que não apenas o puniria por sua incredulidade quanto à ameaça de castração, mas também por ele ter ousado usurpar esse lugar onipotente diante do crédulo. Assim, Mannoni (1969) ilustra como o impostor cai em descompostura quando falta o crédulo, a vítima do golpe.

Esse exemplo se assemelha à relação que o perverso estabelece com o outro, alegando sua suposta não castração e tornando-o vítima de um engano. O impostor e o perverso precisam de sua vítima e de uma comprovação constante de que a castração não os atinge, como o fetichista depende do fetiche. Quando um ou outro falta, não conseguem se livrar da angústia de castração. Mannoni (1969) diz que esse momento de pânico é comum entre os perversos, quando a ameaça de castração tem influência sobre o psiquismo, no entanto, sem que isso resulte em efeitos terapêuticos. Podemos entender tal afirmação se considerarmos que, na análise de perversos,[3] não se trata de fazer a angústia de castração consciente, mas de tornar possível a reinterpretação da castração para que possa ser admitida. Os exemplos que o autor oferece são todos ilustrativos da dimensão intersubjetiva das crenças e do fato de que torná-las conscientes não as dissolve.

As crenças na clínica

É fundamental ter o cuidado de diferenciar clinicamente a manifestação do retorno do reprimido e o que se refere à ação da Recusa. Em *A negação* (1925b), Freud descreve uma ocasião em que o paciente não aceita que um conteúdo inconsciente, que emergiu na sessão, corresponda a seu desejo. Nesse contexto, o "não" do paciente esconde dele mesmo o conteúdo reprimido, mas o revela para a escuta do analista. Por exemplo, o paciente faz uma associação começando por negá-la: "tive um sonho esquisito essa noite, o que será que significa? A morte do meu pai não é". Assim, a Negação[4] é a marca do retorno do reprimido.

Por sua vez, a não admissão implícita na Recusa põe em jogo a validade da crença na realidade compartilhada. Por exemplo, "eu sei que tenho coisas boas dentro de mim, mas continuo acreditando que destruo tudo a meu redor". Nesse sentido, quando um paciente responde com "eu sei, mas mesmo assim" à interpretação do analista, não é porque o "mesmo assim" se refira ao inconsciente reprimido, mas à outra dimensão do psiquismo: há uma crença que não cede. Clinicamente, o fenômeno das crenças requer intervenções diferentes, como explicita Mannoni (1969):

---

3 Tema do capítulo "A Recusa na perversão".

4 A distinção entre Recusa (*Verleugnung*) e Negação (*Verneinung*) é aprofundada no capítulo "Objeto fetiche e objeto transicional".

> *Em análise, vemos frequentemente reações ou efeitos inesperados revelarem crenças irracionais, "superstições", de que o sujeito não tem consciência, mas que não estão recalcados, não podemos torná-las manifestas triunfando sobre uma resistência, elas são, antes, inconsistentes, fugidias, inacessíveis, e isto se deve à maneira pela qual as colocamos na conta de outrem [...]. (p. 195)*

A força das crenças, mesmo aquelas que levam a adoecimentos psíquicos, advém do vínculo narcísico que liga o sujeito à sua família, de modo que o questionamento das ditas verdades indiscutíveis pode ser encarado como grave transgressão ou traição, que levaria a uma expulsão e à orfandade. No manejo clínico das crenças, não se trata de confrontá-las, mas de indagar com o paciente quais são as consequências psíquicas da validade dessa crença ou mesmo de sua refutação. O que se busca é retomar o movimento psíquico de encadeamento de representações, percepções e fantasias, tentando torná-las admissíveis e pensáveis, e, ao mesmo tempo, oferecer sustentação para elaborar os afetos despertados por elas. Assim, a análise pode reduzir os aspectos tóxicos daquilo que foi alvo da defesa, mas também deve recuperar a capacidade do psiquismo do paciente de conter e processar experiências emocionais. A seguir, duas vinhetas nos permitirão refletir sobre o trabalho clínico com as crenças, que por vezes podem se tornar aprisionadoras.

Caso Larissa e a porta trancada

O caso Larissa leva à compreensão de como, mesmo na clínica da neurose, encontramos a expressão "eu sei, mas mesmo assim...", em que se perfila a manutenção de uma crença que não foi abandonada. Após alguns anos de atendimento, Larissa me ligou minutos antes de sua sessão dizendo: "Eu sei que cheguei mais cedo do que meu horário, e talvez seja por isso que a porta está trancada, mas, por via das dúvidas, achei melhor entrar em contato, porque talvez você tenha me esquecido". Estranhei, pois me lembrava de ter deixado a sala de espera aberta enquanto desci para tomar um café. Minutos depois, Larissa me ligou novamente dizendo que havia se confundido e estava tentando entrar na sala do conjunto comercial adjacente ao meu. Apesar de todos os indícios da realidade – e de eu nunca ter atrasado ou esquecido essa paciente –, ela não tirava da mente a ideia de que seria esquecida.

Na sessão, indaguei sobre seu telefonema. Perguntei-lhe o que significaria se eu de fato a tivesse esquecido. Ela me respondeu que comprovaria sua forma de ver o mundo, visão pela qual ela não tem valor. Para ela, as pessoas eram separadas nas categorias gordo/magro, pobre/rico, jovem/velho, branco/negro, homem/mulher, sendo uns favorecidos e bem tratados e outros, não.[5] Tal visão de mundo lhe fora transmitida por sua família de origem, em que ela não era merecedora de nada de bom.

Larissa brigou consigo mesma, dizendo que não tinha direito de ficar chateada, pois nunca devia ter esperado ser tratada de outra forma, e que foi ingênua de acreditar que pudesse receber da vida algo melhor. Ela atestava que sua família tinha razão: não se podia confiar em ninguém. Brinquei dizendo que ela estava parecendo muito poderosa e autossuficiente, sem precisar de nada nem de ninguém. De tudo sabia, tudo previa e não havia acaso. Ponderei

---

5 O caso ilustra que as questões envolvendo a lógica fálico-castrada vão além da concretude da angústia de perda de um genital, abrangendo o valor narcísico depositado em qualquer marca de alteridade. No contexto cultural em que vivemos, as diferenças de raça, de gênero e outras ainda são alvo de preconceitos e discriminações, o que foi tema de outras sessões com Larissa, inclusive porque sua história pessoal contestava esses estigmas.

que essa crença a reassegurava, pois estabelecia uma regra que ordena o mundo e as relações sem nenhuma surpresa: tudo era seco, mas não haveria decepções. Porém, Larissa é que ficava de porta trancada para os outros.

Então perguntei-lhe o que poderia haver de tão assustador se ela estivesse equivocada e o mundo não fosse assim. Emocionada, ela respondeu que não teria mais os motivos para fazer cenas dramáticas e agressivas diante de frustrações. Não era só ela a prejudicada pelos fatos da vida, as coisas ruins não ocorriam de propósito ou por castigo divino. Mas também não aconteciam por culpa dela, completei, o que a fez debulhar-se em lágrimas.

As palavras de Freud, advindas do texto *Das Unheimliche*, parecem descrever o que se passava com Larissa e suas crenças:

> *Hoje não mais acreditamos neles, superamos tais formas de pensamento, mas não nos sentimos inteiramente seguros dessas novas convicções, as velhas ainda subsistem dentro de nós, à espreita de confirmação. Quando acontece algo em nossa vida que parece trazer alguma confirmação às velhas convicções abandonadas, temos a sensação do inquietante, que pode ser complementada pelo seguinte julgamento "Então é verdade que podemos matar uma outra pessoa com um simples desejo, que os mortos continuam a viver e aparecem no local de suas atividades anteriores!", e assim por diante. (FREUD, 1919b, p. 369)*

A experiência da porta trancada colocou em dúvida o senso de realidade de Larissa quanto à nossa relação analítica: ela estava à espera de uma confirmação de sua convicção de que eu não me importava com ela. Assim, a Recusa estaria desmentindo a intensidade e a confiabilidade de nosso vínculo transferencial, que era diferente de tudo o que ela vivera até então e que, na verdade, ela valorizava muito.

Passados alguns anos de análise, foi possível para Larissa questionar essa convicção intransigente. Ao entrar em contato com sua história e com sua própria vida pulsional, seu ódio e seu amor, pôde esboçar quais aspectos de seu narcisismo colaboravam com a ressureição dessa crença que, há tanto custo, tentava abandonar. Refletiu que, ao dar razão ao discurso familiar, estaria sendo a boa menina que seguia a prescrição e, portanto, seria amada e gratificada por um senso de pertencimento, quando, na verdade, sempre se sentiu um peixe fora d'água.

Larissa passou a interrogar do que essa crença a protegia e do que a privava na vida. Tinha de ficar vigilante, pois, embora estivesse cada vez mais se apropriando das experiências atuais que refutavam a crença transmitida no seio familiar, às vezes essa voz ainda se perfilava e pegava-a desprevenida, gerando uma onda de autocensura.

Em outra sessão, Larissa chegou "espumando de raiva" por ter se distraído arrumando sua maquiagem no banheiro e perdido a hora para um compromisso. Pensei que ela tinha podido brincar como uma criança, mas ela brigava consigo mesma, porque se autorizara a relaxar, o que não era permitido em sua infância, uma vez que sua família desaprovava esse comportamento. Vemos como a tendência masoquista de Larissa de se colocar em posições de autossacrifício se relaciona ainda com as crenças e as dimensões do narcisismo infantil, procurando se reassegurar de seu lugar no olhar do outro.

Podemos esboçar o terror de Larissa ao constatar a realidade de que, mesmo sendo obediente e comportada, sua mãe fora embora quando ela era muito pequena e deixara-a para ser criada pela irmã mais velha. Desmentir essa crença implicaria lidar com a aleatoriedade do movimento de presença e ausência da mãe e com o sentimento de abandono. Assim, a Recusa sustentava a crença de que, se fosse bem-comportada, seria amada pela irmã, o que lhe ofereceu a garantia ilusória de que não seria abandonada. Mas essa convicção impedia que a paciente entrasse em contato com o sentimento de desamparo e com a ambivalência em relação à figura materna, o que atrapalhava seu processo de luto. Em seus relacionamentos, Larissa revelava que preferia se manter ligada a um objeto mau a sentir o frio do desinvestimento do objeto que fora embora.

Dessa forma, em vez de sustentar o conflito psíquico, a Recusa põe em xeque a relação da paciente com a realidade afetiva de suas experiências, afetando seus relacionamentos, inclusive com a analista. A paciente duvidava da confiabilidade do vínculo entre nós, apesar do que vivera de fato nessa relação durante anos de análise. A convicção de que seria abandonada estava sempre à espreita de uma confirmação.

Esse caso permite vislumbrar como a Recusa e as crenças servem ao propósito de impedir o contato com a castração que se faz presente nos relacionamentos, como um inevitável desencontro inerente ao contato com o outro e à imprevisibilidade do desejo. Larissa parecia acreditar que a castração era um castigo para os malcomportados, à semelhança do menino descrito por Freud no texto *Algumas consequências psíquicas da diferença anatômica entre os sexos* (1925a), mas na análise ela foi transformando sua relação com as frustrações afetivas e as diferenças. A suspensão do efeito da Recusa fez com que a paciente se deparasse com fontes muito intensas de sofrimento, contra as quais havia se defendido, porém, gradualmente, ela foi destrancando a porta para seus próprios sentimentos e para a relação com os outros.

Caso Fernando e a rainha do lar

O caso Fernando se assemelha ao contexto em que Mannoni (1969) cunhou o jargão da Recusa. A expressão "eu sei, mas mesmo assim..." surgiu no contato dele com um paciente, em uma situação na qual houve um engano acidental. Sua secretária confundiu-se quando um paciente novo ligou para marcar um horário: achando que era outra pessoa, ela convidou-o para um aperitivo com Mannoni. Comparecendo para o atendimento, o paciente disse que sabia que se tratava de um mal-entendido, mas mesmo assim obteve algum prazer com isso porque sua mulher acreditara que ele havia sido convidado por Mannoni. Ao refletir sobre o fato, o autor concluiu que a crença que subjazia ao "eu sei, mas mesmo assim" desse caso era a de que o paciente era um convidado, o que tirava Mannoni do lugar de analista.

Na vinheta a seguir, indago-me se a expressão "eu sei, mas mesmo assim..." propõe um convite à perversão. Da mesma forma que o paciente que Mannoni (1969) descreve em seu artigo, a crença que apareceu no material aqui apresentado procurava me remover de meu lugar de analista e situar-me em um lugar eticamente duvidoso de "adivinha", como um oráculo.

Como tantas crianças atualmente, Fernando foi levado para a análise porque gostava de brincar com coisas ditas femininas, o que angustiava muito seus pais: embora pai e mãe tivessem posições diferentes em relação ao comportamento do filho, ambos traziam a ânsia por ter um "diagnóstico" sobre a futura sexualidade da criança. Posicionei-me diante dos pais reconhecendo sua angústia, mas afirmando que era impossível prever o adulto que o filho se tornaria. Mais que isso, tentei mostrar como as angústias do garoto não diziam respeito a ser menino ou menina – ele trazia outras preocupações.

O pai, aliviado, entendeu que a angústia deles não era a mesma do menino, e por isso achava importante que Fernando tivesse um espaço para elaborar suas questões. Mas a mãe me surpreendeu ao final da sessão, dizendo: "Eu sei que você disse que, profissionalmente, você não pode prever, mas, pessoalmente, o que você acha? Ele vai ser *gay*?". Antes que eu pudesse esboçar qualquer resposta, o pai gritou de seu lugar um enérgico: "Não quero saber!".

Embora o pai tenha tentado "interditar" a mãe, sua reação indicava que ele também acreditava que, pessoalmente, eu pudesse emitir algum juízo sobre a futura sexualidade do filho. Revelava que, apesar de toda a minha intervenção, a crença de que o menino era homossexual persistia na cabeça dos pais: para a mãe, se fosse comprovada sua hipótese, ela se tornaria a mãe ideal, e, para o pai, confirmaria seu pesadelo de que havia fracassado como pai e como homem.

Além disso, a pergunta da mãe, que se referia à minha opinião pessoal, também visava acessar as minhas crenças, de certo modo me destituindo de meu lugar de analista. O tal do "cá entre nós"[6] a que faz referência Ferraz (2010), o convite do perverso ao analista para ser tratado como excepcional e fora da lei, estava implícito nessa pergunta. Para mim, cabia o lugar de impostora, como Casanova, e para o pai, o lugar do crédulo, enquanto a mãe seria a mais fálica de todos, pois mesmo que eu dissesse – hipoteticamente – que o menino não era (ou não seria) homossexual, ela acreditava que era e iria até as últimas consequências para prová-lo.

Não faço a hipótese de que se trate de uma mãe perversa, mas de uma configuração familiar que convida para atos perversos a partir da dificuldade dos pais de lidar com a castração e de transmiti-la ao filho. Não à toa, Fernando disse, durante uma sessão:

6 Este convite à perversão é tema do capítulo "A Recusa na perversão".

"Mamãe é a rainha do lar: hipnotiza toda a família e faz de nós escravos dela. Quero ser que nem ela". Mas, como ele já estava podendo interrogar a posição fálica, disse em seguida: "Melhor não. Ela é muito chata". Na análise, Fernando parecia fazer muitos movimentos de elaboração psíquica por conta própria, mas muitas vezes me pedia para conversar com seus pais e passar-lhes alguns recados: "Fala pra minha mãe que quero ser mais do que uma coisa só?"; "Fala pro meu pai me deixar brincar de boneca?". Talvez estivesse pedindo minha ajuda para tornar o olhar dos pais menos aprisionador, para poder ter a liberdade de viver suas experiências pessoais e apropriar-se delas; nesse sentido, refutando a crença de que se pode prever a sexualidade adulta de uma criança ou, ainda, qualquer outra coisa sobre o futuro.

Entre certezas e aberturas

A crença na mãe fálica se relaciona com fenômenos cotidianos, situando a Recusa como um mecanismo operante na vida mental de qualquer um de nós, podendo em certos casos acarretar fenômenos psicopatológicos e sofrimento emocional. Apesar de parecer que são abandonadas na vida adulta, as crenças sobrevivem e deixam marcas na construção da realidade psíquica em todas as vicissitudes do narcisismo, suas transformações e suas derivações, bem como nos aspectos inconscientes do Eu e nas suas funções de mediação com a realidade. A partir de uma perspectiva intersubjetiva sobre as crenças, abrem-se caminhos para refletir sobre a importância de uma escuta clínica que possa considerar o inadmissível e o impensável que nos atravessam, desde o discurso daqueles que nos antecedem e que em nós fazem apostas narcísicas até as nossas próprias experiências inenarráveis.

Em busca de certezas confortadoras e asseguradoras do narcisismo, o psiquismo pode ficar imobilizado pelas crenças e tornar-se incapaz de desenvolver um pensamento crítico. Desse modo, o sujeito fica vulnerável a promessas fundamentalistas que oferecem ilusões cegas. É nesse sentido que a Recusa afeta a capacidade de pensar e julgar quando o psiquismo está intoxicado com crenças que não se abrem à reinterpretação e à configuração de novos sentidos. Se nossas teorias sobre a vida não podem ser revistas, elas se tornam crenças engessadas, que nos encerram em uma forma de ver o mundo que exclui a alteridade e a novidade. É o que acontece na Recusa das consequências psíquicas da descoberta da diferença anatômica entre os sexos: a criança continua acreditando no primado do falo e não se abre à possibilidade de reconhecer que a vagina representa uma diferença, e não uma falta.

Assim, o questionamento das crenças implica admitir a castração, a imperfeição e a vulnerabilidade das figuras parentais, dos heróis, dos deuses e dos totens supremos que encarnam a onipotência fálica e criam a ilusão de proteção contra todos os males do mundo. Mas as crenças têm também uma importante função em todos nós quando não estão saturadas de pretensas verdades: se puderem ser transitivas e transitórias, podem abrir o caminho para a fé e para a utopia,[7] não no sentido religioso, mas quanto à possibilidade de desenvolver uma disponibilidade para o futuro. Há uma dimensão da castração com a qual todos nós tendemos a ter muita dificuldade de lidar: nossa finitude. Contra a inevitabilidade da morte, tentamos nos agarrar a crenças que busquem reduzir o impacto afetivo dessa realidade que diz respeito a todos nós. Alguns creem em vida após a morte; outros, em reencarnações, noções de paraísos, purgatórios e infernos, espíritos e fantasmas,

7 Sobre a função da utopia, ver o capítulo "A Recusa da utopia e o paciente sem esperança".

energias, forças maiores, ou o que quer que nos dê suporte o suficiente para que possamos afirmar: "Eu sei que vou morrer, mas mesmo assim...". É isso o que nos permite seguir investindo na vida, mesmo sabendo que um dia ela acabará.

4. Recusa e *Unheimliche*: a inquietante estranheza[1]

A ressureição das crenças abandonadas

Em seu texto *Das Unheimliche*, Freud (1919b) aborda um tipo de experiência em que o senso de realidade parece vacilar. Esse termo em alemão já foi traduzido de diversas formas: "infamiliar", "inquietante estranheza", "estranho familiar", entre outros. É difícil

1 Este capítulo deriva de outros textos de minha autoria, dentre eles minha dissertação de mestrado *Dimensões da Recusa: crença, trauma e clínica* (2019b), realizado na Pontifícia Universidade Católica de São Paulo (PUC-SP), e minha monografia de conclusão do curso Formação em Psicanálise, do Instituto Sedes Sapientiae, intitulada *Um estudo sobre a Recusa (Verleugnung)* (2019a), e também reproduz ideias abordadas no artigo "A Recusa e as crenças: a dimensão narcísica da não admissão da castração" (CHREIM; CINTRA, 2020) publicado na revista *Estudos Interdisciplinares em Psicologia*, e no capítulo "A Recusa e a transmissão do impensável" (CHREIM; CINTRA, 2019), do livro *Sonhos privados: psicanálise e escuta contemporânea* - Parte 2.

apreender o significado desse conceito, na medida em que essa palavra em alemão afirma uma coisa e também o seu avesso, assim como a Recusa, que condensa a admissão e a não admissão da realidade. A *Unheimliche* diz respeito a situações em que nos deparamos com algo muito estranho, que, ao mesmo tempo, parece muito conhecido, algo que é estrangeiro mas também estranhamente familiar. Embora Freud não tenha ligado esse fenômeno ao conceito de Recusa, ele delineia que é a reafirmação de crenças outrora superadas que produz esse efeito sobre a relação com a realidade.

Por sua vez, Mannoni (1969) estabelece uma conexão entre *Unheimliche* e a persistência de crenças que não se deixam desmentir, sustentadas pela Recusa.[2] Segundo Freud (1919b), essa vivência de inquietante estranheza é muito comum na vida cotidiana, na literatura e nas expressões artísticas. Mas Penot (1992) destaca que a *Unheimliche* também pode causar sofrimento psíquico quando produz a *sensação de irrealidade*. Nessas circunstâncias, o sujeito fica dividido entre duas versões da realidade e não sabe se dá crédito às crenças antigas e persistentes ou a novas interpretações das experiências. Por efeito da Recusa, formam-se duas correntes psíquicas opostas e simultâneas, que perturbam a relação do sujeito com a realidade.

Tentando circunscrever o fenômeno, Freud (1919b) percorre as origens etimológicas do termo *Unheimliche*, caracterizando-o como o paradoxo do estranho-familiar. Ou seja, remete a situações em que nos deparamos com algo que parece muito conhecido e evidente, mas que ao mesmo tempo porta um caráter enigmático e duvidoso. Nas experiências de *déja-vu*, por exemplo, temos esta sensação de já ter vivido algo que é totalmente novo. O mesmo ocorre quando diversas coincidências se repetem durante o dia,

2 Este é o tema do capítulo "A Recusa e a crença na mãe fálica".

fazendo-nos interrogar qual é seu significado oculto, como se o universo estivesse comandando o destino. É como se uma crença infantil, de repente, parecesse ser digna de crédito. Freud (1919b) afirma:

> *É inequívoca, nesses casos, a condição para que surja o sentimento de inquietante. Nós – ou nossos ancestrais primitivos – já tomamos essas possibilidades por realidades, estávamos convencidos de que esses eventos sucediam. Hoje não mais acreditamos neles, superamos tais formas de pensamento, mas não nos sentimos inteiramente seguros dessas novas convicções, as velhas ainda subsistem dentro de nós, à espreita de confirmação. Quando acontece algo em nossa vida que parece trazer alguma confirmação às velhas convicções abandonadas, temos a sensação do inquietante, que pode ser complementada pelo seguinte julgamento: "Então é verdade que podemos matar uma outra pessoa com um simples desejo, que os mortos continuam a viver e aparecem no local de suas atividades anteriores!", e assim por diante. (p. 369)*

Essa experiência nos remete à descrição de Freud (1925a) sobre a Recusa no contexto da descoberta da diferença anatômica entre os sexos, em que, de início, o menino não dá crédito à ameaça de castração. É apenas a constatação do genital feminino que, *après-coup*, lhe permite conectar as duas vivências, e concluir que a ausência de pênis é resultado da castração. Assim, se antes a crença na castração foi contestada por meio da Recusa, ela volta a se impor quando a criança conclui: "então era verdade que se podia ser castigado com a castração".

Assim compreendemos por que Freud (1919b) afirma que, para alguns homens, o genital feminino provoca *Unheimliche*. Todos nós viemos desse lugar, que representa "a borda da antiga pátria dos filhos dos homens" e é, portanto, a marca de nossa primeira morada, o ventre materno. No entanto, no contexto infantil da descoberta do genital feminino, ela é uma representação traumática, um verdadeiro estranho, uma grande marca de desconhecimento e diferença. Se, por um lado, o útero da mãe remete a acolhimento e proteção exclusivos, por outro, a vagina remete à sexualidade da mãe. Nesse contexto, a *Unheimliche* se produz nessa sobreposição do estranho familiar, em que a crença de ter a mãe só para si mesmo é desmentida pela constatação de que há um terceiro, que é objeto de desejo da mãe.

Essas crenças infantis dão voz a anseios narcísicos que persistem mesmo na vida adulta: é encantador acreditar que se pode realizar todos os desejos e sonhos, satisfazer-se mágica e imediatat mente, e sentir-se invulnerável perante os perigos da vida. No entanto, as experiências de *Unheimliche* também provocam angústia e dão vida a fantasias persecutórias, que tinham sido descreditadas pelas experiências da vida, mas de repente ressurgem com força.

A vivência de inquietante estranheza nos remete aos impensáveis, ao retorno das almas penadas, nossos mortos-vivos, e, então, é terrivelmente assustador quando os monstros que nos habitam parecem ter se tornado invencíveis. Talvez seja por isso que vejamos tão frequentemente a figura dos zumbis na clínica com crianças. Se resgatarmos a ideia de um naufrágio[3] do Complexo de Édipo, podemos imaginar quão arrepiante é quando aquilo que

3 Segundo Paulo César de Souza, tradutor da edição da Companhia das Letras das *Obras Completas* de Freud, o termo *Untergang*, presente no título do texto *A dissolução do complexo de Édipo* (1924a), pode significar "ruína", "naufrágio", "ocaso", "poente" (pôr do sol), "destruição".

supúnhamos estar no fundo do oceano de repente emerge e passa a navegar em alto-mar como um navio-fantasma.

Unheimliche *entre o diretor e o espectador*

Em seu texto, Freud (1919b) oferece muitos exemplos ilustrativos desse fenômeno no cotidiano, desvelando uma dimensão da Recusa presente em todos nós. Apesar de colocar em dúvida a crença na realidade material, a experiência de *Unheimliche* também pode abrir frestas para a comunicação do sujeito com seus avessos, como o fazem certas obras de arte perturbadoras. Por sua vez, nas obras literárias, o narrador pode gerar *Unheimliche* no leitor, uma vez que é o autor quem compõe a realidade dentro de seu texto. O mesmo ocorre com os diretores de cinema, que nos conduzem cena a cena e escolhem o que querem que vejamos.

Esse é o caso do filme *Nove Rainhas* (BIELINSKY, 2000). Assistimos à história de dois picaretas que se juntam para dar um golpe em um terceiro, por meio de um conjunto de selos valiosos que dão nome ao filme – *Nove Rainhas*. Fascinado com as espertezas e as manobras do personagem principal, nosso olhar é constantemente desviado para não percebermos que há outro golpe em ação: é o personagem principal que está sendo tapeado por um conjunto de pessoas que foram lesadas por ele anteriormente.

No entanto, há um terceiro golpe em curso e, desta vez, somos nós as vítimas ludibriadas: quando o diretor faz este jogo de apresentar duas realidades, dois golpes, ele também está mostrando que nos tapeou. Ao atiçar o lado *voyeur* do espectador, que se interessa pelo desenrolar da perversão alheia, ele denuncia o desejo neurótico de ter a coragem de fazer o que o perverso faz.[4] Assim, o diretor reativa a crença infantil do espectador, que acha que é mais esperto que os outros e acredita estar em uma posição excepcional em relação ao saber, como o perverso.

Apostando na astúcia do personagem principal, acreditamos que não cairemos em nenhum truque, pois já identificamos quem é o trambiqueiro da história. Supomos estar em uma posição onisciente diante da narrativa, mas é engano nosso: ao final do filme, o diretor nos revela que aquilo que consideramos ser real não passava de uma *mise en scène*. Ao manipular nosso senso de realidade, o diretor produz o efeito de *Unheimliche* e defronta-nos com o fato de que nossas percepções e nossas interpretações sobre o mundo podem ser enganosas.

Já no filme *Mais estranho que a ficção* (FOSTER, 2006), a sensação de *Unheimliche* se manifesta de forma um pouco mais perturbadora. Aqui o diretor apresenta duas realidades: uma dentro da outra. O filme começa com uma narradora descrevendo Harold, mas, subitamente, esse personagem passa a ouvir a voz da narradora. A *Unheimliche* é despertada quando se cria esta conexão entre as duas realidades, uma vez que essa voz, agora, faz parte da realidade de Harold. Ele, que sempre teve uma vida calculada e previsível, escuta a voz dizer que ele morrerá.

Em seguida, o diretor mostra a perspectiva de Karen, a narradora em questão, uma autora que não sabe ainda que destino final dar ao personagem de seu livro. Acompanhamos, assim, o ponto de encontro entre duas realidades e duas subjetividades interagindo sem se conhecerem, até o desfecho do filme. Enquanto espectadores, somos colocados em uma posição dúbia, em que nos são apresentadas duas facetas dos mesmos fatos, ou seja, duas

---

4 Eis um belo exemplo da afirmação de Freud (1905) de que a neurose é o negativo da perversão.

realidades psíquicas diferentes. Tentamos costurá-las em nossa mente confusa, enquanto torcemos para que o personagem principal consiga perverter o senso de realidade, impedir o destino e tornar-se o narrador.

Mas de certa forma, ao longo do filme, Harold consegue se tornar o protagonista de sua vida, saindo do estado de anestesia em que se encontrava: ele, que era um funcionário da Receita Federal, um contador rígido e insípido, apaixona-se pela mulher que ele perseguia e de quem cobrava a regulamentação da situação fiscal. Sabendo de sua morte, sua vida ganha outro sentido: Harold joga tudo para os ares e entrega-se aos sabores do viver, até o último segundo.

O filme dá vida a esta fantasia tão comum de que os seres humanos são personagens de uma história escrita por outra pessoa, com um narrador onipotente e onisciente. Tal crença se assemelha ao que algumas pessoas concebem como a noção de Deus, o que também é muito comum nas neuroses de destino e em outras experiências de *Unheimliche*. Por sua vez, o filme *Nove Rainhas* reativa as crenças e os desejos infantis narcísicos em relação ao Saber.

As expressões artísticas de todos os tipos – audiovisuais, plásticas, fotográficas, performáticas, entre outras – são um campo privilegiado para despertar a sensação de *Unheimliche*. Nesse balançar do senso de realidade, somos tomados pelo impacto do encontro com vozes, sons e imagens evocados pela experiência. A depender do enquadre, cria-se um espaço que favorece os processos de representação e simbolização, em que é possível acolher de volta aquilo que foi alvo da Recusa. No entanto, sabemos quão perturbadores podem ser alguns filmes, obras de arte, experiências estéticas e mesmo livros, de modo que esse estranho familiar também pode vir a ser radicalmente expulso.

A sensação de irrealidade

Embora Freud (1919b) aborde diversas expressões do estranho familiar, ele não estabelece uma relação tão clara entre esse fenômeno e o que observamos na clínica como uma vivência que pode trazer grande sofrimento psíquico: a sensação de *irrealidade.* É muito difícil para o sujeito se deparar com uma experiência que refute sua convicção e seu senso de realidade. Nesse sentido, Penot (1992) resgata as contribuições de Freud no tocante à *Unheimliche*, caracterizando-a como o primeiro sinal clínico da Recusa.

Da mesma forma que o ato falho, os sonhos e os chistes são manifestações do retorno do reprimido, a sensação de irrealidade é uma manifestação do retorno do que foi alvo da Recusa. Isso significa que a função do fetiche, enquanto formação de compromisso, não está mais dando conta de remendar a cisão no Eu.

Nesse contexto, a *Unheimliche* revela o agravamento dessa fissura, em que o Eu é dilacerado entre as forças das duas correntes psíquicas opostas e simultâneas geradas pela Recusa. A sensação de irrealidade é produzida porque, segundo Penot (1992), uma considera a outra o mundo externo. Mannoni (1969) esclarece essa ideia quando diz que "o que é logo recusado é o desmentido que uma realidade impõe a uma crença" (p. 187). Há, portanto, dois movimentos implícitos aí: a realidade desmente a crença, e, na Recusa, a crença desmente a realidade.

Um dos efeitos da Recusa no psiquismo é perturbar a função de julgamento, descrita por Freud no texto *A Negação* (1925b), que é essencial na construção do senso de realidade. Como uma boca que entra em contato com um objeto, é pela lógica da obtenção de prazer ou desprazer que o Eu[5] julga, em primeiro lugar, se aquilo é bom ou ruim. Sendo o contato prazeroso, quer-se engolir o objeto ou incorporá-lo a si mesmo; sendo o contato fonte de desprazer, quer-se cuspi-lo ou pô-lo para fora de si. Assim, o julgamento de existência segue o de atribuição: só existe em meu mundo interno aquilo que me dá prazer. Mas, na Recusa, a função de julgamento é perturbada.

No texto *Das Unheimliche* (1919b), é clara a perturbação do teste de realidade. Freud afirma que "para que surja o sentimento inquietante é necessário, como sabemos, um conflito de julgamento sobre a possibilidade de aquilo superado e não mais digno de fé ser mesmo real" (p. 372). Nessa corda bamba entre duas versões da realidade, o sujeito se sente caindo, não importa em qual das duas ele aposte.

Contudo, não podemos esquecer que a função de julgamento também envolve a atribuição, ou seja, se a experiência gera prazer ou desprazer. Nesse sentido, a ressureição das crenças não coloca apenas em xeque a relação do sujeito com a realidade material, mas sobretudo com a realidade psíquica: "o que sinto em relação ao que vivi?". Assim, compreendemos a afirmação de Penot (1992) de que o efeito da Recusa no psiquismo é desapropriar o sujeito de suas próprias experiências emocionais, pois são constantemente desmentidas, invalidadas ou postas em dúvida pelas crenças que persistem. Dessa forma, as interpretações sobre o que viveu são constantemente questionadas por ele mesmo: seus sentimentos, sua sensação de prazer e de desprazer, seus afetos e seus pensamentos não são mais dignos de confiança.

5 Segundo Green (1986), nesse momento tão inicial do psiquismo, o Eu primitivo arcaico pouco se diferencia do Id, mas é por meio desse processo que ocorre a tradução da língua do Id, pulsional, na língua do Eu, que exerce o julgamento.

Para compreender esse fenômeno, Penot (1992) lança luz aos aspectos intersubjetivos do narcisismo envolvidos na construção das crenças que não se deixam desmentir. O autor nos recorda de que a relação com a realidade é, desde o início da vida, mediada pela relação com os outros. Nosso reasseguramento narcísico, nosso sentimento de ser quem somos é frágil e pode ser abalado, na medida em que foi construído em uma intersubjetividade de familiares e primeiras pessoas significativas. No entanto, por vezes, o olhar dos outros sobre nós pode ser enganador e nos impedir de entrar em contato com aquilo que de fato vivemos e reconhecemos como nosso mais íntimo e mais verdadeiro.

Da mesma forma que as teorias sexuais infantis devem ser revistas e reeditadas pela criança à medida que ela descobre que são verdades temporárias, os enunciados familiares também deveriam ceder ao contraste com as experiências que os desmentem. No entanto, a Recusa os transforma em crenças resistentes, que paralisam o pensamento e o julgamento, dispensam o sujeito de fazer a prova da realidade ou inutilizam qualquer tentativa de reinterpretação do mundo. Por meio do caso Jeanne, Penot nos permite vislumbrar como a crença aprisionadora, a sensação de irrealidade e a *Unheimliche* foram produzidas pela ação da Recusa, em estreita relação com as dimensões intersubjetivas do narcisismo.

O caso Jeanne *e o narcisismo apátrida*[6]

Publicado no livro *Figuras da Recusa: aquém do negativo* (PENOT, 1992), o caso Jeanne relata o atendimento de uma moça que procura análise em virtude de dois principais sintomas. O primeiro

6 No livro de Penot (1992), o título original do capítulo é "Jeanne ou a estranheza de seu sexo".

diz respeito a uma necessidade compulsiva de observar seu genital e compará-lo com o de outras mulheres. Apesar do desmentido de suas observações, Jeanne tinha a convicção de que seu genital era diferente das demais mulheres. Por trás da obsessão com seu genital, perfilava-se uma crença: "Eu sei que meu genital não é diferente do de outras mulheres, mas mesmo assim acredito que meu clitóris seja maior que o das outras". Já o segundo sintoma envolvia orgasmos espontâneos e repentinos que ocorriam quando ela via corpos nus de mulheres em fotos, o que a surpreendia e a constrangia. De certa forma, ambos os sintomas envolvem sua vida erótica, seu corpo e sua feminilidade.

A narrativa do caso revela um berço cultural que desembocou na impossibilidade de elaboração de duas heranças e tradições tão diferentes, o que se manifestou em Jeanne como *Unheimliche*: inquietante estranheza, familiaridade e estrangeirismo. Seu pai era descendente de orientais e tinha relações muito ambíguas e contraditórias com sua origem, ora repudiando-a, ora reproduzindo seus valores. Por sua vez, a família da mãe de Jeanne era irlandesa, cujo fenótipo de mulheres loiras era identificado pela paciente como característico da família, mas ela não se enquadrava nessa descrição por ser morena. Não se sentia "cem por cento irlandesa", mas percebia que era vista pelas primas como uma mulher exótica e isso ela apreciava. No entanto, Jeanne não se sentia fazendo parte nem de uma família, nem de outra.

Quando tinha em torno de 10 anos de idade, seus pais tiveram outro filho. Mas o que parece ter sido mais marcante na vida da paciente, para Penot (1992), é o fato de Jeanne ter sido tão próxima do pai na infância, mas ele ter se afastado quando ela alcançou a puberdade. Ao tornar-se mulher, a relação com seu pai ficou turbulenta e distante. Diferentemente das primas irlandesas, Jeanne tinha um pai que não conversava com ela.

Porém, a relação que teve com o pai na infância também foi um tanto excepcional: ele trabalhava com fotografia, e ambos passavam tempo juntos vendo fotos de mulheres nuas em revistas. Vemos como o sintoma de comparar seu clitóris com o de outras mulheres era atravessado por certa tendência *voyeur* que compartilhava com o pai, mas esse sintoma também expressava a crença de que era uma mulher diferente das demais: nem oriental, nem irlandesa.

As descrições de Jeanne de suas viagens com a família permitem vislumbrar sua inserção nessas linhagens e de que modo o narcisismo estava atravessado por mensagens ambíguas quanto a seu pertencimento. Com a família oriental, conta ter estado com sua mãe e outras mulheres na maior parte da viagem, ficando separada dos homens e de seu pai. Já na família irlandesa, Jeanne parecia fazer um esforço para encontrar um lugar: tingia o cabelo para se parecer com as primas, "como carneiros", dizia ela. A comunhão entre as mulheres parecia ser forte na família da mãe, oferecendo um berço narcísico, em que o senso de identidade atravessava seus corpos. Jeanne se recorda da cistite que tinha com frequência, assim como a avó materna, e que a mãe lambuzava seu sexo com vaselina para oferecer algum alívio. Contudo, Jeanne ainda se sentia uma ovelha negra, que destoava do rebanho.

Quanto ao pai e suas tradições, este não havia comparecido ao funeral de seu próprio pai e tampouco reproduzia seus costumes. Qualquer aproximação de Jeanne com essa cultura não era bem-vinda, como sua tentativa de aprender a língua oriental, porém, de modo contraditório, o pai censurava a filha por fumar diante dele, pois na sua cultura mulheres não fumavam diante de homens. Assim, Jeanne fica em uma fronteira marginal, nem dentro nem fora, como o apátrida, que não tem direito à nacionalidade, mas também não pode ter um passaporte para ir a outro país.

É interessante ressaltar que ela tinha o mesmo sobrenome de suas primas irlandesas, pois sua mãe não se casara com seu pai e, assim, apenas o sobrenome materno fora transmitido à filha. Ou seja, o sobrenome do pai,[7] que em sua língua original significava "pai", não se transmitira a Jeanne. Segundo a paciente, sua mãe disse que teria aceitado um casamento conforme o costume oriental caso o pai o tivesse proposto, mas ele não o fez. Parece que a Recusa se situa não apenas no campo da filiação e do feminino em relação a Jeanne, mas nos diversos aspectos da relação desse pai com sua própria herança familiar. Não há uma transmissão dialética entre as duas culturas que Jeanne herda: uma trata a outra como estrangeira, assim como na Recusa as duas correntes psíquicas se tratam como mundo externo.

Porém, se os cuidados maternos e a vaselina acalmavam a irritação no genital de Jeanne quando pequena, é por meio da análise que a irritação e a raiva em relação ao pai começaram a aflorar. A Recusa como mecanismo defensivo tem o propósito de evitar a formação de um conflito psíquico, por meio da atitude dupla de admissão e não admissão da realidade, no entanto, o encontro com o estranho familiar (*Unheimliche*) perturba esse equilíbrio precário. Assim, na análise, a paciente ganha espaço para a formulação e a sustentação de um conflito entre instâncias psíquicas, que antes se situava entre duas versões da realidade e levava a uma cisão do Eu.

No relato do caso, observamos o minucioso trabalho de construções em análise que Penot vai tecendo com ela. Quando retorna de sua viagem à Irlanda, ela encontra um estrangeiro no trem, de mesma origem e modos de seu pai, com quem se atrita, e aí a raiva

7 A transmissão do sobrenome do pai é mais um dos aspectos em que o processo de filiação atrapalhou a relação entre Jeanne e seu pai, o que nos remete ao conceito lacaniano de nome-do-pai como um organizador do psiquismo.

aflora. Ou seja, no retorno do seio familiar materno, Jeanne se depara com este elemento indigesto da herança paterna e, a partir daí, pode problematizar sua relação com seu pai.

Consequentemente, a transferência também foi sendo colorida desses elementos ambivalentes em relação à figura paterna: Penot (1992) teve de lidar com a acusação de ser um analista antiquado, que esconde suas mulheres, como acontece no Oriente. Em algumas ocasiões, a paciente fizera lapsos em que se colocara no lugar do seu pai, como ao chamar seus tios de irmãos. E novamente ela briga com um homem oriental, seu vizinho. Logo, as expressões "horroroso e infecto" vão sendo associadas aos homens orientais, a seu pai e também à sua obsessão com seu sexo. Isso revela que a função de representação foi recuperada e desenvolveu essas ramificações, permitindo a simbolização do conflito à medida que a Recusa cedeu.

A análise explora as fantasias orais e sádicas de Jeanne que aparecem em seus sonhos e suas associações. Ela se refere a seu sexo como um sanduíche e relaciona comida com vaginas. Em um sonho, ela roda uma mulher pela unha do pé e ameaça cortar seu clitóris, o que ela associa à forma como a mãe a machucava ao cortar unhas e cabelos quando pequena. Essa imagem onírica parece evocar a relação com a castração: em *Algumas consequências psíquicas da descoberta da diferença anatômica entre os sexos*, Freud (1925a) assinalou que o clitóris é interpretado por algumas meninas como um pequeno pênis e continua investido de valor fálico. Podemos pensar que, para Jeanne, a vagina como emblema da castração e do feminino falhou em ser significada como diferença que interessa ao outro: pelo contrário, porta a marca de uma desvalorização e de uma dor.

Durante a análise, a paciente se interroga: "Se meu sexo e o de uma mulher são iguais, seria eu então homossexual? Será que talvez fosse bom fazer amor com uma mulher?" (PENOT, 1992, p. 49). Dessa forma, Jeanne parece expressar a estranheza com o feminino e quanto a seu sexo: com ou sem clitóris, fálico ou castrado, feminino ou masculino? Podemos também pensar na dimensão da castração como alteridade e notar que a relação de Jeanne com o outro também fica confusa: "é um outro mulher igual a mim ou diferente?".

Onde, então, ela se inscreve? Se não está no grupo dos homens, tampouco se vê enquadrada no das mulheres, sendo qualquer um estranho e estrangeiro a ela. Penot enfatiza que a mensagem transmitida na família de Jeanne não lhe parecia ser a de que desejavam que ela fosse um menino, mas que esta condição de ser mulher seria a de exilada. Poderíamos esboçar que Jeanne, como uma filha mulher, evocava uma série de elementos não processados psiquicamente por seu pai, na medida em que o fazia ter de se indagar se reproduziria os preceitos orientais quanto à educação das mulheres. Transmitir ou não suas tradições familiares era uma escolha que o pai evitava fazer, por meio da Recusa, afirmando uma coisa e ao mesmo tempo o seu oposto.

Em outro sonho, a paciente retrata sua prima da Irlanda, que parece condensar, de alguma forma, um ideal: ser loira, sem clitóris e sem pelos. Essa imagem sugere um movimento regressivo de Jeanne de se refugiar no campo do Eu ideal da linhagem materna: as loiras que não perderam o afeto do pai. A ausência de clitóris remete à castração, e a ausência de pelos pubianos remete ao retorno ao infantil, anterior à puberdade e às marcas das mudanças que enunciam um corpo de mulher, não mais de menina. O sonho parece expressar o anseio de que fosse possível voltar ao tempo da infância, em que Jeanne se sentia amada pelo pai e pela mãe. O interessante no caso é que ela não consegue se ver como uma mulher como as outras, pois, quanto ao feminino e à filiação, ela não cabe nem na versão do pai nem na da mãe.

Assim, a Recusa permite um alívio para Jeanne, em que a regressão e a fixação na posição infantil pré-traumática, antes de ela descobrir as consequências narcísicas das diferenças entre os sexos, são um refúgio perante uma versão da castração inadmissível. Esse aspecto também se expressa na vida pulsional da paciente, por meio de descargas imediatas e incontroláveis, vividas por ela como incômodas e embaraçosas: os orgasmos-surpresa. Penot (1992) os compreende como uma ejaculação precoce, em que falta uma mediação simbólica que permita evitar lançar-se ao materno do Eu ideal. Ou seja, essa regressão em direção a se sentir amada como na infância também a levou, em fantasia, a uma posição passiva de ter seu corpo manipulado pelos cuidados maternos, o que envolve tons de completude e excitação. Assim, a cistite era um elemento que condensava essa cumplicidade entre as mulheres da família e certa nuance de sexualidade infantil, sendo a criança manuseada pela mãe, o que despertava seu erotismo, como uma cena de sedução.

Ainda sobre seu sonho, Jeanne comenta: "É como se eu desejasse ser aquilo que não quero". Podemos pensar que ela entra em contato com seu anseio de voltar a ser amada como na infância, o que enuncia o grande conflito narcísico em questão, mas também manifesta seu desejo de poder construir seu próprio referencial quanto ao feminino. Expressa que, de certa forma, o campo do desejo e da exogamia está bloqueado. Essa reflexão da paciente se dá em um momento da análise em que ela está mais apropriada de sua realidade psíquica e tem maior contato com seu mundo interno. Jeanne diz que já não tem mais vergonha de seu sintoma, e essa questão se torna agora algo pensável por efeito da suspensão da Recusa.

No caso Jeanne, o feminino é lugar de desencontro e a castração é sinônimo de uma perda narcísica maior que a perda do falo. Isso porque, para essa paciente, tornar-se mulher é deixar de encantar o pai como quando era uma criança, porém o discurso familiar não lhe aponta um "vir a ser" em que pudesse voltar a agradá-lo, afetando a construção de um Ideal de Eu coerente. Seria impossível não decepcionar esse pai. Penot (1992) explicita que a clivagem no caso de Jeanne se dá em função de uma relação de não admissão entre as imagos parentais, o que a deixa sem escolha em termos identificatórios. Se ela seguisse a versão da mãe sobre o feminino, perderia o respeito do pai, mas procurando se encaixar na versão dele, também não encontrava pertencimento. De toda forma, qualquer caminho implicaria uma grande perda narcísica.

A paciente diz que, na puberdade, não queria tornar-se mulher, e a análise revela o que poderia acarretar tal passagem – uma quebra de espelho, a perda de um suporte narcísico. Como mulher, ela não mais se encontraria nos olhos do pai. Na linhagem materna, também tem dificuldade de se inscrever, não corresponde ao ideal, ficando sempre em uma posição de estrangeira em relação àquilo que é familiar. Não havia um desenho possível do que significaria tornar-se uma mulher sem perder o amor do pai, mas também a herança materna quanto ao feminino parecia ser inacessível aos olhos de Jeanne: ela nunca seria como as primas. Nesse contexto, o anseio de voltar a ser amada como antigamente se dá por falta de uma perspectiva de futuro, em que pudesse ser amada por quem ela se tornou, por suas próprias realizações e experiências.

É interessante destacar que, no caso Jeanne, o olhar desponta como zona erógena, investida narcisicamente de várias formas, desde a relação especular com o olhar da mãe e da família materna compondo alguma projeção do Eu ideal – que se traduz muito explicitamente na aparência e no fenótipo irlandês – até a identificação de Jeanne com o pai por meio da fascinação *voyeur* com o corpo da mulher. É também o olhar que recebeu do pai durante a infância que Jeanne tenta reaver, aquele que a capturava por meio da lente da câmera fotográfica até antes da puberdade, mas que depois passa a olhá-la com efeitos despersonalizantes, como sugere Penot (1992).

Dessa forma, o sentimento de estranheza em relação ao próprio sexo era derivado dessa cisão de dois mundos dos quais se sentia excluída e que produziam essa sensação de solidão desde a infância. A crença era de que ela era uma estranha, tinha um genital estranho, diferente de todo mundo. Vemos assim o efeito da Recusa – "nem isso, nem aquilo", "nem irlandesa, nem oriental", "nem fálica, nem castrada", "nem homem, nem mulher". Apesar de a prova de realidade mostrar para Jeanne que seu genital não era diferente, a crença permanecia.

Nesta dinâmica familiar, o casal parental falhou em prover a dialética entre esses dois mundos (oriental e ocidental). O pai falhou em dar suporte para representar o lugar de Jeanne na família, mas Penot enfatiza o quanto a mãe dela também teve dificuldade em mediar a relação de sua filha com o pai e deste com o feminino. O autor interroga se, nesse caso, observamos relações incestuosas apenas ou se também constatamos a exclusão da trama familiar, em que a vergonha da herança paterna deixa os filhos órfãos. Assim, Penot enfatiza a dimensão transgeracional que atravessa a transmissão da castração e as manifestações da Recusa.

Por fim, o trabalho de análise é interrompido pela decisão da paciente de ir morar no Oriente. Penot entende que se trata de uma solução de compromisso, em que ela procura integrar sua outra metade e apropriar-se da herança de seu pai. Jeanne busca uma experiência própria como forma de reconstrução de sua realidade, em contraste com a realidade apresentada pelo pai. Por isso, o autor considera a interrupção favorável após um trabalho de dois anos de atendimento e pondera que, talvez, se ele se opusesse à viagem, Jeanne o interpretaria como uma não admissão da alteridade e do desejo dela para além do analista; portanto, Penot estaria sendo possessivo como o pai dela.

Por meio de uma perspectiva intersubjetiva sobre o fenômeno de *Unheimliche*, o relato clínico de Penot (1992) revela a travessia da paciente quanto à sua relação com o estrangeiro: fica nítida a diferença entre se sentir uma apátrida e ser uma cidadã do mundo. No aparelho psíquico, a Recusa trata a representação como um estrangeiro que não se integra à sociedade, que fica em um limbo, sem poder se ligar a nenhuma representação. Por sua vez, o pleno funcionamento das funções de representação e simbolização ampliam as possibilidades de trânsito e conexão dos elementos psíquicos.

O caso Jeanne demarca um importante referencial clínico quanto às manifestações da Recusa, para além da perversão. Embora o sintoma da paciente pareça ter um caráter fetichista, como a tendência *voyeur*, a hipótese diagnóstica do analista não é a de perversão e tampouco lhe parecia uma transferência que sugerisse uma psicose silenciosa. Sentia-se mais atendendo a uma paciente de temática histérica, cujo sofrimento psíquico se originava de uma questão narcísica. Embora as representações do feminino para Jeanne remetessem à noção de uma mutilação, como na perversão (AULAGNIER-SPAIRANI, 2003), não se observa um trato perverso na relação dela com os outros. Portanto, a Recusa não se restringe à perversão, mas a perversão é um excelente exemplo para compreender a Recusa, como veremos no próximo capítulo.

5. A Recusa na perversão

O que é perversão?

A perversão é um exemplo muito didático para compreender a especificidade da Recusa, seus efeitos no psiquismo e suas possíveis manifestações clínicas. Destaco cinco elementos da perversão que também estão presentes em outros quadros clínicos envolvendo este mecanismo de defesa: a perturbação da triangulação, a dificuldade de admitir a castração, a cena perversa como base para pensar a atuação e a compulsão, a identificação projetiva e a equação simbólica.

Muito além do âmbito das preferências sexuais, a perversão é um modo de funcionamento psíquico que se organiza a partir da Recusa e pode ter várias faces, que não se restringem aos atos de um sujeito perverso ou a um diagnóstico. Há dinâmicas familiares, institucionais ou mesmo românticas que podem ser perversas, como aborda Clavreul no texto *O casal perverso* (1990). Em um aspecto coletivo, a perversão é um tema que permeia as reflexões sobre a cultura contemporânea. Mesmo um paciente neurótico pode vir a cometer atos perversos, inclusive na relação analítica.

A perversão pode ser considerada uma doença mental, no sentido de um comprometimento das funções do aparelho psíquico, mas também é uma forma de subjetivação, ou seja, é uma forma de organização do psiquismo perante os desafios da vida; e nesse processo, há algo que falhou e algo que funcionou. O que observamos são entraves na possibilidade de elaborar a castração que implicam ônus, e não bônus. Portanto, o psicanalista precisa escutar além da alegação do perverso de que ele goza como ninguém e reconhecer que há um sofrimento psíquico em questão, do qual o sujeito se defende por meio da Recusa.

No entanto, precisamos recordar que Freud (1940[1938]a) situa o fetichismo como uma formação de compromisso, ou seja, uma tentativa de sutura à cisão do Eu produzida pela Recusa. Nesse sentido, a perversão é uma forma de subjetivação possível diante dessa ambiguidade que constitui o psiquismo do paciente perverso, nessa lógica complexa e absurda que simultaneamente admite e não admite a castração.

É importante recordarmos que a perversão, como qualquer outro quadro clínico, não envolve uma escolha consciente sobre a própria doença, mas é produto de uma determinação inconsciente. Segundo Aulagnier-Spairani (2003)[1], a doença mental

> *designa um fenômeno que não pode de maneira alguma, para aquele que sofre, ser da ordem de uma escolha consciente, tomando-se este termo em sua acepção*

1 Embora a autora adote um ponto de vista estruturalista a respeito da perversão, suas contribuições são muito ricas para compreender as dimensões da Recusa no sentido ampliado.

> *a mais clássica e a mais geral, poderíamos apenas confirmar o que Henri Ey escreveu. Quanto mais a perversão é pura, mais o sujeito a reivindica como efeito de sua escolha. (p. 46)*

O perverso não admite a castração e tampouco reconhece que sobre ele atua um inconsciente, pois isso implicaria assumir que não sabe de tudo (especialmente sobre si mesmo) e que não tem controle sobre sua própria mente e comportamento. Nesse sentido, Clavreul (1990) destaca que o perverso não coloca o analista no lugar de suposto saber e frequentemente não procura análise para ter autoconhecimento. É comum que esse paciente faça uso das sessões para justificar-se, ou para fazer do analista um cúmplice *voyeur*, ou, ainda, para alegar à família que ele está em tratamento, sem de fato mergulhar no processo. Isso leva a psicanálise a se indagar sobre os limites e as possibilidades da análise de um perverso: como e o que pode oferecer o analista a seu paciente?

Dificuldades de triangulação e a castração inadmissível

Nos primeiros capítulos, vimos os motivos que levam uma criança a ter a reação de Recusa diante da castração – as feridas narcísicas –, agora, cabe entender o que faz com que, na perversão, essa posição subjetiva se mantenha na vida adulta. O que falha nesses casos, segundo Aulagnier-Spairani (2003), é a possibilidade de representar a falta como uma presença que causa desejo. A autora afirma: "Assumir a castração pressupõe que a uma primeira formulação – '*A mãe foi castrada pelo pai*' – é sucedida por uma outra totalmente diferente: '*A mãe é desejada pelo pai e é desejante dele*'. Este é o ponto que falha no perverso" (AULAGNIER-SPAIRANI,

2003, p. 51). A autora delineia que há uma primeira Recusa, presente em todos nós, que diz respeito a não admitir que a mãe não é onipotente e autossuficiente. A segunda Recusa, presente essencialmente na perversão, diz respeito à não admissão de que a mãe deseja o pai.

Nesses quadros, a diferença sexual não está articulada à interdependência dos desejos do casal parental. Não se admite que a ausência do pênis na mulher seja uma presença de algo diferente e que interesse ao pai. Para o perverso, a visão da vagina desperta o horror, pois engendra a conclusão de que o pai tirou o genital da mãe, ela foi concretamente castrada. Isso porque, por efeito da Recusa, continuou-se a crer no primado do falo:[2] o sujeito interpreta que lá onde se viu uma vagina deveria haver um pênis investido do valor fálico. Desse modo, não é possível conceber a vagina como outra coisa que não uma ferida, como afirma Aulagnier-Spairani (2003): "Pode-se acrescentar que, neste estágio, a ausência de pênis na mulher vem fazer da 'diferença' o equivalente de uma mutilação, de uma marca sangrenta, a causa de um 'horror' que faz de todo desejo algo que coloca o próprio ser do sujeito em perigo" (p. 51).

Portanto, o perverso se atrapalha na elaboração do Complexo de Édipo quanto à castração da mãe e quanto à sua própria castração. Ele não admite que aquilo que supôs encontrar não existe porque foi imaginado, tampouco admite a sexualidade do casal parental. Assim, continua acreditando na fantasia do primado do falo e, portanto, deduz que o pai castrou a mãe, concretamente. Essa interpretação sobre a castração como ferida faz com que o campo do desejo não possa se estabelecer, uma vez que a falta está sempre ligada ao castigo, ao horror, à privação e à dor.

---

2 Sobre a relação entre a fantasia de castração e a do primado do falo, ver o capítulo "A Recusa em Freud e o modelo do fetichismo".

Do ponto de vista da dinâmica intersubjetiva entre a criança, seu entorno familiar e a cultura, por um lado, podemos pensar em um mal-entendido sobre a castração por parte do perverso, no sentido de uma dificuldade de elaborar estas experiências que remetem à incompletude, à vulnerabilidade, às decepções amorosas e às frustrações. Mas por outro lado, também podemos considerar que há algo muito bem entendido pelo perverso a respeito de uma mensagem que lhe é transmitida. Aulagnier-Spairani (2003) destaca que, em geral, a mãe do perverso aceita a homenagem que lhe é feita e fecha os olhos para a perversão do próprio filho, como cúmplice que se faz de inocente. É nesse sentido que um bom mal-entendido também sustenta a relação de um casal perverso, afirma Clavreul (1990).

Aulagnier-Spairani (2003) afirma que a *lei do desejo* e a *lei da filiação* são organizadoras de uma dinâmica familiar e dos laços narcísicos. A lei do desejo diz respeito à dimensão fálica no âmbito dos relacionamentos e estabelece que ninguém é o falo ou tem o falo que restitui a completude, ou seja, que nenhum objeto é capaz de obturar a falta. Assim, desenha-se um circuito de desejo, no qual se pode temporariamente ocupar o lugar fálico, ou seja, uma posição de valor, de prestígio e de poder. É uma dimensão evanescente e transitória, como uma dança das cadeiras: ora estamos dentro, ora fora; senta-se aqui, outra vez ali.

Nessa configuração, ocorre um processo de simbolização em que o falo faz referência a ser objeto do desejo do outro e descola-se da concretude de ser representado por um órgão genital. Portanto, uma mulher também pode ser fálica quando está em uma posição de destaque. Entretanto, na perversão, a lei do desejo não opera assim, pois o valor simbólico do falo não pôde ser metaforizado no âmbito dos relacionamentos, foi apenas deslocado para o fetiche.

Dessa forma, o mundo do perverso é dividido entre pessoas fálicas e castradas, ser tudo ou não ser nada, ter tudo ou ser roubado.

Quanto à lei da filiação, ela estabelece que a criança é fruto da sexualidade dos pais. Desse modo, delineia um pertencimento na linhagem da família e garante o direito a uma herança afetiva. Nesse sentido, a castração não deflagra apenas a interdição do incesto, como um marco de exclusão e de falta, mas também deve ser asseguradora para o sujeito de que, em troca de sua renúncia, ele fará parte do núcleo desses relacionamentos, recebendo amor, carinho, proteção, reconhecimento, entre outros. Portanto, a lei da filiação estabelece um elo simbólico entre as gerações, de ligação e separação. Mas, na perversão, ela se desarticula, uma vez que o perverso se afirma em uma posição de causa, e não de consequência do desejo dos pais, pervertendo seu lugar na temporalidade e no grupo familiar.

A lei do desejo e a lei da filiação organizam um campo de forças que desenham os contornos da relação entre pais e filhos. Contudo, na perversão temos três polos que não triangularizam,[3] uma vez que as crianças fazem parte da cena primária, ou seja, estão dentro do quarto dos pais, participando da vida dos adultos sem proteção nem restrição. Como se estivessem todos em pé de igualdade, a diferença entre gerações é suprimida na perversão das leis do desejo e da filiação, e assim falha a construção dessas arestas e ângulos que articulam os vértices de um triângulo. Forma-se uma linha achatada, e não um espaço.

3 As dificuldades de triangulação e de admissão da castração estão presentes em outros quadros clínicos além da perversão, como nas relações fusionais. Green (1974), por exemplo, faz referência a uma bitriangulação nos casos-limite, nos quais o triângulo não é formado pela mãe e pelo pai, mas pela cisão de um mesmo objeto entre bom e mau.

Na equação simbólica que se estabelece na Recusa – em que o pênis equivale ao falo, e este, ao fetiche –, estamos novamente lidando com três elementos que não triangulam. No entanto, há uma lógica sofisticada no fetichismo, que, apesar de ser restritiva, permite alguma coesão. A Recusa preserva a crença no falo materno como um objeto concreto e único, que é apenas deslocado do pênis para o fetiche. Desse modo, o perverso pode testemunhar o que viram seus olhos, "lá não há pênis", e assim manter alguma coerência com os dados objetivos de sua percepção, mas ao mesmo tempo afirmar que "a mãe não é castrada", uma vez que o fetiche representa o falo materno e atesta sua não castração. Nesse sentido, o fetiche busca remendar a cisão do Eu, mas a dimensão desejante é anulada na equação fetichista, justamente ela, que confere tridimensionalidade ao psiquismo.

Portanto, quando falham os alicerces narcísicos e simbólicos, a fantasia de castração não pode ser reinterpretada e a falta é sinônimo de punição. Assim, de certa forma, o perverso não obedece à regra do jogo por se tratar, para ele, de uma regra inaceitável. De um lado, isso nos faz pensar que mesmo os menores atos de perversão podem se manifestar quando as leis são inadmissíveis e não garantem proteção ao desejo e aos direitos em troca da renúncia pulsional. Observamos essas manifestações em nosso cotidiano, nas instituições e na cultura de maneira geral, o que nos impele, como psicanalistas, a refletir sobre os fenômenos sociais que favorecem a perversão. Nessas situações, aparecem justificativas de que, para não ficar de fora do jogo, a opção é jogar burlando.

De outro lado, Ferraz (2010) nos recorda que é muito tênue a linha entre os heróis e os criminosos. A alegação de que "os fins justificam os meios" é perigosa, pois considera que o sofrimento alheio é um efeito colateral inevitável aos propósitos almejados. Tanto um revolucionário como o perverso questionam o *establishment*, os valores morais enrijecidos e as leis que os perpetuam; mas, no primeiro caso, é no sentido de reconstruí-las para preservar a subjetividade e o coletivo. Já o perverso desafia e profana as leis e os padrões estabelecidos como forma de triunfar sobre a ameaça de castração, procurando abalar as estruturas que pretendem garantir uma ordem que, para ele, representa opressão e exclusão. São as configurações excessivamente rígidas, confusas ou contraditórias que apetecem o perverso e sua intenção de corrupção, denunciando de forma escandalosa as falhas e as faltas de um sistema (familiar, empresarial, cultural) para, então, destruí-lo. É para se livrar da angústia que o perverso afronta qualquer lei, como forma de provar, até para si mesmo, que é capaz de escapar da castração.

O conceito de masoquismo feminino,[4] postulado por Freud (1924d), nos ajuda a esclarecer esta relação perversa entre crime e castigo, ou melhor, entre castigo e crime. O autor se refere àqueles que, na relação sexual, atuam a fantasia de ser uma criança pequena, desamparada, dependente e, acima de tudo, malcomportada e, assim, concretizam a punição em verdadeiros atos de agressão física e verbal. Expressam um anseio de serem castrados, dominados, submetidos ou penetrados. Dessa forma, reproduzem a perspectiva infantil que Freud explicitou no texto *A organização genital infantil* (1923b), em que as meninas são aquelas que sofreram o castigo de castração por terem realizado o proibido.

Contudo, não se trata de um sentimento de culpa, mas de provocar a punição por ter feito algo proibido, incitando o sadismo do outro. Nesse sentido, é uma expressão de triunfo, no qual o castigo remete ao ato infrator. Assim se perfila o tom desafiador do

---

4 O masoquismo feminino não diz respeito a uma tendência das mulheres, mas a uma representação que a criança constrói a respeito da mulher como uma pessoa que foi castrada, punida.

perverso, que desdenha da ameaça de castração e segue realizando o proibido, invertendo a posição de poder. É como se dissesse "quanto mais você me bate, mais eu gozo". Como entender essa ousadia perante o temor da castração? Ora, se o falo foi transferido ao fetiche, a ausência de pênis não assusta mais, desde que o objeto fetiche esteja presente e enquanto a Recusa se sustentar. Por isso o objeto fetiche é indispensável nessa relação sexual. Mas, quando a defesa falha, o terror retorna de forma assombrosa.

A cena perversa

O funcionamento ambíguo do fetiche e o horror do perverso ante a ausência de pênis na mulher caracterizarão seus modos de se relacionar com os outros, mesmo na análise, plantando armadilhas para quem cruza seu caminho. De um lado, a Recusa faz parecer que não houve impacto afetivo da experiência, de modo que, no ato perverso, o sujeito atesta que não foi abalado pela visão da vagina. É como se o perverso alegasse que para ele não houve surpresa nessa nova informação. Entretanto, o padrão que ele estabelece em sua relação com o saber, com o engano, com a ilusão, com a verdade e com o outro revela o impacto terrível que teve essa novidade para ele.

Apesar do processo de defesa, a fantasia de castração foi gerada e deixou seu rastro no psiquismo, que se expressa nessa compulsão à repetição. Horrorizar, assombrar e assustar o outro é uma tentativa de dominar essa intensidade afetiva, vivenciando-a em uma posição ativa, no sentido de que, dessa vez, é o perverso quem orquestra a cena escandalosa e surpreendente, em contraste com a forma passiva da infância.

Nesse sentido, o termo "atuação"[5] sintetiza muito bem esse aspecto da cena perversa, uma vez que se trata de uma encenação em ato. Em seus relacionamentos e atos, o perverso monta cenas, usa recursos para ludibriar os outros e criar uma atmosfera que reproduz a experiência traumática vivida quanto à fantasia de castração. Em sua *mise en scène*, ele faz sua vítima viver os afetos que ele mesmo recusou. Assim, o perverso escandaliza, constrange e humilha os outros e, por vezes, coloca-os como testemunha cúmplice, repetindo em ato a cena da descoberta das diferenças anatômicas entre os sexos.

Na relação analítica, a atuação do paciente pode servir de suporte para dar corpo a algo impensável que foi alvo da Recusa, na medida em que esta repetição no vínculo transferencial nos conta das marcas indizíveis, mas não invisíveis, das experiências. Por meio do ato, o registro psíquico pré-verbal pode vir a ganhar representação se for incluído no campo da análise da transferência, e assim descongelar aquilo que estava sob efeito da Recusa.

Porém, no caso dos pacientes perversos, é difícil para o analista navegar entre as atuações do paciente, uma vez que visam demovê-lo de seu lugar, de sua ética e de sua função. O enquadre[6] e seus alicerces são postos à prova o tempo todo, de modo que alguns analistas se assustam e interrompem o tratamento quando percebem o que está se passando. Especialmente porque, nessa transferência, há muita violência.

---

5 Há uma diferença importante entre a atuação e a passagem ao ato. O primeiro fenômeno envolve algum grau de representação, o segundo se refere apenas à descarga imediata das tensões. É a diferença entre pagar o valor errado para o analista, como expressão de ódio, e bater o carro saindo do consultório.

6 Sobre a noção de enquadre, ver o capítulo "O analista, a Recusa e o enquadre".

A cena perversa é colorida de identificação projetiva,[7] como forma de expurgar os afetos despertados pela inconcebível ameaça de castração. Desse modo, o perverso faz o outro viver o choque do qual ele mesmo se defendeu para não o sentir. Segal (1955) afirma: "Na identificação projetiva o sujeito, em fantasia, projeta grandes partes de si mesmo para dentro do objeto, que fica identificado com as partes do *self* que se sente que ele contém" (p. 171). A identificação projetiva é tão intensa que, com frequência, o outro de fato se identifica com isso que lhe foi destinado.

Segundo a autora: "Estas primeiras projeções e identificações constituem o início do processo de formação de símbolos" (SEGAL, 1955, p. 171). Não se trata ainda de simbolização propriamente dita, mas de uma equação simbólica, em que o outro serve de suporte para a representação dos meus avessos. Nesse sentido, é fundamental destacar que a identificação projetiva não é apenas uma defesa, mas também uma via de comunicação de elementos pré-verbais entre o paciente e seu analista.

Por meio da identificação projetiva e da atuação, o perverso sustenta uma equação simbólica em que pretende concretizar a seguinte afirmação defensiva: "você é a vítima enganada, não eu". Dessa forma, ele faz a realidade equivaler a seu mundo interno, sem, contudo, admiti-lo: eis uma manifestação ardilosa da Recusa. O perverso monta uma cena que representa, quase identicamente, as diversas posições subjetivas (ou, ainda, partes do *self*) da sua interpretação singular da experiência de descoberta das diferenças anatômicas entre os sexos. Por isso, cada perverso tem o seu próprio estilo, a sua própria assinatura.

Como, então, o perverso captura sua presa? Ele alega ser conhecedor de uma verdade absoluta e exclusiva e ter acesso a um

7 A identificação projetiva não é exclusiva aos quadros de perversão, pelo contrário, trata-se de um mecanismo presente em qualquer forma de subjetivação.

campo excepcional, em que nada falta. Por meio de seu cerimonial, ele cria a ilusão de que tem o poder de permitir ao outro o acesso a esse mesmo território secreto e privilegiado. Assim, ele leva a vítima encantada a ultrapassar seus próprios limites e a suspender suas próprias interdições, desconhecendo a própria perversão. Nesse sentido, Clavreul (1990) caracteriza esse golpe como um estupro, na medida em que o perverso desvela os inconfessáveis dos outros, mas de forma violenta. Assim, a vítima se envergonha de ter sido cúmplice dessa cegueira e culpa-se pelo ocorrido, como se ela tivesse consentido.

É por meio de artifícios fetichistas que o perverso enreda o outro: recordemos que a função do fetiche é gerar uma fixação do olhar para impedir o processamento das consequências psíquicas que a visão da vagina deflagra. Do mesmo modo, segundo Clavreul (1990), o perverso fascina sua vítima - como o olhar petrificante da medusa - para que, assim, ela não perceba a armadilha em que se enfiou. Então, podemos esboçar que na vítima também ocorre uma Recusa, e ela não dá crédito às evidências da trama em que se envolveu, em virtude da sedução perversa que faz promessas irresistíveis ao narcisismo ferido de todos nós. É assim que a perversão de um se relaciona com o perverso polimorfo do outro, ou seja, com os restos infantis.

Há ainda outra relação entre a perversão e a natureza perversa polimorfa. Em *Três ensaios sobre a teoria da sexualidade* (1905), Freud caracteriza a sexualidade infantil como uma disposição da vida pulsional que se dirige a qualquer objeto, em qualquer parte do corpo, desde que gere prazer. Essa indiferença quanto ao objeto se observa na seleção da vítima do perverso: qualquer uma serve, não importa sua singularidade ou subjetividade, desde que se preste a ser objeto de gozo. Assim, ela é escolhida a dedo, não porque seja desejada pelo perverso, mas por estar tão envolvida em seus próprios ideais e valores que pode ficar cega facilmente, tornando-se uma presa fácil. É justamente pela alegação amorosa que o perverso monta sua armadilha: a vítima acredita ter chamaa do a atenção do perverso por sua singularidade,[8] envaidecendo seu próprio narcisismo, mas depois descobre que foi o alvo apenas por servir ao propósito de ser enganada.

Prenda-me se for capaz *(SPIELBERG, 2002)*

Esse filme nos conduz com fascínio ao campo da perversão, sem deixar de abordar aspectos do sofrimento psíquico envolvido. Baseado na biografia de Frank William Abagnale Jr., conta a história de um jovem que se torna especialista em falsificação de cheques e é perseguido internacionalmente pelo FBI. Ao explorar as artimanhas que o golpista utiliza, o filme permite-nos ver com clareza a forma como o perverso coloca em ato uma cena que se passa em seu mundo interno. Justamente, revela a sua própria interpretação da cena da descoberta da diferença anatômica entre os sexos e sua atitude dividida perante a castração, derivada da Recusa.

No início do filme, vemos o pai de Frank fazendo um discurso ao lhe ser concedido o título de sócio no clube a que pertenciam: "Dois pequenos ratinhos caíram em um balde de nata. O primeiro rato desistiu e afogou-se. O segundo rato não desistia. Ele batalhou tanto que, no final, fez a nata virar manteiga e pôde sair. Senhores, nesse momento, eu sou esse segundo rato". Esta é a crença transmitida de pai para filho nesta família, a de que a castração existe, mas não os atinge. Tal mito se torna um mantra que os reassegura ante a ameaça de castração, como o fetiche.

---

8 No capítulo "A Recusa e o desmentido", isso se explicita na análise do filme *Confiar* (SCHWIMMER, 2010).

Em seguida, o diretor nos apresenta a cena primária da família Abagnale, na qual podemos observar a dinâmica da triangulação entre eles. É Natal, e Frank dança com sua mãe na sala, enquanto o pai serve vinho. Ela diz que Frank dança melhor que o pai e que as mulheres não sabem o que estão perdendo; o garoto se envaidece nesse elogio da mãe, que faz referência à sexualidade. Nesta come paração em que o pai é preterido, Frank aproveita essa posição de ser o falo da mãe.

Entretanto, seu pai não deixa passar e recorda a história de quando o casal se conheceu durante a guerra, como mais um mantra que o coloca no lugar fálico de herói conquistador, dono dessa mulher. Enquanto pai e filho tecem elogios a ela, a mãe de Frank dança sozinha, envolta na sua nuvem narcísica, cortejada pelos dois homens da casa. Tal cena nos remete ao que Aulagnier-Spairani (2003) afirma sobre a mãe do perverso, que se envaidece com as homenagens oferecidas por seu filho, ao sustentar a crença na mãe fálica. Frank diz que a mãe é um *avião*, ressoando o erotismo que pairava no ar.

Acidentalmente, ela derruba vinho no chão, e Frank vai buscar um pano para limpar o tapete, mas quando retorna, depara-se com uma cena: seus pais pisoteando a mancha enquanto dançam. Seu pai inclina a esposa em um passo de dança, mas não olha para seus olhos, e sim para os de Frank e, desse modo, reafirma seu lugar de prioridade no circuito de desejo da mãe. Começamos, então, a indagar que lugar Frank ocupa entre seus pais, muito envolvido na vida conjugal do casal.

Além disso, o pai o usava como cúmplice de suas trapaças e, assim, transmitia o ofício ao filho, que o olhava com muita admiração. A família criava essa ilusão de unidade potente, indissolúvel e excepcional; mas, olhando-a de perto, era feita de muitos conluios: "não conte para o seu pai/mãe". Essa posição subjetiva de Frank entre o casal é tentadora, uma vez que o "cá entre nós" oferece um lugar de exclusividade, e não de exclusão. Assim, inverte-se a triangulação edípica: o filho passa a formar um casal com um dos progenitores, excluindo o outro. Frank é convidado e autorizado a ultrapassar uma linha incestuosa, sem se dar conta de que haveria um custo emocional a ser pago.

Esse convite ao "cá entre nós" foi abordado por Ferraz (2010) como um traço característico da relação perversa, em que é prometido ao outro um lugar narcísico de exceção. Com esse convite ao campo da não castração, o perverso nos seduz reavivando as crenças narcísicas quanto a superar as injúrias e as frustrações que vivemos. Esse é o truque secreto do perverso, que nos enreda em sua teia, inclusive na relação com o analista.

O filme segue mostrando que, gradualmente, o pai fálico-castrador de Frank vai perdendo seu poder: ele é investigado pela Receita Federal por sonegação, e seus truques sedutores já não funcionam mais com os banqueiros. A família é obrigada a readequar-se à realidade financeira, e o garoto vive essa decepção com a figura de um pai infalível. Apesar dos esforços de seu pai para tentar mascarar essa realidade, sempre dando uma justificativa ou uma outra versão dos fatos, Frank não se engana. Ele reconhece o declínio do seu super-homem e fica muito impactado emocionalmente, inclusive quando descobre um caso extraconjugal de sua mãe.

A infidelidade é um golpe no narcisismo, uma vez que escancara a fragilidade dos laços. No filme, ela desvela para Frank que ele e seu pai não são os únicos objetos de desejo da mãe, que parece ser bastante atraída pelo poder aquisitivo alheio. Frank é obrigado a encarar a castração materna no que diz respeito à posição faltante e desejante desta e depara-se com a própria castração, uma vez que ele não é onipotente nem consegue controlar tudo (embora seu estilo perverso pretenderá contestar essa realidade). Quando o casal Abagnale se divorcia, o encanto do conto de fadas familiar se rompe. É justamente nesse ponto que incide a Recusa, e Frank continua crendo que poderá restaurar o casal parental.

O advogado do divórcio deixa claro que estão evitando ir ao tribunal para lidar com a questão da guarda de Frank a fim de economizar dinheiro. Mas, assim, a lei que foi feita para proteger o menor de idade é posta de lado, o que dá ensejo para uma violência psíquica, em que o jovem é colocado para escolher com qual dos pais ficará. Desse modo, os sentimentos de Frank não importam e são desmentidos; o advogado diz: "não há necessidade de ficar com medo, apenas escolha um nome e coloque no papel".

Súbita e brutalmente, Frank se depara com a quebra da ilusão narcísica e, perante esse cenário insuportável, foge de casa e começa a fazer da perversão seu modo de viver. É preciso acrescentar que nem o pai, nem a mãe o procuram. No seu estilo perverso, Frank atua seu drama: ele se torna um falsificador de cheques procurado pelo FBI e, assim, faz-se perseguir internacionalmente. Como uma atuação, ele realiza uma cena que se opõe à realidade psíquica dolorida. Desse modo, ele perverte a lei da filiação (AULAGNIER-SPAIRANI, 2003) e coloca-se em uma posição de ser causa do desejo do outro, buscando restaurar o narcisismo ferido de ser emocionalmente órfão.

Com isso, Frank obtém poder aquisitivo e procura o pai incessantemente, tentando restaurar as condições financeiras para restituir o casal parental. Apesar de todas as evidências, Frank não desiste, uma vez que a Recusa sustenta sua crença infantil de poder salvar o casamento dos pais, como se fosse possível voltar no tempo, à cena pré-traumática, como se nada tivesse acontecido. Nessa fantasia, ele se coloca como causa do desejo dos pais, livrando-se desse lugar de quem foi abandonado. Mas seu plano não dá certo, afinal, ninguém tem o controle do desejo do outro. As coisas não são como a equação que ele calculou: tem sempre um terceiro elemento, um estrangeirismo, algo que escapa, mas que ele não admite. A lei do desejo (AULAGNIER-SPAIRANI, 2003) é soberana, por mais que o perverso acredite e alegue poder dominar o desejo do outro.

E Frank não se limita a fraudar cheques, ele usa o artifício fetichista para tentar se livrar da dor psíquica da solidão, que está sempre atrás dele, aonde quer que vá. Desenvolveu uma habilidade camaleônica de seduzir e enganar e passa-se por professor substituto (enquanto ainda era aluno na escola), piloto de avião, médico e advogado. Cada vez que muda de identidade, tenta reconstruir um cenário para enganar a si mesmo, sentindo-se muito importante e poderoso: ele se envaidece quando é citado no jornal como um James Bond dos ares. É evidente que os traços infantis persistem no jovem, que toma leite no avião e parece querer voltar a ser amado como *Sua Majestade, o bebê* (Freud, 1914a).[9] Inclusive, o nome falso que ele usa, Barry Allen, é a identidade secreta do personagem de quadrinhos The Flash, aquele que é mais rápido do que todos, o que vai ao encontro da pretensão do perverso de estar sempre um passo à frente dos demais.

É por meio dos títulos, dos uniformes e das credenciais que Frank se esconde e ilude os outros, pois esses elementos conferem oficialidade e um lugar de autoridade que raramente é contestado. Seu pai lhe transmitiu a receita: "Sabe por que os Yankees sempre ganham? Porque os adversários não conseguem parar de olhar para os uniformes". É assim que o perverso se presta do fetichismo para causar a cegueira da vítima: ele lança mão de algo tão fascinante e hipnótico que desvia o olhar. Entretanto, Frank não esperava que o feitiço se virasse contra o feiticeiro e fica em choque

---

9 Sobre esta dimensão do narcisismo, ver o capítulo "A Recusa e as vicissitudes do narcisismo".

quando vê seu pai vestido com uniforme do correio, como um sinal oficial de que foi preciso aceitar a lei e trabalhar para pagar as contas. Porém, quanto mais sucesso o garoto alcança, mais seu pai se sente humilhado porque virou o primeiro rato, aquele que é alcançado pela castração, enquanto seu filho se torna o segundo rato, aquele que escapa.

Logo, a solidão começa a se expressar e Frank decide se casar. Ele busca estabelecer um vínculo com uma família abastada e afetuosa, mas sua verdadeira identidade nunca pode aparecer. O campo do desejo, da intimidade, da confiança não pode ser vivido porque põe em risco toda a fachada que foi criada. Assim, o impostor não se conecta com os outros pelo que ele é, mas pelo que ele os faz crer e, portanto, tem de ficar alerta o tempo todo, preservando o engano cuidadosamente arquitetado. Nesse sentido, Clavreul (1990) afirma que o perverso é aquele que fala do amor com excelente propriedade discursiva, mas que o desconhece em termos de experiência, uma vez que o campo do desejo não lhe está acessível sem a marca do fantasma de um grande perigo. Essa é uma restrição que se impõe ao perverso, embora ele alardeie que goze da vida mais que todos nós.

Em meio às fugas e imposturas de Frank, o agente do FBI Carl Hanratty investe tudo em sua caçada a esse falsificador de cheques. Como gato e rato, Frank brinca de fazer Carl de trouxa, triunfando sobre ele, em um jogo de esconde-esconde internacional. Começa a ligar para Carl: de um lado desafiando-o e, de outro, deixando transparecer seus restos infantis, suas referências familiares, sua dor e sua solidão. É assim que o agente do FBI descobre a verdadeira identidade do impostor e dá-se conta da estratégia de Frank. Pensativo, Carl diz "me mostre o que você quer que eu veja", esperando a jogada do perverso, para, então, olhar de outra forma para a cena apresentada. Desse modo, a caça se vira contra o caçador.

Ou é o contrário? Esta confusão é típica da dinâmica perversa. Embora Carl fosse o caçador, Frank é quem comandava o ritmo da caçada, mas quando o agente do FBI desmistifica a jogada e o plano de fuga do impostor, as peças do tabuleiro se invertem e finalmente o caçador encontra um meio de capturar sua presa.

Carl faz com que Frank experimente do seu próprio veneno: começa a lhe contar meias verdades sobre si e sua relação familiar, nutrindo a fantasia infantil em torno de uma figura parental, afinal, esse é o ponto fraco do garoto órfão. O agente do FBI se deu conta da dupla face de sua presa - o pobre menino rico, o rico menino pobre - e foi assim que o impostor caiu em descompostura. Quando Frank passa a imprimir cheques na cidade natal de sua mãe, em Montrichard (França), Carl rastreia os movimentos do falsificador, mas também as feridas narcísicas desse sujeito que continua procurando um colo de mãe.

Dessa forma, o ardiloso agente do FBI realiza a proeza de fazer com que sua presa se entregue. Ele encontra Frank com a mão na massa, delirando entre um mar de cheques cuspidos pela máquina impressora. E, então, Carl cria um campo de ilusão, montando uma cena imaginária na cabeça de Frank: diz-lhe que ele está cercado, que há vários policiais franceses do lado de fora da fábrica, furiosos e capazes de matá-lo, mas que se Frank sair algemado Carl poderá protegê-lo. Nesse jogo de sedução, o agente se coloca como um perseguidor protetivo, como a autoridade de um pai que quer o melhor para o filho, e não mais como um objeto persecutório retaliador, o que faz com que o rapaz decida se entregar. No entanto, quando saem da fábrica, não há ninguém do lado de fora. Carl já havia compreendido que Frank estava ansiando esse encontro entre eles.

Contudo, embora tenha sido preso, Frank continua fugindo da punição e da dor psíquica. No voo de extradição para os Estados

Unidos, Carl cuidadosamente conta para Frank que seu pai morreu. Eis, então, o encontro fatal com a castração à qual ninguém escapa, a morte. E, no caso, uma morte acidental, pois foi por um escorregão que seu pai caiu e morreu. Essa aleatoriedade do destino, da vida, é mais um golpe ao nosso narcisismo, à nossa insignificância e vulnerabilidade. Diante dessa realidade insuportável, Frank foge, mas será definitivamente capturado, não apenas pelos agentes da lei do país, mas também pelas leis da filiação e do desejo (AULAGNIER-SPAIRANI, 2003).

Um tempo depois de ser preso, é oferecida a Frank a oportunidade de trabalhar para o FBI, sob tutela de Carl, combatendo a falsificação de cheques. Seria uma forma de cumprir sua pena e de ocupar outro lugar no laço social. Mas isso não é tão simples, pois quando chega o fim de semana, ele se vê sozinho no mundo e foge mais uma vez, passando-se por piloto de avião, mas é novamente encontrado pelo agente do FBI, que não desistiu dele.

Nessa última tentativa de fuga, Carl parece interpretar a transferência que coloriu o vínculo entre eles e declara a Frank que sabe que ele voltará porque, agora, ninguém mais o está perseguindo. Até parece que Carl leu o texto de Freud *Batem numa criança: contribuição ao conhecimento da gênese das perversões sexuais* (1919a), em que a fantasia de espancamento – de ser punido, castrado, surrado – revela o anseio de ser objeto de desejo do outro. No caso de Frank, expressa essa mesma forma erotizada de agressão.

Carl explicita todo o seu investimento afetivo no garoto, dizendo que teve de mover mares e montanhas para conseguir tirá-lo da prisão e conseguir o voto de confiança do FBI. Faz um último apelo "você é só um garoto", e Frank retruca, "mas eu não sou o seu garoto",[10] explicitando sua ferida narcísica envolvendo a

10 No filme, Frank diz "I'm not your kid", que em inglês significa "não sou seu garoto", mas também é usado no sentido de "não sou seu filho".

desfiliação. Nesse instante, fica claro que Carl não se coloca mais como um agente do FBI (ou da castração), e Frank admite que não é onipotente e autossuficiente. Finalmente, ele volta e assume seu lugar no FBI como um agente com passado criminoso, nutrindo uma amizade duradoura com o homem que o capturou. Portanto, o título do filme "prenda-me, se for capaz" é pleno de sentido, uma vez que evoca essa dimensão do desafio perverso e, ao mesmo tempo, a súplica para que alguém o prenda de volta em seu campo de desejo.

A perversão e a psicanálise: limites e possibilidades

O que a psicanálise pode oferecer a este sujeito, que sofre, mas raramente o admite? A afirmação de que o perverso não procura análise já está ultrapassada. No âmbito político-social, ou entre um paciente e as pessoas com que se relaciona, entre paciente e analista, entre um casal, e até mesmo na análise de crianças, é sempre possível aparecer um convite à perversão. Contudo, os desafios clínicos são ainda muito difíceis e perturbadores, o que enquadra a perversão como um estado-limite, terminologia que Green (1974) utiliza para se referir a situações clínicas que nos defrontam com os limites e as possibilidades da psicanálise. Por um lado, interrogamo-nos sobre as condições de analisabilidade do paciente perverso, mas, por outro, a clínica interpela a teoria a se rever, em busca de uma ampliação.

Sempre nos perguntamos do que sofre nosso paciente, e no caso da perversão não deve ser diferente, ainda que não seja tão evidente. A Recusa pode silenciar as dores e escamotear as feridas com maestria, mas quando a defesa falha, a angústia emerge, e podemos vislumbrar aspectos da realidade psíquica insuportável do perverso. Quando o impostor cai em descompostura, o abismo é gigante. Quanto mais o perverso tenta provar que a castração não o atinge, mais nos revela que está precisando desesperadamente contestar a angústia à espreita. Por isso é fundamental ter em mente que o ato perverso é uma forma compulsiva de se defender: o perverso é impelido a descarregar e livrar-se da angústia por meio dessas atuações.

Ele alega que vive em um estado de liberdade maior que os outros, mas sabemos que se trata de uma ilusão: a Recusa não impede o sofrimento e a formação de sintomas[11] e o fetichismo não dá conta de conter a cisão do Eu, que tende a se aprofundar. Assim, perversão não é uma elaboração psíquica dos desarranjos edípicos; no entanto, é a saída possível para alguns. Portanto, não se deve ter a ilusão nem a pretensão de curar um sujeito de sua própria forma de subjetivação. Na perversão, como em todos os casos de Recusa, o analista nada alcançará se tentar desmentir o paciente ou confrontá-lo. Como nos recorda Mannoni (1969), mesmo os momentos em que o perverso é tomado pela angústia não trazem efeitos terapêuticos. Tampouco se deve tentar incutir culpa ou remorso, esperar alguma reparação ou arrependimento. Afinal, a perversão não é uma escolha consciente, recorda-nos Aulagnier-Spairani (2003).

Tentando colocar o paciente em contato com seu mundo interno, a análise busca cotejar as feridas narcísicas com as reações defensivas, tentando dar formas ao impensável. Mas na medida em que se obtém algum progresso, o paciente passa a sentir a dor contra a qual se defendeu. A dissolução da Recusa pode piorar os sintomas, e, para proteger-se, o perverso recorre novamente ao fetichismo e às atuações, dentro e fora da análise. Para lidar com essa

11 Assim como Freud (1940[1938]b) oferece alguns exemplos de pacientes fetichistas com sintomas referentes à angústia de castração, Clavreul (1990) revela como estes podem estar também presentes na perversão, como a persecutoriedade que acomete alguns pacientes perversos.

reação terapêutica negativa,[12] é preciso monitorar de perto o clima das sessões, a transferência e os níveis de angústia.

Nesses atendimentos, é possível alguma transformação psíquica na medida em que as condições de representação e elaboração progridem, de modo que as atuações sejam menos frequentes e menos concretas. Mas é como tentar fazer um reparo no motor de um carro em movimento: as duas correntes psíquicas derivadas da Recusa persistirão duelando e se expressando na compulsão à ree petição. Seguem sangrando as chagas do narcisismo e persistem os esforços psíquicos para triunfar sobre a castração. Este parece ser um limite do alcance da análise do perverso, a ferida da castração, que mais cedo ou mais tarde volta a se infeccionar.

Assim, a análise do paciente perverso se desenvolve em um campo minado, no qual a natureza do vínculo entre analista e paciente será constantemente posta à prova. Frequentemente, a transferência é atravessada pelas facetas da perversão, por meio do engano, da trapaça, da impostura e das tentativas de levar vantagem. Por vezes, o paciente horroriza o analista e, em outras, o paciente o seduz, fazendo-o de cúmplice *vouyeur* da perversão alheia.[13] Essa é a face mais perigosa do analista que alega atender ao paciente perverso pela oportunidade de aprender, pois, nessa atitude, é o analista que exerce a perversão de estudar o outro sem nenhuma consideração pela subjetividade, objetificando-o.

Sabendo que o perverso pretende expor a nudez dos outros, como pode o analista escutar livremente, sem rigidez, sem resistência e sem a pretensão de curar esse paciente ou redimi-lo? Há

12 Reação terapêutica negativa: conceito proposto por Freud em *O Eu e o Id* (1923a), que se refere a um fenômeno em que há uma piora do quadro clínico do paciente logo após um avanço na análise.

13 Este aspecto foi abordado no capítulo "Recusa e *Unheimliche*: a inquietante estranheza", a respeito do filme *Nove Rainhas* (BIELINSKY, 2000).

uma cena no filme *Prenda-me se for capaz* (SPIELBERG, 2002) que pode nos ajudar a pensar. Em dado momento, o agente do FBI já havia solucionado os mistérios que envolviam os golpes de Frank, exceto um: como ele conseguiu trapacear no exame da Ordem dos Advogados? Percebendo o interesse do agente, Frank propõe uma negociação, em que lhe responderia em troca do doce de Carl, que repousava sobre a mesinha do avião. Sem hesitar, Carl devora o doce e, assim, recua dessa mesa de pôquer que estava se configurando entre eles. Nesse sentido, o analista tem de estar atento à contratransferência, pois a perversão se alimenta das crenças e dos anseios narcísicos do analista, de qualquer coisa que possa estar sobre a mesa, para demovê-lo de seu lugar.

Portanto, a melhor âncora para o analista é sempre a própria castração. É reconhecer seus limites e suas possibilidades, renunciar às vaidades, mas não à sua segurança, e aceitar a impotência diante de situações-limite. Isso vale para qualquer atendimento, mas no caso da transferência perversa, haverá sempre um convite sedutor ao mais além da lei dos mortais. E – quem sabe? –, em meio a tantas dificuldades, talvez seja possível desenvolver um vínculo empático, mas não ingênuo, com o paciente perverso.

É preciso também reconhecer os limites da função simbólica desse paciente. Dentro do possível, o analista poderá criar com ele algumas soluções protéticas[14] para remendar a cisão do Eu e sustentar a organização psíquica com maior elasticidade. Esses novos laços podem ser mais flexíveis que o fetiche, uma vez que são construídos a partir de um vínculo afetivo entre analista e paciente, com base em outra relação com a castração. Por vezes, são frases,

---

14 Assim como o analista faz a função de suplência com o paciente psicótico.

imagens, exemplos e até recordações de *enactments*[15] e experiências transferenciais que já puderam ganhar algum contorno.

No processo de análise, as duas correntes psíquicas podem se articular em alguns pontos, uma vez que a experiência analítica conjuga a admissão da dor com a ressignificação da castração, entretecendo o narcisismo ferido. Certamente, não há lugar no FBI para todos os perversos do mundo, como no caso de Frank William Abagnale Jr., mas há outras formas de reviver a posição fálica sem, no entanto, assumir um lugar de castrador.

15 Na psicanálise, este termo envolve uma perspectiva intersubjetiva a respeito das atuações do paciente *e* do analista em um conluio defensivo, mas que pode ser a chave de transformação da relação paralisada. Segundo Tamburrino (2016), o *enactment* é a repetição do trauma do paciente, que está sendo revivido aqui e agora com o analista; porém, também é a manifestação da defesa. Nesse sentido, a autora propõe que o *enactment* tem um aspecto de resistência, mas que ao mesmo tempo nos indica qual é a questão que aflige o paciente.

6. A Recusa e o desmentido

A Verleugnung *em Freud e em Ferenczi*

As contribuições de Sándor Ferenczi têm encontrado cada vez mais espaço entre os psicanalistas, especialmente no âmbito da clínica do trauma, em que o conceito de desmentido desvela implicações técnicas importantes. Porém, com frequência, passa desapercebida a relação entre Recusa e desmentido, embora ambos os termos tenham a mesma raiz etimológica - do alemão, *Verleugnung*[1] - e estejam profundamente relacionados com os processos de defesa.

Os dois conceitos se enraízam nos meandros da sexualidade infantil, mas se desenvolvem a partir de cenas diferentes. Enquanto Freud aborda a Recusa da fantasia infantil de castração, Ferenczi (1933) analisa os efeitos do trauma sobre o psiquismo de uma criança que

1 Segundo Kahtuni e Sanches (2009), nas traduções da obra de Ferenczi para o português, também se usou o termo "negação" para traduzir *Verleugnung*. Na apresentação deste livro, abordei esta questão da tradução.

sofre um abuso sexual ou psíquico. Nesse contexto, o desmentido se dá quando alguém deslegitima o relato da vítima de violência, culpa-a pelo ocorrido, diz que nada aconteceu, que ela imaginou ou, ainda, que ela interpretou os fatos de forma equivocada.

A partir da perspectiva da *Verleugnung* freudiana, poderemos identificar duas formas diferentes de Recusa relacionadas ao trauma. A primeira está ligada ao estado de transe no momento do trauma e à clivagem decorrente, em que a Recusa é um mecanismo de proteção intrapsíquico perante o choque e a violência. Trata-se de uma dimensão antitraumática fundamental para situações de perigo iminente que colocam em risco a vida psíquica, não apenas o corpo. Em emergências, algumas pessoas se tornam extremamente pragmáticas, focando sua atenção em medidas que possam afastar a ameaça, sem pensar no impacto afetivo imediato, como o medo, uma vez que é prioritário salvar sua vida. O mesmo ocorre em momentos traumáticos, em que a Recusa ajuda a superar o choque, suspendendo o significado afetivo de tal evento, a fim de que seja possível fazer algo para cessar a dor ou interromper a experiência: pensar fica para depois. Ou para nunca mais. Portanto, embora o sujeito possa admitir objetivamente o que viveu, a blindagem da Recusa impede que seja atribuído significado à experiência.

Uma outra dimensão da Recusa refere-se ao desmentido do trauma. Produzida por uma dinâmica intersubjetiva, esta Recusa é patogênica: o efeito é que a vítima já não confia mais em suas percepções. Desse modo, o desmentido faz com que o sujeito *não admita* que viveu um trauma, o que impede sua elaboração. Nesse sentido, consideramos que a Recusa intersubjetiva causada pelo desmentido se sobrepõe à Recusa intrapsíquica, ou seja, a realidade psíquica não apenas é recusada como é invalidada. Qualquer tentativa de reinterpretação da experiência é desautorizada pelo discurso do outro, incorporado pela vítima.

Por um lado, é preciso ter em mente que a dimensão traumática é inerente ao viver: perdas, separações, mortes, violência e vulnerabilidade são dores anunciadas. Mas Figueiredo (2008) destaca que os traumas podem ser vitalizantes ou devastadores a depender, entre outros fatores, da ação do ambiente para permitir a superação de tal vivência. Nessa perspectiva, o desmentido se refere a uma quebra de confiança no vínculo com o outro, justamente quando se está mais vulnerável, e, portanto, é um segundo trauma, que pode ser causado por qualquer pessoa, não necessariamente pelo mesmo abusador.

Esse ponto de vista ressoa com as reflexões de Ferenczi (1933) a respeito da posição do analista como um objeto que pode repetir ou dar suporte para a elaboração do trauma. O autor defende importantes mudanças na técnica psicanalítica, que contribuem para refletir sobre as manifestações clínicas da Recusa. Ele revela que há outras formas de resistência ao processo de análise, por vezes silenciosas, que requerem um manejo diferente da condução clássica, caso contrário, as intervenções do analista podem ser ineficazes ou ainda retraumatizantes.

Mas qual a relevância clínica dessas articulações entre a *Verleugnung* de Freud e a *Verleugnung* de Ferenczi? Entre os psicanalistas, é muito comum relacionar a Recusa exclusivamente à perversão, ao abusador, ao agressor, e raramente se reconhece que a Recusa também opera na vítima. A questão é que, mesmo que o paciente traumatizado não tenha sido desmentido, a Recusa protetiva influenciará seu funcionamento psíquico, defendendo-o de uma dor psíquica insuportável. Por isso é tão comum que os pacientes demorem a admitir para si mesmos que viveram experiências traumáticas, como no caso de pessoas que apenas na vida adulta se dão conta dos abusos sexuais que sofreram na infância. Mas no caso do desmentido, não apenas é perigoso sentir a dor, como é proibido pensar.

Assim, esses aspectos clínicos nos revelam que a escuta psicanalítica deve articular dimensões intersubjetivas e intrapsíquicas da Recusa, bem como as funções protetivas e patogênicas deste mecanismo de defesa. É também preciso considerar a relação inextrincável entre a vida pulsional e o ambiente, pois se tomarmos partido apenas da Teoria da Sedução,[2] não poderemos ouvir a vítima traumatizada e desmentida e correremos o risco de nos aliar às mentiras que intoxicam o psiquismo de nosso paciente. Mas se adotarmos apenas a Teoria do Trauma, não poderemos considerar de que modo a sexualidade participa do evento traumático e como é transformada a partir dele.

Fenômenos ligados à Recusa requerem que superemos oposições e trabalhemos em um campo em que é possível validar mais de uma narrativa sobre as relações entre nosso paciente e seus objetos. Para suturar a cisão do Eu, é necessário criar pontos de contato entre as duas realidades que se opõem, ou, para usar o léxico de Ferenczi, entre as partes clivadas. Dessa forma, amplia-se a possibilidade de escutar e conversar com a criança ferida sem deixar de lado a sexualidade infantil, mesmo no atendimento a adultos.

---

2 A oposição entre a Teoria do Trauma e a Teoria da Sedução se explicita na emblemática *Carta 69*, de Freud a Fliess, em que o autor escreve "Não acredito mais em minha *neurótica* [teoria das neuroses]" (FREUD, 1987, p. 309, grifo do autor), quando se dá conta de que os relatos de suas pacientes sobre eventuais abusos sexuais cometidos por seus pais eram uma expressão das fantasias e dos desejos sexuais delas mesmas. Por sua vez, Ferenczi (1933) afirma: "A objeção, a saber, que se trataria de fantasias da própria criança, ou seja, mentiras histéricas, perde lamentavelmente sua força, em consequência do número considerável de pacientes, em análise, que confessam ter mantido relações sexuais com crianças" (p.116).

A confusão de línguas

Em seu texto *Confusão de línguas entre os adultos e a criança* (1933), Ferenczi aborda o trauma e a defesa no contexto do abuso sexual de uma criança. O autor propõe a cena em que uma criança brinca com um adulto a partir de sua linguagem da ternura, em que ela assume os papéis dos progenitores como parte do processo de identificação e elaboração das questões edípicas. No entanto, o adulto agressor confunde a expressão do erotismo infantil com o interesse de alguém que atingiu a maturidade sexual e responde ao infantil com a linguagem da paixão.[3] A criança encena, no faz de conta de sua brincadeira, suas fantasias incestuosas nos moldes da sexualidade infantil, enquanto o abusador atua esta cena na concretude, produzindo a violência psíquica em questão. A diferença entre a sexualidade infantil e a adulta, organizadora do aparelho psíquico, é desrespeitada pelo gesto do abusador, que lança a criança para o campo da sexualidade genital, com o qual ela ainda não tem condições de lidar. Assim, podemos pensar que não apenas o adulto se confunde, como também na criança é produzida essa confusão.

É certo que uma criança tem curiosidade sobre a vida sexual dos adultos, mas o desenvolvimento do corpo e da fantasia se dá gradualmente na adolescência e envolve um processo de árdua digestão dessas transformações quanto à sexualidade genital. Contudo, no abuso sexual de uma criança, não é apenas a experiência corporal forçada que é traumática, mas também as consequências psíquicas[4] derivadas dela e, por isso, a Recusa intercede contra

---

3 Esta distinção fica muito explícita no uso corriqueiro da expressão "brincar de papai e mamãe" que os adultos usam entre si para falar de relações sexuais.

4 Quando a criança se dá conta de que isso não é socialmente aceito, acrescenta-se este peso de ter participado da profanação de um tabu, mesmo que reconheça que ela é a vítima do abuso, e não a provocadora.

o impensável, ou seja, a conclusão de que um adulto, que deveria amá-la e protegê-la, possa violentar seu corpo e sua mente. Especialmente em abusos sexuais no âmbito familiar, a ambiguidade entre os desejos edipianos da criança e essa oferta de amor indevido produz uma confusão em que ela pensa ter provocado a situação.

Ferenczi (1933) esclarece que o trauma não ocorre apenas em um contexto de explícito abuso sexual, mas em qualquer experiência de violência psíquica extrema ou ainda quando o adulto oferece um tipo de amor que a criança não deseja. Amor forçado ou punição exagerada geram essas consequências psíquicas que a prendem ao seu agressor, como uma fixação, o que o autor chamou de *terrorismo do sofrimento*. São situações nas quais a criança assume a responsabilidade pelo sofrimento psíquico dos outros e fixa-se nesse tipo de relação, muito aderida às necessidades alheias. Compreendemos, portanto, que há diversas dinâmicas familiares que podem se configurar como situações abusivas. Segundo Ferenczi (1933):

> *A par do amor apaixonado e das punições passionais, existe um terceiro meio de se prender uma criança: é o* terrorismo do sofrimento. *As crianças são obrigadas a resolver toda espécie de conflitos familiares, e carregam sobre seus frágeis ombros o fardo de todos os outros membros da família. (p. 120, grifos do autor)*

A ambivalência com a figura familiar pode levar a uma atitude dividida entre a vontade e o medo de confidenciar o ocorrido a alguém, e mesmo o receio de fazer uma denúncia oficial perante a Justiça. A criança sente ódio contra o abusador e, ao mesmo tempo, sente culpa por causar mal a alguém por quem tem afeto, o que a inibe de se manifestar. Por vezes, essas vítimas se calam e defendem seus agressores, como uma Recusa perante a realidade insuportável da falência familiar, e atenuam o trauma que viveram. São complexas e variadas as nuances dessas formas de sofrimento; porém, quando o sujeito não consegue decidir o que fazer com isso que viveu e que sente, ele inflige a si mesmo a cegueira e a surdez ao seu mundo interno, como forma de impedir o movimento de interpretação e formação de significados intoleráveis.

O transe e a identificação com o agressor

Em *Reflexões sobre o trauma* (1934), Ferenczi descreve diversas formas de defesa perante a comoção psíquica: quando não é possível ter uma reação aloplástica, ou seja, que age na causa do distúrbio oriundo do mundo externo, o psiquismo aciona seus mecanismos de defesa mais radicais para se preservar. Uma dessas defesas é descrita no texto *Confusão de línguas entre os adultos e a criança* (1933): segundo Ferenczi, embora a criança abusada sinta repulsa pelo ato, ela se inibe de protestar porque está tomada pelo pavor e sente-se indefesa diante da força e da autoridade do adulto. No momento do choque traumático, ela entra em um estado de transe:

> *Um exame detalhado dos processos de transe analítico ensina-nos que não existe choque, nem pavor, sem um anúncio de clivagem da personalidade. A personalidade regride para uma beatitude pré-traumática, procura tornar o choque inexistente, o que não surpreenderá nenhum analista. (FERENCZI, 1933, p. 119)*

Assim como o fetiche procura impedir que se chegue às conclusões psíquicas da descoberta da diferença sexual, o transe procura preservar uma posição subjetiva pré-traumática, como se nada tivesse acontecido. Por meio da fixação neste estado de beatitude que descreve Ferenczi, a Recusa congela a cena e paralisa o trânsito do psiquismo, fazendo uma barreira contra o afluxo do trauma, para que não se chegue às consequências psíquicas impensáveis. O transe causado pela Recusa permite um imediato afastamento da realidade, como se a vítima pudesse se ausentar emocionalmente. "Era como se eu não estivesse ali, como se não fosse comigo, como se não estivesse acontecendo", dizem alguns pacientes. Assim, a defesa envolve a admissão e a não admissão dos impactos emocionais do trauma, mas produz uma cisão no Eu, dividido entre duas versões da realidade interna: uma parte extremamente ferida, e outra que se dessensibilizou para não sofrer.

Cotejando outros textos de Ferenczi, podemos compreender a complexidade da Recusa acionada no momento traumático e sua relação com o processo perceptivo. Se no texto de 1933 o autor descreve uma fixação pré-traumática, no texto *Reflexões sobre o trauma* (1934) encontramos a descrição de uma estratégia defensiva que se fixa no pós-traumático: uma das formas de reagir perante o súbito e intenso desprazer gerado no trauma é produzir uma representação a respeito de um futuro em que a violência terá cheegado ao fim, e a vida poderá ser retomada. Ferenczi (1934) afirma que "Essas representações agem como um antídoto contra o deseprazer (como anestésico) e capacitam-nos para um comportamento apropriado enquanto durar o desprazer ou a ação que engendra a dor" (p.126). Fixando-se nesta representação do momento posterior ao trauma, o sujeito consegue algum grau de afastamento da realidade atual, deixando de sentir a dor da violência a que está submetido.

Em situações de perigo, nos agarramos à esperança de que o resgate virá, da mesma forma que uma criança diz para si mesma que sua mãe logo chegará. O desespero é tão grande que chegamos a ouvir o barulho das sirenes, a voz da mãe, mesmo que não estejam aí. Ocorre então um processo alucinatório em que são (re)produzidas imagens associadas ao fim do perigo.[5]

Embora as marcas da experiência traumática fiquem inscritas no psiquismo, a Recusa impede que elas se liguem ao circuito de representações. Como se, mesmo neste futuro projetado, isto que está acontecendo agora não fosse ter nenhum impacto emocional, nenhum significado importante. É isso o que configura as simultâneas admissão e não admissão da realidade nos estados de transe, que ajudam o sujeito a aguentar o sofrimento atual, mas é preciso que posteriormente esta Recusa possa ceder e que as feridas sejam reconhecidas e cuidadas. Ferenczi dá um exemplo muito didático a respeito dessa defesa: quando extraímos um dente, nos dizemos que isso logo vai terminar e tudo ficará bem. Mas quando a anestesia termina, a dor reaparece e o corpo nos dá sinais da violência que viveu, mesmo que nós não tenhamos sentido naquele momento.

Voltando ao texto *Confusão de línguas entre os adultos e a criança* (1933), poderemos agora compreender a relação entre Recusa e identificação com o agressor. Ferenczi afirma que durante o transe traumático ocorre a introjeção da figura do agressor, de modo que a relação com ele se mantém na dimensão intrapsíquica. Desse modo, a criança pode preservar no registro da realidade externa uma relação de ternura com o violentador, como era antes do trauma, evitando desagradá-lo. Segundo o autor, no âmbito intrapsíquico, o psiquismo se defende por meio de uma alucinação

5 Tal processo defensivo alucinatório será explorado com profundidade no capítulo seguinte.

positiva ou mesmo negativa para se distanciar dessa realidade interna insuportável.

Esquecendo-se de si mesma, a vítima identifica-se com o agressor adivinhando seus desejos e submetendo-se à sua vontade. Enquanto a Recusa agirá sobre uma parte, gerando a não admissão da violência que está sendo praticada pelo outro, outra parte do psiquismo reproduzirá a violência vivida. Esta é a atitude dupla na relação com o agressor: uma no mundo externo, e outra no mundo interno. Assim, ocorrem as simultâneas admissão e não admissão da realidade psíquica.

Mas nesta clivagem, a parte que se identificou com o agressor amordaça a parte que quer reagir. Podemos compreender que se trate também de um aspecto defensivo, pois protestar em uma situação de perigo pode apresentar um risco: a criança pensa que pode causar um novo trauma se provocar o agressor externo, bem como pode ativar o sadismo do agressor internalizado. Na relação analítica, o paciente também se submete aos desígnios do analista e busca se identificar com este para adivinhar seus desejos e, assim, atuar como uma criança bem-comportada ou um paciente ideal.

> *O que importa, de um ponto de vista científico, nesta observação, é a hipótese de que a personalidade ainda fracamente desenvolvida reage ao brusco desprazer, não pela defesa, mas pela identificação ansiosa e a introjeção daquele que a ameaça e a agride. Só agora compreendo por que os meus pacientes se recusam, tão obstinadamente, a seguir-me quando os aconselho a reagir ao agravo sofrido com desprazer, como seria de se esperar, com ódio ou com defesa. (FERENCZI, 1933, p. 118)*

Ferenczi destaca que é introjetado o sentimento de culpa do agressor, originando na criança a necessidade de punição. Poderíamos interrogar se o que é introjetado é a culpa que o abusador deveras sente e admite, ou se ele não a admite e a deposita na vítima, de modo a culpá-la por tê-lo seduzido, como nas alegações do tipo "olha o que você me fez fazer". Ou, ainda, podemos conjecturar se se trata da culpa que a criança atribuiria ao agressor. De toda forma, o efeito é que ela fica dividida entre uma parte inocente e outra culpada.

Segundo o autor, a personalidade decorrente de tal clivagem é formada majoritariamente por Id e Supereu, de modo que o sujeito é incapaz de afirmar-se perante o desprazer e dispõe-se a relações sadomasoquistas. Trata-se de um Supereu impiedoso, embebido da censura que a criança se impõe na introjeção do agressor. Mas o Eu não ousa perder a proteção do Supereu e por isso não o contesta, assim como uma criança teme perder a proteção materna e, por isso, se submete a seus ataques.

Nesse processo, o verdadeiro *self* é mantido oculto e inoperante, uma vez que foi silenciado pelo trauma. A criança não consegue mais pensar em suas necessidades pessoais nem falar com a própria voz: ela se torna atenta às necessidades dos que a violentam. De certo modo, podemos pensar que tal obediência cega atende à crença da criança de que, se for boazinha, poderá evitar causar um novo dano, já que ela se responsabiliza pelo ocorrido quando absorve a culpa do agressor. Da mesma forma, quando se vive em um ambiente familiar muito conturbado e violento, evita-se trazer problemas para casa e piorar as tensões existentes. Essas crianças dizem a si mesmas ou subentendem o seguinte refrão: não atrapalhe.

É nesse sentido que Ferenczi se refere ao sonho do bebê sábio, que aprende logo a falar para dar sábios conselhos aos pais e a outros adultos, e propõe também a ideia de uma criança que se torna psiquiatra da família, quando se torna muito sensível às necessidades daqueles com que convive.

> *Nesse caso, pode-se falar simplesmente, para opô-la à regressão de que falamos de hábito, de progressão traumática (patológica) ou de prematuração (patológica). Pensa-se nos frutos que ficam maduros e saborosos depressa demais, quando o bico de um pássaro os fere, e na maturidade apressada de um fruto bichado. (FERENCZI, 1933, p. 119)*

Em ambos os casos, o amadurecimento precoce não é saudável e deve-se às carências do ambiente em que a criança se desenvolve. A fim de manter a estabilidade do relacionamento com o agressor, na linguagem da ternura, a criança procura resolver todos os problemas e calar o que se passa em seu mundo interno.

Segundo Kahtuni e Sanches (2009), o processo de clivagem pode ser comparado à *autotomia*, uma defesa presente em certos animais que os faz mutilar uma parte de seu corpo que esteja trazendo sofrimento ao resto do organismo, como um lagarto se desprende de seu rabo a fim de garantir sua sobrevivência. Do mesmo modo, o movimento defensivo da Recusa pretende se livrar de uma parte do psiquismo que está experimentando demasiado desprazer e que pode comprometer o funcionamento do restante do aparelho psíquico. Na medicina, compara-se às situações em que é inevitável amputar uma parte de um membro necrosado para poder salvar a vida de uma pessoa, protegendo-a de uma infecção generalizada, por exemplo. É seguindo essa lógica que a Recusa atua como defesa diante de uma dor psíquica insuportável, que poderia levar a um transbordamento.

Ferenczi (1934) diz que quando o socorro não vem, e mesmo a esperança de salvamento se extingue, o psiquismo se defende por meio da autodestruição. Segundo o autor, é uma forma de se liã bertar da angústia: trata-se de um ataque à coesão do psiquismo, que leva a um estado de desorientação. Neste processo, ocorre um acionamento da realização de desejo a partir dos fragmentos do psiquismo, como numa alucinação que produz prazer para minimizar a percepção da dor.[6] Aqui a Recusa é sustentada por meio de um entorpecimento do psiquismo a fim de interromper o encadeamento de percepções e representações que poderiam despertar afetos insuportáveis.

O desmentido

Infelizmente, é muito comum que se diga que a criança imaginou o abuso, ou que sua mãe lhe diga que nada aconteceu, muitas vezes para não entrar em contato com o fato de ter um cônjuge abusador. O desmentido ocorre quando a vítima de uma violência confidencia para alguém a experiência traumática que viveu, mas este que a escuta não oferece um testemunho que legitime seu relato nem reconhece a importância psíquica do ocorrido. Há também inúmeras situações de violência psíquica extrema no âmbito familiar ou ainda entre casais, em que o agressor não admite que impõe uma relação abusiva para o outro.

Ferenczi (1931) afirma que "O pior é realmente a negação,[7] a afirmação de que não aconteceu nada, de que não houve sofrimento ou até mesmo ser espancado e repreendido quando se manifesta a paralisia traumática do pensamento ou dos movimentos; é isso, sobretudo, o que torna o traumatismo patogênico" (p. 91). Quando a violência traumática não é reconhecida, especialmente por uma

6 Tal processo alucinatório é aprofundado no próximo capítulo.

7 O termo original é *Verleugnung*.

figura de autoridade, a realidade psíquica da vítima é desmentida, gerando um processo de invalidação de qualquer tentativa de apropriação pessoal da experiência. Segundo Ferenczi (1933), a consequência é que a criança não confia mais em seus sentidos e suas percepções subjetivas, pondo em xeque a relação com seu mundo interno.

Enfatizando a questão da tradução em torno do conceito de desmentido, Miranda (2012) compreende que, embora o termo original do texto de Ferenczi seja *Verleugnung*,[8] não devemos considerar que o autor esteja empregando essa palavra no sentido do conceito freudiano de *Verleugnung*. Podemos concordar com Miranda, pois quando olhamos do ponto de vista da atitude do adulto, a palavra não se refere a um mecanismo de defesa, e sim ao ato de desmentir alguém. Contudo, faço uma ressalva à colocação da autora: quando analisamos o que se passa do ponto de vista intersubjetivo, o efeito do desmentido *no psiquismo da vítima* é inconsciente, leva a uma perturbação do sujeito com sua realidade psíquica, e tem relação com o conceito freudiano de *Verleugnung*.

Vejamos: segundo Miranda, o desmentido tem um efeito particularmente forte numa criança, pois sua mãe e os outros adultos são os mediadores da relação com a realidade, são os que lhe apresentam o mundo e lhe oferecem explicações, de modo que suas palavras são tomadas como verdades, raramente questionadas. Inclusive, nas crianças, a percepção de que um adulto está lhe mentindo é frequentemente alvo da Recusa. A meu ver, é por isso que, diante do desmentido do adulto, a criança passa a duvidar de suas próprias percepções e, inclusive, é levada a questionar se o que

8 O texto original diz o seguinte: "Das schlimmste ist wohl die Verleugnung, die Behauptung, es sei nichts geschehen, es tue nichts weh, oder gar Geschlagenoder Beschimpfwerden bei Äusserungen traumatischer Denkund Bewegungslähmung" (FERENCZI apud MIRANDA, 2012, p. 42).

viveu foi de fato uma violência. Aqui estamos falando da Recusa da criança quanto ao trauma de ter sido desmentida pelo adulto: é impensável para ela que sua mãe possa estar agindo desta forma.[9] Nessa perspectiva, o desmentido pode ser compreendido como um segundo trauma – além do abuso sexual vivido pela criança – que agrava os efeitos despersonalizantes do primeiro trauma.

Anteriormente, falamos da Recusa como um processo defensivo intrapsíquico perante o trauma do abuso sexual, que opera nos estados de transe. Por si só, a superação da clivagem decorrente não se dá sem dificuldades, mas a atitude daquele que desmente a vítima produz ainda outra Recusa, esta sim patológica e intersubjetiva, que contesta o senso de realidade. Assim, o desmentido reforça a tendência da vítima de se culpar pelo ocorrido e a faz pensar se imaginou ou, ainda, se provocou tal situação.[10]

Sabemos que, no abuso sexual, há uma diferença entre a posição infantil e a adulta, no entanto, o desmentido faz parecer que são equivalentes e, com frequência, as testemunhas e a própria vítima acreditam nisso. Por isso, clinicamente, mesmo em situações de abuso psíquico, é muito importante distinguir a culpa que o sujeito traumatizado sente e a culpa que lhe é atribuída.

---

9 Isso fica muito claro no caso da Mulher da Manta (WINNICOTT, 1951), abordado no capítulo “Objeto fetiche e objeto transicional”. Aos 2 anos de idade, a paciente passava longos períodos afastada dos pais e sofria muito com estas separações físicas, mas sua mãe dizia à menina que, mesmo estando a quatro milhas de distância, ouvia-a chorar. Podemos pensar que ali se configurava um desmentido do trauma da paciente, que se defendeu por meio da Recusa da angústia de separação. Segundo Winnicott, a paciente custou muito a acreditar que sua mãe estava mentindo.

10 Embora Miranda (2012) afirme que os adultos tenham condições psíquicas de se proteger desses efeitos do desmentido, penso que, vindo de uma autoridade ou pessoa de extrema confiança, o desmentido também pode produzir uma Recusa patogênica nos adultos.

Se o adulto pode reconhecer que houve uma violência, ele dá suporte para que a criança elabore a experiência traumática, assim como o analista oferece essas condições para seu paciente. Do contrário, diante do desmentido, ela não pode admitir para si mesma o que ocorreu, impedindo que as representações traumáticas se liguem a outras e que circulem em uma trama de sentidos. Nesse caso, a Recusa não evita a formação das marcas do trauma no psiquismo, mas também não dá permissão para que sejam processadas. O desmentido, portanto, acentua o caráter de irrealidade do impensável do trauma e, nesse sentido, é essa dimensão intersubjetiva que torna a Recusa patogênica.

Assim, quando falha a função do objeto de apoiar o sujeito na superação de experiências traumáticas, um psiquismo com poucos recursos faz apenas o que pode para se proteger, livrando-se da intensidade das cargas, uma vez que não pode processá-las. Perante o desmentido, o sujeito vive o abandono de ter de lidar sozinho com sua dor. Em situações impensáveis e sem suporte para contê-las, podemos esboçar que é antitraumático manter as representações em suspenso como se nada houvesse mesmo acontecido. A Recusa causa este curto-circuito defensivo, porém, se o circuito não pode ser restaurado ou reconfigurado, deparamo-nos novamente com um vazamento. O registro da experiência traumática permanece em estado cru no psiquismo, causando um extremo mal-estar, que, por vezes, o sujeito sequer sabe de onde vem.

Ferenczi (1931) afirma que para tentar neutralizar o efeito da dor do abandono, uma parte da personalidade cuida da outra como uma mãe cuida de uma criança. Nesse processo, denominado "autoclivagem narcísica", uma face se manifesta como resistência passiva diante das agressões advindas do mundo externo e fica anestesiada e apática, enquanto a outra, que é sensível aos acontecimentos afetivos, está gravemente ferida. Vemos assim a ação da Recusa mantendo a clivagem de um psiquismo que, nas palavras de Ferenczi (1931), sabe de tudo, mas nada sente, ou como o corolário da Recusa proposto por Mannoni (1969):[11] "Eu sei, mas mesmo assim...".

Entretanto, a parte da personalidade que se mantém congelada e paralisada no tempo do traumático não teve chances de se desenvolver: por trás de um bebê sábio, há sempre um lado de muita imaturidade. Forma-se um *self* que não pode se expressar e enriquecer-se por não ter tido experiências confiáveis na relação com os outros. Contudo, a defesa não impede a exposição a novos traumas, pelo contrário, se o sujeito não pode aprender com a experiência (BION, 1962), torna-se ainda mais vulnerável. Como descreveu Figueiredo (2008), alguns pacientes desenvolvem um saber inútil e ingênuo, que não os protege.

Em seu texto *Análise de crianças com adultos*, Ferenczi (1931) apresenta as dificuldades clínicas que encontraremos no atendimento a pacientes traumatizados e desmentidos. O autor observa que tais pacientes se colocavam na transferência de modo submisso e passivo, preservando a figura do analista de qualquer crítica. Diante da dificuldade de acessar o ódio que eles sentiam, ainda que tão docilmente concordassem com tudo, Ferenczi propõe tatear o terreno para encontrar onde estariam escondidos esses sentimentos, autorizando e incentivando os pacientes a expressarem suas críticas ao analista.

Na transferência, a compulsão à repetição tende a ocasionar a reprodução de um trauma e de um desmentido no que diz respeito às falhas do analista: por menores que sejam, podem ser muito significativas para o paciente, que se sente ferido. Se estas são menosprezadas e silenciadas pelo analista, estabelece-se a cumplicidade

11 Texto explorado no capítulo "A Recusa e a crença na mãe fálica" a respeito da relação entre Recusa e crença.

com a Recusa patológica, que cala o sofrimento. Segundo Ferenczi (1931), o paciente se sente abandonado e passa a brincar sozinho, fecha-se em seu mundo interno, mas sustenta uma fachada obediente que faz de conta que não há nada acontecendo. O autor constata que esses pacientes ocultam seus afetos até de si mesmos, inclusive a dor e o ódio que sentem do analista quando ele frustra suas expectativas. Por vezes, o anseio do sujeito de ser contemplado em suas demandas emocionais é tão grande que leva à voracidade e à idealização da relação analítica e, por isso, ressentem-se das faltas e das falhas do analista, mas não o expressam.

Entretanto, a aparente indiferença e a insensibilidade são formas de se defender da dor das feridas e aparecerão também na relação com o analista, quando, por vezes, custa ao paciente reconhecer a intensidade afetiva do vínculo entre eles. No entanto, não devemos crer nesse engodo criado pela Recusa, pois embora o sujeito não admita, a experiência analítica está acontecendo e deixando marcas que, em função da defesa, o psiquismo registra, mas invalida. Ou seja, mesmo as boas experiências podem ser alvo da Recusa, na medida em que ainda persiste uma desconfiança.[12]

Porém, se o analista permite que se fale desses afetos entre eles, abandonando a postura hipócrita que Ferenczi tanto critica, abre-se um espaço de reconhecimento daquilo que, na situação traumática, não foi admitido. O autor afirma: "Mas a capacidade de admitir nossos erros e de renunciar a eles, a autorização das críticas, fazem-nos ganhar a confiança do paciente. *Essa confiança é aquele algo que estabelece o contraste entre o presente e um passado insuportável e traumatogênico*" (FERENCZI, 1933, p. 114, grifos do autor). Assim, Ferenczi dá ênfase à construção de uma relação em que tudo o que foi silenciado pelo desmentido possa ser expresso.

---

12 No capítulo "A Recusa da utopia e o paciente sem esperança", aprofundamo-nos sobre as formas de defesa contra a esperança.

Esta é a importância de considerar o desmentido como um segundo trauma, como uma quebra de confiança no momento de maior vulnerabilidade. O desmentido é por si só uma violência, é como um discurso que diz à vítima que ela é louca. Em vez de oferecer acolhimento, aquele que desmente joga sal na ferida e faz com que a vítima se sinta ainda mais sozinha no mundo. Este segundo trauma contribui para que o sujeito demore a se dar conta da violência que sofre, deixe de protestar, e tenha muita dificuldade de sair de relacionamentos abusivos. Por isso, no processo de análise, está em questão a possibilidade de confiar e de aceitar um vínculo de dependência e de vulnerabilidade afetivas. Entretanto, isso não se dá sem percalços, sem dores e sem resistência. E o analista se depara com mais um complicador: se é o desmentido que torna a Recusa patogênica, como trabalhar com o paciente que viveu um trauma, mas não o admite? O risco é de incorrer no desmentido do desmentido do trauma, deslegitimando a crença do paciente antes que ele mesmo possa dissolvê-la. A análise do filme a seguir nos introduzirá a esses desafios clínicos envolvendo a Recusa e o desmentido, em que é preciso analisar a defesa e, ao mesmo tempo, ampliar as condições de representação para que o retorno do impensável possa ser pensado, e não recusado novamente.

Confiar *(Trust, SCHWIMMER, 2010)*

O filme revela com precisão a complexidade do manejo clínico com pacientes que foram traumatizados. Retrata a reação de um casal diante da descoberta do abuso sexual de sua filha, Annie. Entretanto, a adolescente não admite que viveu um abuso, sentindo-se, de certo modo, lisonjeada por ter tido uma relação sexual com um homem adulto, como o agressor lhe fez crer. Assim como um perverso enreda sua vítima, o abusador lançou mão de um desmentido que a seduziu a consentir com a relação sexual, exercendo sobre Annie uma violência psíquica, além da física.

No entanto, o pai da jovem não se conforma com a Recusa dela e insistentemente a confronta. Ele começa uma caçada frenética contra pedófilos, tomando todo o espaço da família com sua vendeta. É a raiva dele que ganha voz e esmaga a dela, como um segundo abuso psíquico que, de modo violento, desmente o desmentido.

De certa forma, a conduta do FBI favorece essa violência psíquica, uma vez que trata o ocorrido apenas como um crime e instrumentaliza a situação por meio de uma investigação. Annie é tratada como testemunha, e não como vítima. Em prol dessa perseguição ao criminoso, ela é exposta a situações retraumatizantes, em que seu pai e o FBI não levam em conta o impacto emocional daquilo a que a estão sujeitando. No mesmo dia em que os fatos vêm à tona, ela é forçada a falar com seu agressor ao telefone para que o FBI possa rastrear a ligação – na ocasião, ela ainda não admitia o abuso e não queria prejudicar o homem com quem se envolveu. Em outro momento, pedem-lhe que examine fotos de pedófilos, buscando informações que ajudem na investigação.

É apenas no contato com uma assistente social que Annie pode contar sua versão dos fatos e gradualmente chegar à conclusão de que foi abusada psíquica e sexualmente. Nesse momento, quando o transe e a ação da Recusa são suspensos, a violência do que ela viveu a invade com tal intensidade que só pode ser administrada graças à contenção da profissional. Foi por meio de um vínculo confiável que o trauma pôde ser admitido, sentido e pensado. Se a profissional a tivesse desmentido e não estivesse disposta a ouvi-la e auxiliá-la a construir uma narrativa – respeitando sua verdade pessoal –, esse resultado não teria sido possível.

A profissional tem um manejo importante, que nos remete à elasticidade da técnica proposta por Ferenczi (1928), na medida em que se coloca disponível para Annie, atendendo a seu chamado no meio da noite, em um momento de intensa angústia provocada pela retomada das engrenagens do psiquismo. Quando uma representação nova é finalmente acolhida, a assistente social a interpela, "me diga por que isso é importante", convocando-a a desenhar com palavras as consequências psíquicas engendradas. Tratava-se de um ponto de inflexão, em que o psiquismo poderia se defender novamente para escapar à dor, mas a profissional convoca Annie a sentir e a pensar. Quando a Recusa se desfaz, Annie se dá conta de que foi estuprada e despenca em sofrimento, porém encontra um colo confiável que a acolhe.

Mas o que sustentava essa Recusa? Ou seja, em que ponto o desmentido do agressor se conectou com as feridas narcísicas de Annie? Em dado momento, o FBI pede que ela olhe fotos de outras meninas que foram vítimas do mesmo pedófilo: o que impacta Annie é constatar que elas tinham uma beleza comum, ordinária, sendo que o abusador a havia capturado com um discurso sedutor, dizendo que ela era excepcionalmente bonita. Annie se dá conta de que não foi escolhida por ser especial, mas por ser ingênua. É assim que o perverso escolhe suas presas.[13]

Contudo, ela não é a única que está tomada pela Recusa. A obsessão e a violência de seu pai eram formas que ele encontrou de se defender da culpa e da dor que sentia por não ter podido proteger a filha. Não podemos esquecer que os pais da criança abusada também sofrem um trauma ao se confrontarem com o ocorrido, mas são atropelados por outro tipo de sentimentos. O desejo de vingança o colocava em uma posição ativa perante o trauma, como

13 Sobre esta relação entre o perverso e sua vítima, ver o capítulo "A Recusa na perversão".

se a captura do agressor pudesse anular os efeitos emocionais da violência vivida, como se nada tivesse acontecido. Dirigir toda a sua atenção a essa empreitada funcionava como um fetiche para não admitir a impotência, o sofrimento e o trauma.

Mas quando a Recusa fracassa, o fundo traumático volta a assediar o pai com violência. Seu psiquismo é assaltado por fantasias e imagens, nas quais ele está presente na cena de abuso da filha. O mal-estar revolve suas próprias questões quanto à sexualidade: ele trabalhava com campanhas de marketing de roupas para adolescentes em que, como ele mesmo disse sem pensar, os modelos usavam muito pouca roupa. Por fim, quando a Recusa cede, o pai de Annie se sente responsável por não ter dado suporte para a filha no desenvolvimento de sua autoconfiança, tornando-a vulnerável a promessas encantadoras do narcisismo.

As reverberações dessa experiência traumática ilustram a afirmação de Green (1993) de que o objeto é revelador da pulsão. Para Annie, quando a Recusa e o desmentido são dissolvidos, ela percebe de que modo a sua sexualidade foi fisgada pelo agressor. Da mesma forma, o trauma de Annie provocou a emergência de todo o desconforto do pai quanto à sexualidade. Para lidar clinicamente com a Recusa e o desmentido, é preciso ouvir essa relação inextrincável entre trauma e sexualidade, inerente à vida. Nesse sentido, a assistente social revela uma escuta que leva em conta a dupla face da Recusa em questão: a intrapsíquica, que envolve o transe e a clivagem, e a intersubjetiva, que envolve o desmentido.

Os rastros invisíveis do trauma

Embora os mecanismos de defesa não atuem separadamente, é fundamental ter em mente que as expressões clínicas da Recusa e do desmentido se diferenciam da Repressão, especialmente no que diz respeito às resistências e à relação transferencial, mas também quanto ao nível de representação e simbolização. Frequentemente, o paciente não reconhece que tenha vivido experiências traumáticas. Diz ter tido uma infância normal, não ter problemas no trabalho ou nos relacionamentos, mas se sente infeliz. Como almas blindadas, zumbis ou mortos-vivos, esses pacientes trazem em seu psiquismo uma história que não sabem qual é; no entanto, seu sofrimento testemunha a marca deixada por relações objetais muito complicadas.

Podemos compreender esse aspecto clínico a partir da noção de *conhecido não pensado*, de Bollas (1987). Trata-se de fenômenos inconscientes que envolvem registros no aparelho psíquico que ultrapassam a capacidade de verbalização, como em certos aspectos primitivos das relações de objeto. Frequentemente, o registro da experiência traumática também está aquém da verbalização e não pôde ser devidamente representado e processado pelo psiquismo. É como se o sujeito não estivesse vivo e presente no momento do trauma, como no transe que Ferenczi (1933) descreve.

No entanto, apesar da impossibilidade do paciente de reconhecer, representar e nomear as experiências traumáticas, é por meio de uma comunicação pré-verbal que o analista pode identificá-las e trazê-las para o diálogo. São rastros invisíveis, mas não inaudíveis. É a escuta da contratransferência que permite ao analista alcançar esse campo da relação que capta ruídos silenciosos. Atento ao que pensa e sente durante a sessão, ele pode gradualmente se distinguir do paciente: por vezes, o sono, a apatia, a excitação e a tristeza que sentimos ao atender alguém nos contam de algo que está se passando entre nós. O clima emocional, um tom de voz, uma postura ou um gesto do paciente nos revelam algo do seu próprio cenário mental. Monitorar a contratransferência permite esboçar de que modo o analista está sendo convocado a responder à transferência e às forças que impelem à repetição.

Assim, a dupla analítica constrói hipóteses sobre o mundo interno do paciente e os objetos que o povoam, tateando um terreno pantanoso em que as marcas do trauma se alojam. Esse é o trabalho de criação conjunta que Freud propõe em *Construções na análise* (1937b). Porém, se por um lado Freud considera inofensivas as ocasiões em que o analista oferece uma hipótese com a qual o paciente não concorda, por outro, nos casos de Recusa por desmentido, a questão técnica é mais complexa, pois corremos o risco de nos aliar à mentira que intoxica o psiquismo do paciente. No entanto, isso não deve impedir que o analista desconfie da oposição do paciente e de sua resistência. Como vimos no filme *Confiar* (SCHWIMMER, 2010), embora o trauma possa ter sido real, a Recusa envolve a não admissão da realidade psíquica, e não da realidade factual.

Tendo em mente que o que caracteriza a Recusa é a simultaneidade de correntes psíquicas que afirmam uma o contrário da outra, o analista tem o desafio de transpor a contradição fetichista paralisante, que se reproduz na transferência. A análise pode transformar essa condição em uma possibilidade de simbolização, em que diferentes versões da realidade podem se conjugar, e não se excluir. Para isso, é preciso acolher a suspensão do teste de realidade, como nos fenômenos transicionais,[14] e seguir a recomendação de Winnicott (1951): não se deve perguntar à criança se o objeto foi criado ou encontrado. O mesmo se aplica à criança abusada e desmentida, que duvida de suas autopercepções: "Mas afinal, aconteceu ou fui eu que inventei? Sou uma criança ferida e desprotegida ou sou uma mentirosa sem vergonha que seduz os adultos?".

---

14 Sobre a suspensão do teste de realidade nos fenômenos transicionais, ver o capítulo "Objeto fetiche e objeto transicional".

Se pudermos avançar, junto com o paciente, rumo às consequências afetivas de cada uma das correntes psíquicas, conseguiremos criar um campo em que a articulação delas possa comunicar algo sobre a dor da experiência traumática e o rastro que ela deixou no campo do desejo. Assim, não podemos perder de vista que a criança foi abusada, mas, ao mesmo tempo, ela estava atravessada pela sexualidade desde o início da vida, como ilustra o filme mencionado. Ao pensarmos com o paciente sobre a relação com o objeto, à luz de sua vida pulsional, a dupla analítica realiza um trabalho de tecitura de um remendo da cisão do Eu, mais flexível que o fetiche.

No entanto, uma vez que a Recusa atua ante o impensável, o enfrentamento dessas questões não será fácil, pois a suspensão do processo defensivo possibilitará ao paciente sofrer o que viveu, deixar doer o que está ferido, chorar o que ficou calado e movimentar o que ficou paralisado; porém, esse caminho desperta afetos muito intensos. Assim, a reação terapêutica negativa[15] pode se manifestar quando o avanço do tratamento fizer emergir algo que ainda é indigesto e contra o qual o psiquismo se defenderá, reagindo ao progresso da análise.

Desafios clínicos

Nesse contexto clínico, é comum que o processo de análise pareça estagnado, que pouca transformação tenha sido observada ao longo de anos de tratamento e que o analista se pergunte o que é que está fazendo por seu paciente. Este concorda com todas as interpretações que lhe são sugeridas, entretanto elas se revelam

15 Reação terapêutica negativa: conceito proposto por Freud em *O Eu e o Id* (1923a), se refere a um fenômeno em que há uma piora do quadro clínico do paciente logo após um avanço na análise.

ineficientes. De certa forma, é essa problemática clínica que leva Ferenczi (1933) a questionar a técnica; ele relata que, apesar de seus pacientes recordarem o trauma e expressarem a dor, eles não melhoravam, mas reviviam o sofrimento a cada sessão, que se tornava penosa. Então, o autor se deu conta de que o processo defensivo continuava se repetindo entre analista e paciente, o que tornava o último inacessível. Assim, Ferenczi amplia a escuta do campo transferencial, enfatizando que não é suficiente acolher a narrativa traumática, é necessário que o analista se implique ao considerar que, aos olhos do paciente, ele pode ser um novo agente do trauma.

Para tanto, é essencial reconhecer erros, falhas e até pedir desculpas. Tudo o que fazemos, dizemos, expressamos, e até mesmo um olhar cansado, é significativo para o paciente e pode ser interpretado como desinteresse. Nesse sentido, reconhecemos que ele possa se sentir ferido com nossos atos, mesmo que não tenhamos tido a intenção, e por isso é importante legitimar esse sofrimento. Dessa forma, inauguramos uma relação diferente daquela baseada no desmentido. No entanto, por vezes, essas feridas estão muito bem escondidas pela Recusa, e o paciente apenas acena afirmativamente a qualquer coisa que diga o analista.

Em *A negação*, Freud (1925b) já nos recordava que o paciente pode concordar com alguma intervenção a fim de alimentar a transferência positiva, mas sem ter sido permeável ao conteúdo proposto. Por sua vez, Ferenczi (1931) nos fala da *resistência passiva* do paciente traumatizado e alerta-nos que ele raramente fará objeção às proposições do analista, procurando manter a estabilidade do vínculo. Tal atitude remete ao perigo vivido durante a experiência de violência, em que protestar pode ser perigoso porque desperta a ira do agressor ou leva ao abandono.

Esses medos persistem por trás da fachada de beatitude do paciente e são um dos aspectos que o deixam com a língua presa.

Nesse sentido, sua passividade se opõe ao avanço da análise, embora se trate de uma tentativa de defesa antitraumática, por isso é preciso lidar com as resistências alimentadas pela ação protetiva da Recusa. Entretanto, o processo não pode se focar apenas em desarmar a defesa, mas também em criar condições de elaboração e de pensar o que era da ordem do insuportável. Isso implica considerar que o evento traumático, embora não verbalizado, tende a se repetir na transferência, como fantasmas do passado que se revelam muito presentes.

Nesse contexto, o paciente mantém a atitude dupla que caracteriza a Recusa: de um lado, uma indiferença e uma insensibilidade protetivas, que não admitem a intensidade do vínculo com o analista; de outro, a parte ferida, amordaçada e mal acolhida, sedenta por uma relação confiável. Essa expressão da resistência pode ser muito sutil e, sobretudo, muito útil. Se o analista consegue identificar que o silêncio é, na verdade, um silenciamento, ele dá voz às duas partes cindidas do psiquismo, e faz com que a transposição da resistência leve a uma transformação da relação analítica, ampliando-a.

No entanto, essas manifestações também podem ser mais ruidosas. Visto que a formação de um vínculo de confiança não é livre de ambivalências, a relação analítica pode trazer à tona uma imensa demanda de afeto, voraz e apaixonada, que por vezes se manifesta como transferência amorosa e idealização, em frases como "você é o único que me entende". Embora a relação com o analista inaugure uma forma inédita de vínculo, também revela uma inanição afetiva difícil de saciar. A transferência positiva em excesso pode esconder uma transferência negativa, como uma forma de não-dizer, ou seja, de criar uma atmosfera de reciprocidade para não enfrentar o que ainda dói. Por baixo dessas declarações de amor, pode se perfilar um "não sei, não quero saber, e tenho raiva de quem sabe" para se defender da análise.

As contribuições de Ferenczi evidenciam que a Recusa continua ativa durante o atendimento e sustenta a crença de que a experiência traumática se repetirá com o analista. Ainda que o paciente possa ter esperança e evidências das funções antitraumáticas do analista,[16] e mesmo que este autorize a voz da vítima silenciada, essa crença continua à espreita de uma confirmação, e o paciente se mantém desconfiado do vínculo estabelecido. É como se o sujeito se dissesse que "quem não depende de ninguém, não vive o abandono", mas é justamente o contrário, quem viveu o abandono não teve em quem confiar. Mas o trauma é tão forte que o paciente prefere evitar repeti-lo a arriscar se abrir a uma nova tentativa.

Contudo, à semelhança da função do falso *self* como protetor do verdadeiro *self*, a clivagem resultante da Recusa também tem a função protetiva de manter preservado, mas inoperante, o Princípio de Esperança (Figueiredo, 2008),[17] que advém da possibilidade de contar com o outro e consigo mesmo para a superação de traumas. Em uma relação analítica, esse princípio pode ser restaurado desde que haja o apoio de um vínculo de confiança para rememorar e elaborar o trauma.

Nesse sentido, Bollas (1987) destaca que a transferência não é feita apenas de repetição, mas também da inauguração de novas relações objetais, quando o paciente pode viver com o analista uma experiência que nunca viveu. Isso é fundamental na clínica da Recusa: por um lado, é imperativo reconhecer o medo do paciente de ser retraumatizado, visto que é sua realidade psíquica, sua verdade

16 No texto *La Psychanalyse, Son Objet, Son Avenir* (1975), Green descreve uma série de funções antitraumáticas atribuídas ao analista.

17 O Princípio de Esperança é abordado mais profundamente no capítulo "A Recusa da utopia e o paciente sem esperança".

mais íntima, sua loucura pessoal (GREEN, 1979a), mas, por outro, é também verdade que a relação analítica é diferente do passado traumático.

Helena e os problemas sérios de gente grande

A constância do atendimento era muito importante para Helena, uma criança que vivera muitas privações afetivas e abandonos: não à toa, ela ficava muito ansiosa com o fim da sessão e com nossa despedida. Certo dia, precisei faltar a seu atendimento, pois outra paciente fizera uma tentativa de suicídio. No mesmo dia, falei com Helena ao telefone, no intuito de mostrar que eu ainda estava viva e pensava nela, apesar da minha falta.

Na sessão seguinte, ela pintou toda a sua caixa lúdica e enfeitou-a com as marcas de suas próprias mãos. Tentei conversar com ela sobre minha ausência, mas ela parecia não querer ouvir. Insistia que estava tudo bem, só queria pintar: "Fiquei só um pouquinho brava com você, mas já passou, vamos brincar". De repente, no final da sessão, apareceram sua fúria e sua mágoa. Helena disse que havia estragado sua caixa, que não deveria tê-la pintado e que ficara horrível. Culpou-se e disse que ela era uma porcaria e não servia para nada. A caixa lúdica representava o nosso vínculo: penso que Helena estava com raiva de si mesma por ter confiado em mim e apropriado-se do espaço oferecido.

Eu lhe disse que talvez ela tivesse se sentido muito mal com minha falta, uma porcaria. Demorou até Helena poder me ouvir e conversar, pois ainda estava nervosa e culpando-se, dizia que destruía tudo e por isso ninguém gostava dela. Finalmente, disse que eu havia faltado porque não me importava com ela. Algo do abandono estava se repetindo em nossa relação. Disse-lhe que ela estava muito brava comigo por ter faltado e tê-la deixado esperando. Expliquei-lhe que tive um problema muito sério de gente grande e por isso não pude estar com ela, mas que eu entendia que isso pudesse tê-la feito sentir-se menos importante e abandonada. Helena respondeu que ela era a criança e eu a adulta, e que havia errado com ela. Reconheci que ela tinha certa razão no que dizia, mas que adultos também erram. Comentei que com sua mãe a história era parecida: ela tinha um problema muito sério de gente grande e não conseguia mais cuidar da filha. Por fim, ela expressou o quanto sentia falta da mãe como ela era antes.

Assumi meu erro e pedi desculpas a Helena por tê-la machucado. Disse-lhe que estávamos ainda no início do processo de terapia e ela não me conhecia muito bem, mas que – quem sabe? – devagar, talvez ela pudesse voltar a confiar em mim de novo. Perguntei se eu poderia fazer algo para que se sentisse melhor, e ela propôs que eu fizesse um desenho para ela, e assim me perdoaria.

Uma vez abordadas a decepção, a raiva e a dor, o amor ficou livre para se expressar: muito aliviada por ter resolvido o conflito, repetiu várias vezes que gostou de eu ter ligado para ela no dia da minha falta. Em diversos momentos ao longo dos anos de atendimento, Helena lembrou-se desse dia dizendo "Lembra quando você ligou pra mim? Lembra quando a gente brigou?". De vez em quando, ela arrumava sua caixa e reexaminava seus desenhos, especialmente o do pedido de desculpas, como se fossem marcos históricos de nossa relação.

Pedir desculpas a Helena foi fundamental para lidar com essa situação em que ela se sentiu muito ferida, e ligar para ela foi como um dos "mimos" que Ferenczi (1931) sugere que ofertemos aos nossos pacientes, abandonado a postura gélida do analista, mostrando ao paciente que nos importamos. Legitimar a dor de Helena foi uma forma de soltar sua língua e opor-se à Recusa de seus sentimentos perante a mãe, os quais ela mesma tinha silenciado para não lidar com a ambivalência da relação. E o desenho ficou como um testemunho oficial de que há vínculos confiáveis, em que a separação não precisa ser vivida como abandono e indiferença.

O desmentido e o coletivo

Tanto o desmentido como o acolhimento do testemunho também se manifestam em diversas esferas sociais, culturais e políticas, em que o coletivo pode dar suporte para que o sujeito atravesse e elabore as experiências traumáticas, ou pode agravar as feridas. Por um lado, existem iniciativas de reconhecimento histórico de vítimas de violência, em consonância com a admissão da responsabilidade por parte de agressores e cúmplices. Por exemplo, em 2020 (FRANCE PRESSE, 2020a), o Vaticano finalmente concedeu autorização para que sejam examinados por pesquisadores os arquivos a respeito do pontificado do Papa Pio XII, entre 1930 e 1958, acusado de ser conivente com os nazistas quanto ao extermínio dos judeus durante a Segunda Guerra Mundial. Dessa forma, abriu-se um caminho para se desfazer o desmentido e favorecer a elaboração das marcas traumáticas transgeracionais.

Outro exemplo é o caso do genocídio armênio cometido de 1915 a 1918, promovido pelo Império Turco Otomano, que assassinou cerca de 1,5 milhão de armênios. Em 2021, os Estados Unidos, na figura do presidente Joe Biden, finalmente reconheceram oficialmente essa violência como um ato de genocídio. Até esse ano, apenas 30 países fizeram o mesmo gesto, e o Brasil não está entre eles. A questão é que a Turquia não admite que tenha havido um genocídio e inclusive criminalizou o uso desse termo para se referir ao ocorrido. Segundo o governo turco, essas mortes foram enquadradas no contexto da Primeira Guerra Mundial. Contudo, há evidências de que o plano era realmente o de exterminar a totalidade desse grupo étnico, o que justifica, para os historiadores, o uso do termo "genocídio" (ALTARES, 2021). Reconhecer o genocídio é diferente de afirmar que essa matança resultou de uma guerra: a execução foi intencional, assim como o plano de Hitler quanto ao extermínio dos judeus, a Solução Final. Para os armênios, trata-se de legitimar o sofrimento em função de uma violência que envolve discriminação, perseguição, intolerância, entre outras implicações simbólicas que compõem a identidade e a história desse povo.

No Brasil, as forças da Recusa nos atravessam em uma sociedade que simultaneamente admite e não admite o significado de sua história, em diversos aspectos. Em 2011, a ex-presidente Dilma Rousseff tomou uma decisão inédita: suspendeu as comemorações de 31 de março que rememoravam o Golpe de 1964 e a instauração da Ditadura Militar, um dos marcos de maior censura e violência da história do país. Ela também sancionou a lei que criou a Comissão da Verdade, dando legitimidade ao testemunho das vítimas (MENDES, 2011).

Na contramão, em 2019, o então presidente Jair Messias Bolsonaro ordenou a comemoração dessa data, questionando o significado desses eventos na história do Brasil. Segundo o porta-voz do governo, o general Otávio Rêgo Barros, Bolsonaro não considera que houve um golpe militar no Brasil, e sim que "a sociedade reunida e percebendo o perigo que o país estava vivenciando naquele momento, juntou-se entre civis e militares" (ADORNO, 2019). Vemos, assim, como o desmentido do trauma chega até nós diretamente da esfera pública e traz consigo uma onda de valores morais que, embora sejam chamados de conservadores, não conservam a singularidade e a subjetividade. A música *Cálice* (Cale-se), de

Chico Buarque e Gilberto Gil (1978), continua mais atual do que nunca, denunciando a censura e o desmentido.[18]

No âmbito cultural e social, deparamo-nos com diversas outras formas de violência psíquica e desmentido. Esse é o caso das manifestações de racismo velado, desvelado e por vezes explícito e impune, que se relaciona com as raízes escravocratas da história do Brasil. Outro fenômeno que merece destaque, que de forma alguma diz respeito apenas a este país, se refere à violência de gênero. As mulheres vítimas de abuso sexual ainda são alvo de discursos que as culpabilizam pelo acontecido e, no caso de Mariana Ferrer, o desmentido se reproduziu durante o processo judicial (CALGARO, 2020).

Em 2019, a jovem denunciou um empresário por tê-la estuprado. Ela alegou que estava sob efeito de drogas durante o ato sexual, mas como o exame toxicológico resultou negativo, o promotor do caso considerou que não havia provas suficientes de que o réu tivesse agido contra a vontade dela, afirmando que não houve dolo, ou seja, intenção de estuprar. Logo o site *The Intercept* passou a usar a expressão *estupro culposo*, denunciando um mal-estar social que ganhou repercussão: ora, como pode haver um estupro sem intenção? (CALGARO, 2020).

Mas a situação se agravou quando o advogado do réu cometeu assédio moral contra Mariana durante a audiência. Ele começou dizendo que nas fotos de sua rede social ela assumia posições ginecológicas, mostrando imagens em que estava totalmente vestida, mas de pernas abertas. Ao mesmo tempo em que condenou esse comportamento, o advogado acrescentou que ela era "muito bonita por sinal". Mariana retrucou: "Muito bonita por sinal o senhor

18 No capítulo "Pandemia de Recusas", abordamos ainda outras formas de desmentido cometidas por Jair Bolsonaro.

disse, né? O senhor tem idade para ser meu pai, tinha que se ater aos fatos".

Então, o advogado a ofendeu diretamente: "Uma filha com teu nível? Graças a Deus. E também peço a Deus que meu filho não encontre uma mulher que nem você. Só falta uma auréola na cabeça. Não adianta vir com esse teu choro dissimulado, falso, e essa lágrima de crocodilo". Perante essa violência que ocorria durante a audiência, o juiz responsável não fez nenhuma objeção e foi conivente com a agressão; ele apenas perguntou a Mariana se ela precisava de um tempo para se recompor, pois a jovem estava chorando. Por sua vez, ela respondeu que gostaria de respeito, "nem os acusados, nem os assassinos são tratados desta forma que eu estou sendo tratada", clamando pelo reconhecimento, por parte da autoridade, de que havia algo muito grave acontecendo naquele momento.

O réu foi inocentado, mas o mais grave é que as instâncias que deveriam proteger a vítima acabaram se tornando agentes de uma nova agressão, na qual o silêncio perante a violência é como um desmentido que diz "não tem nada de mais acontecendo aqui". Após o ocorrido, o Senado aprovou um voto de repúdio ao advogado, ao juiz e ao promotor do caso por distorcerem fatos e exporem a vítima a sofrimento e humilhação. A Câmara dos Deputados aprovou um projeto de lei (5.091/2020) que inclui na Lei de Abuso de Autoridade (13.869 de 5/2019) a violência institucional praticada por agente público. Segundo o texto, a violência institucional se dá quando o agente, por meio de ação ou omissão, prejudica "o atendimento à vítima ou testemunha de violência ou causem a sua revitimização". Finalmente, há o reconhecimento legal dessa forma de abuso psíquico; contudo, esse desmentido se repete diariamente nas tentativas de denúncia de violência, em que a mulher é culpabilizada pelo ocorrido em função de seu próprio comportamento ou sexualidade, e o agressor é isento de qualquer responsabilidade pelos seus próprios desejos e atos. A legislação mudou, mas esses ecos do desmentido ainda falam muito alto.

7. A Recusa primária e o trauma de Eros

A partir das contribuições de Alan Bass (2000), ampliaremos a perspectiva sobre as dimensões da Recusa, explorando um terreno fronteiriço entre o irrepresentável e o ainda não representado, entre o primitivo e o traumático, ao considerarmos a Recusa uma defesa primária. Daremos mais um passo rumo à complexidade do inconsciente não reprimido, em que a Recusa revela seu aspecto constitutivo, mas que pode vir a perturbar o processo perceptivo, a função de representação e o pensar inconsciente.

Tendo em vista que a condição traumática é inerente à vida pulsional - na medida em que ela sempre ultrapassa as possibilidades do aparelho psíquico de represar e representar esse caldo transbordante -, Bass (2000) explora um viés antitraumático e primordial da Recusa. O autor propõe que esse mecanismo de defesa está presente desde o início da vida, protegendo o psiquismo incipiente de variações energéticas intensas.

Ele propõe que a perpetuação desse mecanismo de defesa pode levar a um enrijecimento do psiquismo, em que o paciente está constantemente se defendendo das transformações inerentes ao viver. São casos em que a capacidade de simbolização está comprometida, como no fetichismo, e, por isso, o autor refere-se a eles como pacientes concretos. O paradoxo é que apesar de procurarem análise para encontrar alívio, eles se defendem de todo o processo. Assim, o autor desenha novas diretrizes clínicas para ultrapassar as altas barreiras protetivas que esses pacientes erguem em torno de si, sugerindo que é primordial abordar diretamente esta angústia referente ao processo de diferenciação.

Bass (2000) desenvolve o conceito de *Primary Disavowal*, uma Recusa primária, que gera as simultâneas admissão e não admissão dos processos de diferenciação – ou, nas palavras de Bass, registro e repúdio da diferenciação – como forma de regular o equilíbrio econômico do psiquismo. Por meio da atividade alucinatória, que predomina nos primórdios da vida psíquica, o teste de realidade é suspenso. Nesse contexto, a Recusa faz parecer real e atual aquilo que é virtual e imaginário. *Seeing is believing* é o mote desse processo defensivo alucinatório, em que as memórias tomam o lugar das percepções.

Mas a Recusa pode causar perturbações do processo perceptivo ligadas a diferentes facetas dos adoecimentos psíquicos, que também se manifestam na vida cotidiana e na cultura contemporânea, em que o entorpecimento do psiquismo é gerado pelo excesso de estímulos. Nesse contexto, as diversas formas de adicção – drogas, sexo, remédios, celular, redes sociais, trabalho, compras, beleza, comida, entre outros – são expressões da concretude fetichista, *seeing is believing*,[1] que afasta todo tipo de angústia.

1 Em português, "ver é crer".

No filme *Blue Jasmine* (ALLEN, 2013), veremos como os remédios psiquiátricos e a bebida alcoólica são consumidos de forma indiscriminada pela personagem a fim de eliminar a turbulência interna. Mas além de apelar para o objeto concreto, o psiquismo da protagonista tem um funcionamento fetichista que investe uma enorme energia em processos alucinatórios a fim de enganar a si mesma e aos outros. Ser impostora é sua mais persistente e arriscada defesa.

O trauma de Eros

Em seu livro *Difference and Disavowal: The Trauma of Eros*[2] (2000), Bass desenvolve a ideia de que a Recusa é um mecanismo de defesa que atua contra os processos de diferenciação, ainda que estes sejam inerentes aos processos vitais e ao desenvolvimento. Mas por que o psiquismo se defenderia da alteridade da diferenciação, manifestando resistência a crescer e a se transformar? A partir de uma abordagem econômica do fenômeno, Bass explicita os aspectos antitraumáticos da Recusa.

Em *Além do princípio do prazer*, Freud (1920) associa Eros à introdução de uma elevação da tensão no aparelho psíquico. Esse contato com a diferença é vital e dá início aos processos de diferenciação que organizarão o psiquismo. Assim como uma gota d'água perturba a superfície de um lago, dando início à formação de ondulações, é o encontro com a alteridade do objeto que inicia uma série de movimentos e transformações subjetivantes no psiquismo de um bebê.

É o que Freud (1920) afirma:

---

2 *Diferença e Recusa: o Trauma de Eros* (tradução livre).

> *Isto se harmoniza com a hipótese de que o processo vital do indivíduo conduz, por razões internas, ao nivelamento das tensões químicas, ou seja, à morte, enquanto a união com uma substância viva individualmente diversa magnifica essas tensões, introduz como que novas diferenças vitais, que depois têm de ser dissipadas vivendo". (p. 227)*

Nesse processo, todo o equilíbrio econômico é alterado, de modo que o aparelho psíquico está constantemente ameaçado de transbordamentos e, então, a Recusa é uma tentativa de regular as intensidades e as cargas, buscando protegê-lo do efeito potencialmente traumático do encontro com a diferença. Assim, podemos entender o subtítulo do livro de Bass, "Trauma de Eros", que dá início aos processos de diferenciação, indispensáveis para a complexificação da vida mental, mas também perturbadores de sua estabilidade.

Em nota de rodapé, Freud (1920) escreve: "Segundo nossa especulação, esse Eros atua desde o começo da vida e surge como 'instinto de vida', oposto ao 'instinto de morte', que se originou pela animação do inorgânico" (p. 235). Mas de que forma esse ameaçador encontro com o outro passa a ser ansiado pelo sujeito, e não apenas temido? Em *O problema econômico do masoquismo* (1924d), Freud explica que o Princípio de Nirvana se refere à tendência do aparelho psíquico a retornar à quietude do inorgânico, e tem a função de reduzir a zero as quantidades de excitação que recebe. Já o Princípio do Prazer busca a satisfação ligada a experiências de excitação.

Esta é a essência do que Bass resgata: que mesmo as primeiras experiências de satisfação são vivências de muita excitação, de prazer, e não apenas de apaziguamento da tensão. Nesse contexto, a modulação das tensões é realizada pelos processos de defesa do Eu – como a Recusa –, mas sobretudo pelo objeto, ainda que o sujeito ignore sua existência, o que permite que o prazer não exceda o limite da tensão que o aparelho psíquico tolera. Assim, o Princípio de Nirvana se transforma em Princípio do Prazer, em que o psiquismo procura repetir o prazer vivido e passa a tolerar esses excessos de energia, paulatinamente. Nesse processo, a excitação corporal se converte em sexualidade e o estímulo em erogenização, e a vida pulsional impele o psiquismo a buscar e se ligar a qualquer objeto que replique a sensação de prazer. Desse modo, desenvolve-se a capacidade do psiquismo de renovar investimentos em objetos diversificados, ampliando o circuito pulsional e promovendo a abertura para o encontro com a alteridade.

O Trauma de Eros pode por em movimento a transformação do psiquismo para torná-lo cada vez mais apto a lidar com grandes quantidades de energia e, nesse sentido, seria um trauma vitalizante. Contudo, é preciso que a mãe ou demais cuidadores ofereçam subsídio para que o sujeito desenvolva suas próprias capacidades de lidar com as instabilidades da vida, que é sempre imprevisível. Assim, se o objeto é o agente do Trauma de Eros, representante da alteridade, ao mesmo tempo, ele é aquele que desempenha as funções antitraumáticas e permite que o sujeito desenvolva seus próprios recursos psíquicos para lidar com os traumas.

Porém, se o sujeito não puder contar com o objeto, o toque de Eros pode ser devastador e, então, a Recusa se interpõe constantemente para proteger o psiquismo desta avalanche. Ao se opor aos processos de diferenciação, a defesa desliga o Princípio de Realidade e dá ensejo aos fenômenos alucinatórios. Nesse contexto, se o psiquismo vive por se defender, ele vai se fechando cada vez mais à alteridade, alimentando uma blindagem protetiva que o deixa impermeável, sonhando acordado em um mundo distante. Trata-se de uma faceta da Recusa que pode levar a uma morte psíquica por inanição.

Entretanto, é preciso considerar que a Recusa e a alucinação têm uma função muito importante no início da vida psíquica, pois diminuem temporariamente as tensões. Quando o bebê suga o dedo ou a chupeta, ele revive uma experiência de prazer semelhante ao mamar, uma vez que a boca, como zona erógena, é estimulada enquanto ele alucina a repetição da satisfação que teve no encontro com o seio. Assim, a percepção interna da fome vai sendo enfraquecida na medida em que o bebê reproduz internamente uma outra cena, concorrente, reativando a memória do prazer anterior como se fosse atual. Essa ilusão reduz a tensão enquanto o objeto não chega para atender às demandas do bebê e, portanto, é uma forma de acalmar a angústia.

Contudo, a alucinação não supre a fome, que começa a falar mais alto e, aí, é preciso que o psiquismo possa formular uma ação específica no mundo externo que dê conta de atender a suas urgências vitais, como chorar em apelo à mãe. Dessa forma, o Princípio do Prazer é regulado pelo Princípio de Realidade e torna-se o *guardião da vida*, como afirma Freud (1924d). Nessa articulação, é possível alguma tolerância à tensão e o adiamento da descarga, em que as experiências de prazer se realizam sem perder a consideração aos perigos percebidos.

No entanto, se esse processo é severamente perturbado, a Recusa assume uma faceta patológica que atua como uma defesa contra a sexualidade, contra o Trauma de Eros, uma vez que as experiências de prazer e de contato com o outro são acompanhadas de dor. Ante essas ameaças, a Recusa favorece o funcionamento do processo primário e a descarga imediata, em detrimento dos processos secundários que permitem a elaboração e a tolerância às variações energéticas do aparelho psíquico, inerentes ao viver.

Primary Disavowal: *admissão e não admissão da diferenciação*

Para abordarmos os fenômenos ligados à alucinação e à Recusa, precisamos recordar a reformulação tópica e dinâmica que Freud desenvolve, em *O Eu e o Id* (1923a), a respeito do estatuto do inconsciente. O autor afirma: "Reconhecemos que o *Ics*[3] não coincide com o reprimido; continua certo que todo reprimindo é *ics*, mas nem todo *Ics* é também reprimido" (FREUD, 1923a, p. 21). A psicanálise contemporânea, debruçando-se sobre o inconsciente não reprimido, aborda a complexidade dos diversos níveis de registro psíquico das experiências vividas.

Quando falamos do inconsciente reprimido, falamos de representações imbuídas de propriedades simbólicas mais sofisticadas, mas o inconsciente não reprimido se estende até os confins do irrepresentável da vida pulsional. As dimensões da Recusa abrangem esses diversos graus, inclusive representações de memória e de percepção, mas também incluem marcas deixadas no psiquismo que ainda não chegaram a ser representadas, embora tenham sido registradas. Quanto a essas últimas, Bass propõe que as tratemos como "impressões" do objeto, no sentido de imprimir, termo que Freud utiliza no texto *Formulações sobre os dois princípios do funcionamento psíquico* (1911b).

Segundo Bass (2000), a impressão mais originária do aparelho psíquico é o registro inconsciente das marcas deixadas pela relação com o objeto. Nesse sentido, trata-se de um rastro deixado pelo contato com a realidade no que tange às experiências de satisfação e de prazer, mas também às experiências de dor. Essas impressões só

---

3 Quando Freud escreve a abreviação da palavra "inconsciente" com a letra maiúscula, está se referindo ao substantivo, o inconsciente, enquanto com minúscula se refere ao adjetivo, aos aspectos inconscientes do aparelho psíquico.

ganham peso na realidade psíquica se forem estabelecidas conexões entre elas, transformando-as em representações que se articulam e, dessa forma, engendram processos de simbolização. No entanto, a ação da Recusa paralisa essa função: impede que as impressões sejam evocadas e que se formem relações entre elas, de tal modo que a defesa faz parecer que essas experiências nunca ocorreram.

O autor compreende que o psiquismo se desenvolve em duas direções: uma não narcisista e outra narcisista. A primeira dimensão registra a experiência de satisfação advinda do encontro com o objeto, bem como o estímulo doloroso e, por isso, é não narcisista. Já na vertente narcisista, elimina-se não somente a distinção entre o prazer da satisfação e o da alucinação, mas também se elidem o tempo de espera, o aumento de tensão e a dor.

No entanto, Bass (2000) destaca que nada pode ser apagado do psiquismo. Justamente, a realização alucinatória do desejo se apoia nessas impressões deixadas pelas experiências de satisfação, formadas a partir do encontro com o objeto e sua diferença. Portanto, antes de ser alvo da Recusa, a marca da alteridade é inscrita no psiquismo, como no fetichismo, em que o sujeito se defende da angústia de castração porque registrou a diferença sexual. Por isso, para o autor, a Recusa se refere à admissão e à não admissão da diferença *já registrada*.

Ele afirma que o paradoxo pode ser compreendido como uma primeira dimensão do narcisismo: uma ligação libidinal *entre* eu e outro, antes que eu e outro possam ter se diferenciado e se representado. Bass propõe que a *indiferenciação* caracteriza o funcionamento psíquico em que ainda não se configurou a diferença entre mundo interno e mundo externo. Essa é a base do autoerotismo, em que, por meio da alucinação, repete-se o prazer da experiência de satisfação do encontro com o seio, porém como se tivesse sido produzido pelo próprio psiquismo, não admitindo o papel do objeto nessa experiência. Desse modo, a alucinação gera a ilusão de ter sido criado aquilo que foi, antes de tudo, encontrado. A Recusa cria uma realidade em que o objeto não existe e o sujeito é onipotente e autossuficiente.

Por sua vez, a *não diferenciação* se refere a outro aspecto do narcisismo, em que a Recusa tenta eliminar as diferenças. Nesse contexto, o psiquismo se protege da realidade e encontra uma forma de não admitir a dependência do objeto, quando já foi possível distinguir-se deste. Nesse processo defensivo, a alucinação suspende o teste de realidade ao eliminar a diferença entre memórias e percepções, ou seja, entre o que vem de dentro e o que vem de fora. É como se um desenho traçado em uma folha transparente fosse colocado em um aparelho projetor: a luz da máquina é que dá vida à impressão, que é reproduzida como imagem em uma tela. Mas já não distinguimos mais a imagem real e a virtual.

Da mesma forma, na alucinação, as marcas da experiência de satisfação são reinvestidas energeticamente, como se o holofote fosse lançado para elas, de modo que as memórias parecem equivaler a novas percepções, quando na verdade são apenas uma reapresentação. Vemos, assim, como a alucinação faz parecer real, externo e atual um estímulo que vem de dentro, que é antigo e virtual. Resulta que o psiquismo não consegue mais distinguir entre a presença de um objeto e um holograma do objeto.

Entretanto, em nota de rodapé do texto de 1911, Freud ressalta que um bebê que vivesse apenas pautado na obtenção de prazer, sem consideração pela realidade,[4] não sobreviveria se não pudesse contar com os cuidados de um objeto contingente.

---

4 Neste momento de sua obra, Freud ainda não havia formulado a diferença e a articulação entre o Princípio do Prazer, o Princípio de Nirvana e o Princípio de Realidade, como o fez em *Além do Princípio do Prazer* (1920) e *O problema econômico do masoquismo* (1924d), escritos 10 anos depois.

> *O emprego de uma ficção como essa se justifica, porém, pela observação de que o bebê, se considerarmos igualmente o cuidado materno, quase que realiza um sistema psíquico deste tipo. Ele provavelmente alucina o atendimento de suas necessidades internas, revela seu desprazer com o estímulo crescente e a ausência de satisfação, através da descarga motora dos gritos e do esperneio, e, então experimenta a satisfação alucinada. (FREUD, 1911b, p.112)*

Por meio da Recusa e da alucinação, o psiquismo imaturo da criança se defende do desprazer, da dor e das elevações da tensão, enquanto os cuidados maternos garantem a sobrevivência do bebê. Quando o autor nos fala que o bebê quase realiza esta ficção, é no sentido de que o bebê vivencia como real essa ilusão sustentada pelo objeto. Freud prossegue:

> *Não verei como retificação, mas como desenvolvimento do esquema em questão, se forem exigidos, para um sistema que vive de acordo com o princípio do prazer, dispositivos mediante os quais ele possa furtar-se aos estímulos da realidade. Esses dispositivos são apenas o correlato da "repressão", que trata estímulos internos de desprazer como se fossem externos, ou seja, coloca-os no mundo exterior. (FREUD, 1911b, p. 112)*

Para Bass (2000), o que Freud chama de "repressão" nesse parágrafo seria a descrição da Recusa Primária,[5] ou seja, *Primary Di-*

---

5 É preciso recordar que neste momento de sua obra, Freud ainda não usava o termo *Verleugnung* nem havia formulado o conceito de Recusa.

savowal, em que representações equivalem a percepções, em que mundo interno e mundo externo se confundem.

Portanto, no início da vida, a mãe é cúmplice da ação da Recusa. Winnicott (1956a) propõe que, nos primeiros meses da vida do bebê, a mãe é tomada pela preocupação materna primária: um estado de mente em que ela se identifica com seu filho e, assim, pode prover-lhe os cuidados necessários. Como um estado organizado de doença mental, trata-se de um período transitório, que se estabelece nos seis primeiros meses de vida do bebê, quando ele depende absolutamente de sua mãe.

Ogden (2010) destaca que a mãe garante a continuidade do ser do seu filho ao protegê-lo dos efeitos do tempo – o maior representante dos processos de diferenciação –, permitindo a ele seguir seu próprio ritmo de sono, de fome, de movimentos, entre outros. E para oferecer este *holding*, ela também tenta se apagar como representante da alteridade, temporariamente. No entanto, recordemos a afirmação de Bass de que a Recusa busca eliminar a diferença *já registrada*. Ou seja, o ritmo da mãe também é uma marca da alteridade presente no encontro e nas separações do bebê, mas em um pano de fundo de continuidade e constância. Conforme o psiquismo amadurece, a Recusa cede e a mãe também vai desfazendo essa ilusão inicial: em doses homeopáticas, a realidade vai se tornando mais digerível.

Recusa e alucinação negativa

Falamos em alucinação positiva quando nos referimos à possibilidade de fazer parecer presente um objeto que está ausente. Agora, abordaremos o modelo da alucinação negativa, ou seja, do uso da alucinação para tornar inexistente aquilo que foi registrado.

Nada pode ser apagado do psiquismo, mas a alucinação negativa evita que uma impressão seja reinvestida, direcionando a energia psíquica para um foco concorrente. Não apenas o aparelho psíquico se impede ativamente de lembrar, mas também impede que a impressão engendre os processos de diferenciação que deveriam ter ocorrido a partir da experiência, o que difere a Recusa de uma amnésia. Não é que o paciente não se recorde, mas, para ele, isso nunca aconteceu.

Voltando à cena da descoberta das diferenças anatômicas entre os sexos, Bass (2000) explicita o modo como a alucinação negativa opera na Recusa. Nesse processo, a representação logo anterior à visão da vagina é alvo de uma fixação, ou seja, um superinvestimento é feito nesse registro, a fim de colocar no escuro a representação interna traumática. Assim, a Recusa faz com que a representação pré-traumática tenha o peso de uma percepção atual, de modo que a não diferenciação entre os sexos ganha o valor psíquico de realidade. O que é real é aquilo que o psiquismo acredita que está vendo, ou seja, aquilo que a alucinação está recriando no seu campo perceptivo. Para Bass, todo processo de alucinação negativa é sustentado por uma alucinação positiva, que, como o fetiche, busca fazer parecer que nada aconteceu. Desse modo, a crença no primado do falo – o pré-traumático – oculta a diferença sexual percebida, e torna-se psiquicamente mais real que qualquer experiência que possa desmenti-la.

Em *Projeto para uma psicologia científica* (1985), Freud destaca que a impressão de uma experiência dolorosa pode ser reinvestida energeticamente tanto quanto a de prazer, uma vez que ambas são de tal intensidade que deixam facilitado o caminho a seus registros psíquicos. Portanto, ao direcionar a energia psíquica para a realização alucinatória do desejo, o psiquismo evita que a energia se ligue à impressão potencialmente traumática. Nesse processo, o registro de desprazer é substituído por imagens alucinadas de gratificação. Do mesmo modo opera a fixação do fetichismo, que paralisa o olhar para que o psiquismo não avance em direção às consequências psíquicas perturbadoras.

A alucinação negativa na Recusa não evita que a experiência dolorosa seja registrada no aparelho psíquico, mas impede que essa marca seja investida energeticamente. Dessa forma, torna-se mais real para o sujeito o traço mnêmico de memória que está muito investido que o da nova percepção. Para Bass (2000), a Recusa segue os mesmos princípios da realização de desejos que o processo onírico: imediatismo da descarga pulsional, identidade de percepção e suspensão do teste de realidade. Nas palavras do autor, *seeing is believing* é o corolário do funcionamento da alucinação, dos sonhos e da Recusa.

À luz da teoria da angústia, Bass examina as seguintes palavras de Freud, permitindo-nos constatar o caráter paradoxal da Recusa em seus aspectos traumático e antitraumático:

> *É mais difícil explicar a* defesa *primária ou recalcamento*[6] *– o fato de a imagem mnêmica hostil ser regularmente abandonada o mais depressa possível por sua catexia. Apesar disso, a explicação deve estar no fato de que as experiências primárias da dor foram eliminadas pela defesa reflexa. A aparição de outro objeto, em lugar do hostil, foi o sinal para o fato de que a experiência da dor estava terminando, e o sistema* Ψ, *pensando*

6 Neste trecho, Freud usa o termo "recalcamento", mas no parágrafo anterior ele se expressa assim: "Eis aqui a *atração de desejo* primária e a *defesa* [repúdio] primária" (FREUD, 1985, p. 374, grifos do autor). Novamente, é preciso recordar que neste momento de sua obra, Freud ainda não usava o termo *Verleugnung* nem havia formulado o conceito de Recusa como um mecanismo de defesa.

> biologicamente, *procura reproduzir o estado de Ψ*[7] *que assinalou a cessação da dor.* (FREUD, 1895, p. 374, grifos do autor)

Retornemos à imagem do bebê faminto: apesar da alucinação produzida pelo psiquismo dele, a fome persiste e eleva a tensão no aparelho psíquico e, assim, a angústia sinal[8] anuncia o risco de perigo. Quando enfim aparece um objeto externo e real que põe fim à elevação da tensão, o *medo do perigo* é substituído pelo *medo da perda do objeto que afasta o perigo*. Desse modo, a percepção do objeto que causa o alívio cria a ilusão de que está tudo bem. É o que Freud descreveu no trecho citado: a percepção da representação do objeto que cessa a dor é associada ao fim da ameaça de trauma. Para proteger o psiquismo dessa angústia, a alucinação evoca a imagem da mãe mesmo em sua ausência, acalmando o bebê.

Bass (2000) estabelece essa mesma comparação entre a Recusa e o fetichismo: se puder estar presente o objeto que representa concretamente o falo da mãe, a angústia de castração é afastada. Em virtude da equivalência entre fantasia e percepção – nos mesmos moldes da equação simbólica entre o fetiche e o falo da mãe –, alguns pacientes se livram da angústia apenas com a presença de um objeto concreto. É o que subjaz a diversas formas de adicção. Porém, a alucinação mitiga a angústia, mas não elimina a dor e o desprazer, assim como o fetiche não elimina a angústia de castração, mas a afasta temporariamente. Desse modo, o objeto se torna indispensável.

---

7 Este símbolo equivale ao sistema de neurônios impermeáveis.

8 Angústia sinal ou sinal de angústia: conceito proposto por Freud em *Inibição, sintoma e angústia* (1926), refere-se a uma angústia despertada quando o Eu identifica uma situação de perigo iminente, preparando operações de defesa ante uma ameaça.

Por meio da alucinação negativa, a Recusa se assemelha à estratégia defensiva de um avestruz que enfia a cabeça num buraco para não morrer de medo, protegendo seu débil coração da intensidade daquilo que o está ameaçando, mas deixando todo o seu corpo exposto ao perigo. Mas para o avestruz, o que é real é a escuridão do buraco onde enfiou a cabeça, pois é só isso o que ele vê. Ou ainda, como diz o ditado: "o que os olhos não veem, o coração não sente". Ocorre que as crianças pequenas muitas vezes só sabem se defender fechando os olhos de tanto pavor. Falamos, então, de pacientes que têm medo de sentir medo.

O paradoxo traumático e antitraumático envolvendo essa defesa é que a Recusa torna inoperante a função da angústia como alerta antitraumático e, assim, deixa o psiquismo ainda mais propenso ao risco de ser tomado de surpresa, sem poder se proteger. Por isso, é necessário que gradualmente a realidade desprazerosa seja investida pelo psiquismo incipiente, para que o sujeito possa tomar alguma providência contra as ameaças reais que o circundam. Caso contrário, torna-se ainda mais vulnerável à repetição de experiências traumáticas.

Entretanto, em algumas situações, é preciso tapear nosso psiquismo enquanto não temos condições de lidar com a realidade. Por exemplo, em certos processos de luto, o uso dos remédios psiquiátricos gera uma Recusa protetiva: quimicamente, engana-se o aparelho psíquico no tocante ao aspecto econômico ao aumentar os níveis de neurotransmissores temporariamente, enquanto a análise tem tempo de progredir e ajudar o paciente a desenvolver os recursos psíquicos para elaborar a perda. Desse modo, maquiamos a realidade psíquica o suficiente para reduzir as tensões, mas não a ponto de paralisar os processos de pensamento, necessários para drenar a carga psíquica excessiva. Nesse contexto, a medicação diminui a angústia e a rigidez das defesas e favorece as condições para que o paciente possa tirar proveito da análise e restabelecer suas condições de pensar.

Porém, se esse processo de elaboração do trauma não ocorre, o sujeito continua se defendendo contra a realidade psíquica. E, então, pode vir a desenvolver uma dependência do medicamento, uma vez que este cria a ilusão do *seeing is believing*: se é o remédio que põe fim ao sofrimento, então não posso viver sem ele.

O paciente concreto e sua resistência

Para que a dor de um bebê seja eliminada, não basta aparecer a imagem da mãe; é preciso a ação de um objeto que possa desempenhar as funções maternas e prover os cuidados devidos. No entanto, se o bebê só se acalma na presença do objeto concreto "sua mãe" e não pode metaforizar os cuidados maternos e transferi-los para outras pessoas, o objeto se torna insubstituível. É isso que dá ensejo para as fixações e o enrijecimento do psiquismo. Em seu livro, Bass (2000) dá destaque a essa dimensão da Recusa que se manifesta na concretude de certos pacientes: nesses casos, a função simbólica está comprometida, como no fetichismo, e eles se defendem dos processos de diferenciação porquanto ameaçam sua estabilidade psíquica.

Trata-se de pacientes que procuram análise e não se beneficiam dela, pois resistem à interpretação, uma vez que se defendem da construção de sentidos e significados. A formulação de questões sobre si mesmos não é o que lhes interessa, e sim o uso que podem fazer do *setting*, da análise ou da figura do analista como um objeto fetiche, que lhe oferece alguma possibilidade de alívio e de descarga. Por isso, não abandonam o tratamento, mas tampouco obtêm progressos, porque se defendem da transformação que o processo pode gerar.

Segundo Bass, por meio da Recusa, os pacientes concretos tratam aquilo que vem de dentro como se fosse algo vindo de fora, fazendo equivalências entre percepções e memórias. Não se trata de uma projeção no mundo externo, que gera persecutoriedade e apoia-se na diferença entre o eu e o outro para se livrar do que é incômodo. Pelo contrário, na Recusa, o que ocorre é justamente o apagamento da fronteira entre eu e não eu, em que a defesa busca eliminar uma diferença já registrada. Portanto, são pacientes que sabem das diferenças inerentes ao viver, mas não as deixam ter valor em seu psiquismo por considerá-las perigosas. A diferença os ameaça, pois não têm tolerância à elevação das tensões no aparelho e precisam logo descarregá-las para evitar um transbordamento. Por isso, Bass (2000) é enfático: a Recusa é uma defesa contra a diferenciação, e não contra a diferença.

No paciente concreto, os processos de simbolização estão comprometidos e se restringem ao nível da equação simbólica do fetichismo e ao funcionamento da alucinação – *seeing is believing* –, de modo que não poder constatar a presença do objeto que aplaca a angústia implica uma ausência desastrosa. O sujeito opera como uma criança pequena demais que precisa ver a mãe para saber que ela ainda existe e está presente, pois não pôde ainda construir internamente uma representação dela e tampouco conseguiu transferir a outros objetos essa representação.

Nesse funcionamento psíquico concreto, uma coisa não pode ter mais de um significado, ou seja, as representações são estanques como signos e não admitem reinterpretações. Não se desenvolveu a capacidade de fazer de conta, de metaforizar, de relativizar, de ressignificar, na medida em que o psiquismo está blindado contra toda e qualquer forma de mudança.

Por isso, Bass (2000) enfatiza que o modelo da interpretação simbólica não é adequado para lidar com a Recusa. Interpretar simbolicamente um sintoma faz sentido apenas para o processo de Repressão, quando uma coisa representa várias outras, em que o presente representa o atual, o passado e também o futuro. Mas no caso do paciente concreto, a função de representação não opera plenamente: não apenas a interpretação simbólica pode ser uma intervenção ineficiente como também pode ser indigerível para o paciente, que não pode compreendê-la e defende-se do aumento de tensão que ela causa.

O personagem Sheldon Cooper, do seriado *The Big Bang Theory* (LORRE; PRADY, 2007), permite vislumbrar o funcionamento psíquico do paciente concreto. Ele é um gênio nas ciências exatas, mas tem muita dificuldade de se relacionar com os outros, pois não é capaz de interpretar: não consegue realizar deduções sobre o comportamento social, não entende piadas e leva ao pé da letra tudo o que escuta. A Recusa do personagem se dá essencialmente quanto à imprevisibilidade do comportamento humano, e ele não consegue apreender os sentidos implícitos no que as pesp soas dizem, em virtude de sua concretude. No entanto, ele é capaz de desvendar, interpretar e chegar a conclusões muito complexas no que se refere à logica matemática – afinal, de equações ele entende bem.

Esse exemplo, guardadas as proporções, ilustra as dificuldades de comunicação que encontramos no atendimento ao paciente concreto, que parece impenetrável. No caso do personagem Sheldon, as explicações que os amigos lhe oferecem sobre o comportamento humano não conseguem criar aberturas em seu modo de pensar, uma vez que ele as toma como regras tão rígidas quanto crenças.

Segundo Bass (2000), o paciente concreto usa a análise para se defender da emergência da angústia, e não para deixar-se transformar pela relação com o analista. Assim, o sujeito usa a associação livre como mera *apresentação de ideias* com função de descarga da angústia. A Recusa ativa essa dimensão alucinatória em que memórias equivalem a as percepções, e o paciente obtém alívio, convencendo-se de que está pensando e produzindo ideias, quando na verdade está apenas reinvestindo representações antigas. Isso é diferente do processo de análise em que as representações e percepções são propriamente recicladas, na medida em que são transformadas e recombinadas, criando novos sentidos.

Ao abordar essa diferença entre apresentação de ideias e pensamento inconsciente, Bass resgata a seguinte citação de Freud:[9]

> *É provável que o pensar fosse originalmente inconsciente, na medida em que ultrapassava simples apresentações ideativas e era dirigido para as relações entre impressões de objetos, e que não adquiriu outras qualidades perceptíveis à consciência até haver-se ligado a resíduos verbais. (FREUD, 1911a, p. 240)*

Nessa perspectiva, Bass afirma que a Recusa impede que o psiquismo faça essas conexões entre impressões e, por isso, impossibilita o pensamento. Assim, o autor considera que o paciente concreto está sonhando acordado, mesmo na sessão, na medida em que está se valendo de um processo de alucinação em plena vida de vigília. Porém, devido à Recusa, é justamente a função de elaboração e representação do sonhar e do pensar inconsciente que está inoperante.

---

9 Na tradução oferecida pela Companhia da Letras, consta o seguinte: "É provável que o pensar fosse originalmente inconsciente, na medida em que se elevou acima do mero imaginar e se voltou para as relações entre as impressões de objetos, e apenas através da ligação a resíduos verbais tenha adquirido novas qualidades, perceptíveis para a consciência" (FREUD, 2011b, p. 114).

No processo de pensamento, a comparação entre impressões do objeto se articula com o teste de realidade e, ao mesmo tempo, vai criando uma cadeia de representações cada vez mais longa e complexa. Porém, isso requer sustentar a tensão por mais tempo e adiar a descarga, o que o paciente concreto não suporta. Por esse motivo, ele não procura a análise para pensar, mas para confirmar suas convicções. Na transferência, o paciente busca comprovar suas crenças e fazer o analista equivaler à sua fantasia, não admitindo a realidade do vínculo analítico, que porta a diferença, o afeto e a ligação.

A concretude ilustra muito bem a ação da Recusa, que não opera apagando o registro da diferença, mas perturba sua representação e sua formação de significado. Contudo, Bass (2000) afirma: "Enquanto uma defesa, a concretude torna claro que não existe a possibilidade de alívio da tensão da diferenciação. Todo novo momento renova a ameaça pelo simples motivo de que o tempo implica a possibilidade de mudança" (p. 35).[10] Ou seja, o psiquismo pode encontrar, por meio da Recusa, formas de descarregar a tensão oriunda dos processos de diferenciação, mas não pode livrar-se da origem dessa condição, uma vez que o próprio passar do tempo demarca as diferenças de antes e de depois, ininterruptamente.

Em termos de técnica, Bass enfatiza que, para lidar com as manifestações clínicas da Recusa, é importante compreender o funcionamento da defesa como um processo e, nesse sentido, resgata a noção de uma análise da superfície (FREUD, 1914), que focaliza as resistências e as defesas, e não apenas o conteúdo. Bass propõe que o analista realize *intervenções em processo*, em uma atitude

10 Tradução livre. No original consta: "As a defense, concreteness makes it clear that there is no such possible relief from the tension of differentiation. Every new moment renews the threat for the simple reason that time itself implies possible change".

interrogadora que pergunta ao paciente se ele obtém algum alívio ao manter tais crenças e convicções, e qual perigo é afastado por tal defesa. Tendo isso em vista, o autor afirma: "A atitude interrogadora do analista é importante. Ela implica uma investigação em processo sobre a realização do desejo operando no momento, não uma interpretação de significado em uma situação simbólica estruturada" (BASS, 2000, p. 36).[11]

Ele indica a mesma abordagem para lidar com as atuações[12] que aparecem na sessão, pois estas também podem servir aos propósitos da Recusa quando buscam concretizar a identidade entre fantasias e percepções. O paciente se defende daquilo que possa contestar ou transformar sua interpretação unívoca da realidade. Mesmo as passagens ao ato são movidas pelo anseio de comprovar as teorias do paciente sobre o mundo, ou restaurar a estabilidade do psiquismo.

Aliás, Bass destaca que, para os pacientes concretos, é muito comum que as palavras do analista sejam concebidas como um ato, e não como algo a ser escutado. Ele propõe que o paciente se defende da *angústia de internalização* da relação analítica e de tudo o que pode se transformar a partir dessas reverberações no mundo interno do paciente. Por isso o autor dá tanta ênfase em direcionar as intervenções clínicas para a análise das defesas,[13] criando condições para que o paciente suporte o contato com o

---

11 Tradução livre. No original consta: "The analyst's questioning attitude is important. It implies a processive investigation of wish fulfillment operating in the moment, not an interpretation of meaning in a symbolically structured situation".

12 Há uma diferença importante entre a atuação e a passagem ao ato. O primeiro fenômeno envolve algum grau de representação, o segundo se refere apenas à descarga imediata das tensões.

13 Esta dimensão clínica da relação analítica é fundamental e faz parte da construção e da manutenção do enquadre, como explicitado no capítulo "O analista, a Recusa e o enquadre".

analista e as decorrentes diferenciações no psiquismo. Assim, Bass amplia o campo clínico, enfatizando que a Recusa não se restringe à angústia de separação, mas defende também das tensões do próprio encontro com o outro.

Blue Jasmine *(ALLEN, 2013)*

A personagem principal desse filme de Woody Allen sempre me intrigou. Fiquei muito impactada com a descrição que os outros personagens fazem de Jasmine, dizendo que, quando algo vai mal, ela prefere olhar para o outro lado. Ora, mas se a Repressão também promove a defesa contra uma representação incômoda, o que nesta atitude de Jasmine evidenciaria o efeito de uma Recusa? Os aportes de Bass (2000) permitirão fazer uma leitura sobre o processo alucinatório nessa personagem, manifestando-se não apenas nas situações em que ela fala sozinha, mas também por meio de suas atuações e passagens ao ato para livrar-se da angústia.

O filme de Woody Allen segue a sequência de cenas que ele, como diretor, escolhe apresentar, revelando-nos pequenos dados muito importantes, mas no meio de tanta encenação dramática dos personagens que fica difícil estabelecer as conexões. Eis o toque do diretor: ele nos faz sentir uma transferência com o filme, que parece reproduzir o efeito da Recusa quanto à suspensão do teste de realidade e à perturbação da capacidade de chegar a conclusões.

Todavia, também podemos observar que cada mudança de cena e *flashback* é uma expressão do retorno de representações que foram alvo da Recusa e que invadem Jasmine de modo violento e perturbador. Observamos que, subitamente, uma representação atual se liga àquelas lembranças traumáticas do passado que se impõem com intrusão.

Jasmine é a esposa de Hal, um magnata que deu um golpe milionário no mercado financeiro, em seus amigos e inclusive em sua cunhada. Ele é preso e suicida-se na cadeia. O filho dele rompe relações com ambos, e Jasmine se vê sem dinheiro, sem círculo social e sem referências, o que a deixa absolutamente desorganizada psiquicamente. Ela é encontrada falando sozinha na rua e internada em um hospital psiquiátrico. Quando sai, procura acolhimento na casa de sua irmã, Ginger, que tem uma condição financeira muito mais humilde e leva um estilo de vida absolutamente distinto e desqualificado por Jasmine.

O contato com a irmã revela-se um forte encontro com seus avessos e com seu passado, uma verdadeira experiência de *Unheimliche*,[14] seu estranho familiar. As duas haviam sido adotadas de famílias biológicos diferentes, e a narrativa do romance familiar é que Jasmine tinha genes melhores e, por isso, a mãe adotiva a preferia e tratava mal Ginger, que saíra de casa logo que pôde.

Com dificuldade de encarar a nova realidade, Jasmine até tenta trabalhar por um período como secretária de dentista, mas é alvo de assédio sexual e pede demissão. A meu ver, o que desperta real desespero na personagem é ter de aceitar um emprego como o da irmã (empacotadora no caixa do supermercado), uma vez que Jasmine não tem diploma. Isso é inadmissível para ela, pois escancararia a semelhança entre as duas irmãs, o que era da ordem do impensável para a protagonista. Ela ativa, então, seu plano infalível, que sibila constantemente a Ginger: "Por que não arranja um cara decente, que te tire dessa situação?".

---

14 A relação entre Recusa e *Unheimliche* é tema do capítulo "Recusa e *Unheimliche*: a inquietante estranheza".

Jasmine, com seus recursos teatrais e com muita mentira, monta uma série de cenários e tramas, convencendo-se de que recuperou a vida de antes: ela fica noiva de um homem proeminente e, então, imagina que morará em uma casa maravilhosa e frequenatará lugares com pessoas muito influentes. Apesar de toda a perturbação mental da personagem se evidenciar durante o filme, seu sofrimento psíquico se revela mais expressivamente na cena em que ela chora logo após ter recebido o primeiro telefonema desse futuro noivo, a quem conseguiu fascinar, seduzir e enganar. Parece ser seu choro mais sincero, mais próximo de sua realidade psíquica, que poderia ser traduzido como o alívio de ter novamente conseguido se livrar da angústia de viver uma vida como a da irmã, ou ainda, o "ufa!" de quem acha que escapou da castração.

A defesa maníaca da personagem é também uma manifestação da Recusa, que oculta o vazio de sua vida, e é por meio de soluções mágicas que ela procura evitar a realidade. Os homens na vida de Jasmine parecem ser como fetiches: aplacam uma angústia enorme de ela não ser ninguém e oferecem-lhe uma vida tão fascinante e sedutora que permite a ela desviar os olhos do buraco interno que a habita. Defende-se de encarar que é na verdade Janette (seu nome original), sem ninguém no mundo, nem mesmo um diploma. Assim, ela é igualzinha à sua irmã: órfã na vida.

O engodo é que ela usa uma série de recursos que obteve na vida, como aprender a falar línguas e viajar por países, para se fazer passar por uma pessoa que não é. Vemos como ela seduz o futuro noivo usando o artifício do *seeing is believing*. É verdade, por exemplo, que Jasmine tinha muito bom gosto para decorar apartamentos, por ter mobiliado várias de suas residências com Hal, mas isso não a tornava uma designer de interiores, como afirmava ser. Ela só tivera acesso a tudo por meio do ex-marido, mas sabia recitar as palavras certas para iludir o homem que a interessasse.

Mas em termos metafóricos, o funcionamento psíquico de Jasmine de fato se assemelha à decoração de interiores, para mascarar e afastar-se de todo o seu mundo interno. Vale notar esse padrão inclusive nos diálogos que Jasmine estabelece com os outros personagens, respondendo uma pergunta com outra, com um elogio, com uma crítica feroz ou qualquer outro artifício que desvia o olhar do interlocutor de suas falhas e faltas.

Finalmente, Ginger interroga Jasmine sobre suas mentiras, e esta retruca com uma interessante interrogação: "Mas, se meu humor, minhas ideias e meus sentimentos são sinceros, não é isso que eu sou?". É lógico que, como no caso do paciente concreto, a resposta de Jasmine é apenas uma defesa, e não uma formulação produzida por uma reflexão. Mas a nós, analistas, pode ser uma pergunta interessante. É disso que somos feitos? A perspectiva de Bass sobre a Recusa permite refletir que, quando memórias não se distinguem de percepções, não podemos considerar que estamos sendo verdadeiros conosco. Esse mecanismo de defesa invalida todo o caráter histórico dessas representações e as relações entre elas, e a realidade psíquica não está sendo admitida.

Jasmine nos revela como é intolerável se conectar com um mundo interno tão devastado. Ela afirma: "às vezes tenho crises assim, em que não consigo respirar, como um ataque de pânico, mas quando consigo respirar, elas pioram". E por que pioram? Porque quando ela respira, a confusão se dissolve e ela entra em contato com aquilo que não consegue suportar e, então, a angústia reaparece. Assemelha-se ao funcionamento da reação terapêutica negativa (FREUD, 1923a), em que o quadro clínico do paciente piora quando ele tem um avanço ou uma nova compreensão sobre si mesmo. Assim, a realidade psíquica de Jasmine é o tempo todo ocultada de si mesma, usando das excitações e dos anestésicos (medicação psiquiátrica e bebida alcoólica) para acalmar sua angústia e para mascarar uma identidade, como se pudesse, por meio da alucinação negativa, apagar o conflito e vesti-lo com as roupas sedutoras do fetiche, vendendo-o como realidade.

Quando o passado de Jasmine é descoberto pelo noivo, tudo vai por água abaixo, e a personagem mergulha novamente em uma intensa desorganização psíquica. Sai da casa da irmã, senta-se no banco da rua e começa a falar sozinha, narrando a emblemática cena de quando conhecera seu primeiro marido. Tal lembrança é evocada diversas vezes durante o filme, momentos em que vemos Jasmine descolar-se da realidade e começar a falar sozinha. Ela diz com encantamento: "Ele foi arrebatador, perdi o chão. *Blue Moon*[15] era a música que estava tocando". É curioso o jogo de palavras de *Blue Moon* e *Blue Jasmine*. Em inglês, se diz que alguém está *blue* (azul) quando está entristecido, e é justamente desses afetos que a personagem se defende. Podemos considerar que se trata de um processo alucinatório, em que o psiquismo dirige os holofotes para essas representações, desviando o foco de sua miséria interna e de seu mundo em ruínas. Trata-se, portanto, de uma apresentação de ideias, mera repetição, e não um processo de pensamento, ou seja, de transformação.

Nesses momentos, parece que Jasmine está nos narrando seu próprio conto de fadas, que promete um final feliz, mas ela nunca chega a contar o final da história. A Recusa paralisa a cena na música *Blue Moon*, conservando a posição subjetiva de Jasmine em um momento mágico, quando ela acreditou que seria salva de seu próprio pesadelo por um homem encantador. Curiosamente, a personagem nos conta que interrompeu seus estudos em Antropologia quando se casou. Podemos pensar que é justamente esse estudo sobre as origens e as relações humanas que a Recusa interrompe quando Jasmine procura se alienar de sua própria história.

---

15 Versão de 1952, interpretada por Billie Holiday.

É importante destacar que o show de Jasmine era tão convincente que sua irmã também se deixou levar pela impostora. Ginger acredita que a irmã e o marido têm a receita para ser um vencedor na vida, e é essa credulidade que a torna uma presa fácil. Não apenas é enganada pelo ex-cunhado, Hal, que a faz perder todo o dinheiro de suas economias, mas também por outra versão desse mesmo homem, Al. Após conhecer esse último em uma festa, Ginger envolveu-se com ele com toda a ingenuidade de quem nunca se sentiu amada. Rompeu bruscamente com o namorado abusivo, numa entrega cega a Al, e nem desconfiava que ele era casado e que a abandonaria. Por fim, quando se dá conta de que não significava nada para Al, Ginger prontamente abre a porta para o ex-namorado, ainda que ele tivesse quebrado os objetos na casa dela num ataque de fúria.

Esta é a Recusa de Ginger: se de um lado acreditava que não era merecedora de homens que a tratassem bem, como explicita Jasmine, de outro, é seduzida pela possibilidade de desmentir essa crença e dar crédito ao discurso da irmã, que dizia "vá achar um homem que te tire deste cenário". Desse modo, constatamos como as duas irmãs usam os homens como fetiches antiabandono, afinal, não importa se são magnatas ou se são violentos, ambas se apoiam nesses parceiros para manter seu senso de identidade e proteger-se da solidão.

O que fica em questão durante o filme é se Jasmine sabia da ilegalidade do trabalho do ex-marido e de suas inúmeras infidelidades. Como um *après-coup*, é apenas quando Hal lhe declara que a abandonará por uma jovenzinha que Jasmine faz valer psiquicamente tudo aquilo que sempre soube e, então, ela liga para o FBI para denunciar o marido. Como dizer que Jasmine não sabia das amantes, se ela mesma indagou o marido sobre os boatos? Mas ela se contentou com a resposta dele de que se fosse traí-la não o faria assim, tão à vista. Essa Recusa era o preço a pagar para presere var esta bela farsa que lhe garantia um lugar narcísico. Entretanto, quando o conto de fadas se torna uma humilhação e se concretiza o trauma do abandono, a defesa se rompe, e Jasmine ativa a informação registrada, mas que fora tratada psiquicamente como insignificante. A Recusa – "Eu sei, mas mesmo assim finjo que nada disso tem importância"[16] – é suspensa.

Porém, não podemos considerar que Jasmine de fato pensou ao tomar a decisão de denunciar o marido. Foi uma atuação impulsiva, em que ela pretendia vingar-se dele, sem poder, no entanto, considerar as implicações que esse ato teria para sua própria vida. Vemos, assim, como o psiquismo continua atrofiado quando a defesa se torna inútil, e as ações são realizadas sem pensamento, sem conjecturar as consequências e sem mediação.

Portanto, o trabalho clínico com as manifestações da Recusa envolve restaurar ou, em alguns casos, instalar as funções de um psiquismo que permaneceu tão imaturo quanto obsoleto: muitas coisas serão sentidas, vividas, sonhadas, pensadas e ditas pela primeira vez. O manejo fundamental quanto ao conhecido não pensado (Bollas, 1987) ultrapassa a conexão com os fatos biográficos do paciente e diz respeito à maneira como eles impactaram e se incrustaram no psiquismo, por vezes sufocando-o. Embora seja importante reconhecer junto ao paciente que só agora ele está podendo fazer contato com coisas acontecidas há muito tempo, não se trata de buscar recuperar o tempo perdido; mas a superação da Recusa permite que o sentir e o pensar se reconciliem, e que assim se reconstruam os fios da temporalidade. Pois se de um lado as sombras do passado se repetem na transferência e na vida do paciente como atualização de uma cena que não foi digerida, e continua acontecendo, de outro, a restauração das funções do aparelho

16 Parafraseando Mannoni (1969).

psíquico zela pelo presente como continuidade e distinção em relação ao passado, e promove a abertura para um futuro de novas experiências.

8. Objeto fetiche e objeto transicional

O estatuto da ausência

> *A ausência não comporta nem perda nem morte. A ausência é um estado intermediário, a meio caminho entre a presença e a perda. Um excesso de presença e temos a intrusão, um excesso de ausência e temos a perda.*
>
> Green (1976, p. 134)

Ao recordar o conceito de ausência de Lacan, Green nos remete diretamente aos contrastes e às semelhanças entre o objeto fetiche e o objeto transicional, no que se refere a esse espaço do *entre*. Esse estatuto da ausência não envolve apenas a sua dimensão negativa, no sentido de faltante, mas também a dimensão positiva, no sentido de presente (promessa de vir a estar presente). Nesse tempo *entre* esperas e encontros, desenvolvem-se os fenômenos transicionais, os quais estabelecem um território fértil em que a suspensão do teste de realidade permite ao psiquismo um pouco de descanso das tensões do viver. Eles favorecem o pensamento e a simbolização, por isso podem ser considerados uma dimensão da Recusa em seu aspecto constitutivo e protetor. No entanto, quando nos deparamos com psiquismos assolados pelo trauma, constatamos a função defensiva da Recusa ligada a adoecimentos, em que o fetichismo tenta manter algum equilíbrio na corda bamba *entre* dois abismos.

Mas como distinguir o objeto fetiche e o objeto transicional? Se o fetichismo perturba a função do julgamento, um processo análogo também caracteriza a construção da transicionalidade, que se dá no meio do caminho entre as concepções objetiva e subjetiva dos objetos, quando ainda não se instalou o teste de realidade. Em ambos os fenômenos a Recusa articula a admissão e a não admissão da realidade, gerando duas correntes psíquicas opostas e simultâneas; a diferença é a relação entre elas.

No objeto transicional prevalece o aspecto conjuntivo (GREEN, 1986) dos polos presença e ausência, em um movimento de diferenciação *e* conexão com a realidade, que tece uma terceira dimensão: a zona intermediária. Segundo Winnicott (1951), "Trata-se de uma área que não é disputada, porque nenhuma reinvindicação é feita em seu nome, exceto que ela exista como lugar de repouso para o indivíduo empenhado na perpétua tarefa humana de manter as realidades interna e externa separadas, ainda que inter-relacionadas" (p. 15). Nesse campo, ausência e presença são duas faces da mesma moeda que conjugam um reencontro com o objeto.

Por sua vez, nos extravios da transicionalidade, essas duas caras são terríveis: "Mamãe não está, me abandonou, mas se ela voltar brava e enlouquecida, pode ser ainda pior". O psiquismo está tomado pelo potencial de catástrofe, de repetição do desastre, e, por vezes, pelo sentimento desesperador de vazio. Quando a ausência remete a uma perda da ordem do irrecuperável e insubstituível, e a presença é invasiva, tanto as separações como os encontros têm gosto de trauma. Para o paciente concreto,[1] por exemplo, a falta da mãe equivale a seu desaparecimento, à sua morte ou ao abandono, de modo que o objeto fetiche vem contestar a separação e afastar a angústia insuportável. Nesse contexto, a Recusa corrompe o aspecto transitivo de ligação e de separação que encadeia os processos psíquicos, de modo que os cordões, barbantes e pontos de ligação deixam de engendrar o movimento do psiquismo e ficam a serviço de paralisá-lo.

No entanto, a comparação entre objeto fetiche e objeto transicional não revela apenas diferenças: são duas manifestações do mesmo processo de defesa – a Recusa – em um leque que abarca aspectos constitutivos e patológicos, protetivos ou destrutivos. Na clínica e fora dela, deparamo-nos com essas duas dimensões da Recusa, mas com nuances diferentes que oscilam conforme o desafio constante de lidar com a realidade imprevisível do viver.

Winnicott (1951) afirma: "Presume-se aqui que a tarefa de aceitação da realidade nunca é completada, que nenhum ser humano está livre da tensão de relacionar a realidade interna e externa" (p. 28). Encarar a transitoriedade e as mais duras faces da castração são desafios para a vida inteira e, por vezes, precisamos da ajuda dos outros para lidar com o frio na espinha que pode vir a nos congelar. É o que revela a biografia do neto de Freud, que, com menos de 2 anos de idade, brincava com o carretel,[2] representando os movimentos de presença e ausência da mãe, mas, aos 5, teve de lidar com a morte dela. Mesmo com um ambiente suficientemente bom, nunca estamos blindados das dores, sofrimentos, tragédias, perdas e catástrofes que a vida pode nos apresentar.

---

1 Sobre o paciente concreto, ver o capítulo "A Recusa primária e o trauma de Eros".

2 Em *Além do princípio do prazer* (1920), Freud descreve a brincadeira do neto ao abordar um aspecto da compulsão à repetição que diz respeito à tentativa de representar e controlar.

Do fetichismo ao paradoxo transicional

Na ocasião da primeira discussão do seu artigo *Objetos transicionais e fenômenos transicionais* (1951), Winnicott entrou em contato com as ideias de Moshe Wulf, dando-se conta de que descreviam os mesmos fenômenos clínicos ligados à fixação. Em seu texto *Fetichismo e escolha de objeto na primeira infância* (1946), Wulf defende que o fetichismo não está ligado apenas à angústia de castração da fase fálica, uma vez que constatou que havia casos de crianças de 16 meses de idade já muito apegadas a objetos que aliviam a angústia, indispensáveis para dormir e, por vezes, até para comer. Esse diálogo entre autores interroga a afirmação de Freud (1927) de que a Recusa seria patológica apenas na vida adulta e, nessa direção, Wulf e Winnicott ampliam a escuta do sofrimento psíquico das crianças pequenas.

Mas eles discordam em um ponto importante: para Winnicott, a ilusão de uma mãe fálica, onipotente e idealizada é uma dimensão necessária e constitutiva da subjetividade e, por isso, afirma que se trata de um processo de desenvolvimento da saúde mental. Por isso, Winnicott não concorda em chamar de fetichismo este fenômeno que ele observava, e então propõe o conceito de objeto transicional. Mais que uma diferença de nomenclatura, trata-se de uma perspectiva diferente, que descreve algo novo sobre o funcionamento psíquico, e que não se restringe à infância. Não obstante, Winnicott não perde de vista a comparação entre o objeto fetiche e o objeto transicional, suas semelhanças e suas diferenças. Ora, o campo dos fenômenos transicionais também articula admissão *e não admissão* da castração, preservando alguma esfera em que se mantêm a crença na mãe fálica[3] e a ilusão de não castração. Certa Recusa da realidade é imprescindível no sonhar, no brincar, no criar e nas experiências culturais. Essa dimensão

3 No capítulo "A Recusa e a crença na mãe fálica", o tema da crença na mãe fálica foi abordado profundamente.

transicional estará sempre presente no psiquismo, e podemos observá-la, por exemplo, na capacidade de se estar só na presença de outros (WINNICOTT, 1958), mas também na possibilidade de se lidar com a alteridade entre o eu e o não-eu, com as diferenças e as similaridades presentes em todos os relacionamentos.

Winnicott propõe que um campo de ilusão é inaugurado na amamentação, fundado a partir de aspectos intrapsíquicos e intersubjetivos. Quando há uma fina sintonia entre os cuidados maternos e as necessidades do bebê, este acredita ter criado o objeto que acaba de encontrar. Ocorre, assim, a sobreposição de duas imagens e duas ilusões sobre o seio da mãe: para o bebê, trata-se do seio que ele criou e que é parte de si mesmo, ao passo que, para a mãe, o seio é dela, mas oferecido para o bebê. No caso da mãe, há também uma ilusão: a de que o bebê é uma parte dela.

Assim, o bebê e sua mãe compartilham um objeto colorido com projeções de ambas as partes. O essencial é que o seio objetivo sirva de suporte para o encontro dessas duas ilusões, tornando-se um objeto subjetivo que articula três níveis de paradoxo: é e não é a mãe, é e não é o bebê e, além disso, é o encontro e a separação da mãe e do bebê. Assim, ele representa a *relação* entre ambos, ou seja, o que se cria a partir das trocas entre os dois.

Mas, recordemos, o seio objetivo não é o objeto transicional: este se cria quando é possível a transposição dessa dimensão ilusória da relação mãe-bebê para outro objeto que não é parte do corpo da criança nem da mãe, por exemplo, a fraldinha, o ursinho, a boneca ou outro objeto sem o qual a criança não dorme ou não se acalma. Aliás, esse é outro aspecto que assemelha o objeto transicional ao objeto fetiche, a fixação: na ausência do objeto transicional, a criança mergulha em angústia e não se contenta com a presença de outro objeto parecido; tem de ser aquele determinado, eleito pela criança. Segundo o autor, o objeto transicional é insubstituível, até que não seja mais necessário, como veremos adiante.

Quando Winnicott (1951) se refere ao objeto transicional como a primeira possessão não-eu, ele se refere à substituição do uso erótico do próprio corpo para o uso de outro objeto, que, aos olhos do bebê, não está nem dentro nem fora, mas inaugura uma fronteira que une dentro e fora. Assim, o autor diz que há uma pergunta que não se faz ao bebê: "Você concebeu este objeto ou lhe foi apresentado a partir do exterior?". Não pedimos que a criança decida, que faça o teste de realidade, e toleramos o paradoxo de que aquele objeto foi criado e ao mesmo tempo encontrado. O objeto transicional é *e* não é a mãe, é *e* não é o bebê.

Em *A negação* (1925b), Freud afirma que o teste de realidade só faz sentido depois que se experimentou a perda de um objeto importante, porém Winnicott enfatiza que no caso do objeto transicional ainda não se colocou o teste de realidade, mas é justamente a transicionalidade que o instala, e o sujeito começa a diferenciar a realidade subjetiva e a objetiva.[4] Justamente, Winnicott afirma que o objeto transicional é uma defesa ante as angústias depressivas. Assim, podemos compreender que nos fenômenos transicionais opera uma forma de Recusa não patológica, em que se admitem e ao mesmo tempo não se admitem a perda, a separação e a distinção entre os mundos interno e externo.[5]

---

4 Embora aqui estejamos dando ênfase ao surgimento da possibilidade de discriminar entre objetivo e subjetivo, é preciso pontuar que o processo perceptivo é composto da articulação entre esses dois aspectos, uma vez que é a partir de sua subjetividade que um sujeito interpreta suas percepções e confere-lhes sentido.

5 A proposição de Winnicott se assemelha em diversos aspectos às de Bass (2000) a respeito da *Primary Disavowal*, ou Recusa Primária, que nos atravessa desde o início da vida como uma defesa necessária para lidar com os processos de diferenciação. O objeto transicional condensa, ao mesmo tempo, a diferenciação e a não distinção entre o eu e o outro. A Recusa Primária é tema do capítulo "A Recusa primária e o trauma de Eros".

Entretanto, o objeto transicional não apenas comunica a realidade externa e a interna, como também depende delas, ou seja, estabelece-se quando há um objeto externo que vela pelas necessidades da criança e, assim, nutre de vida o objeto interno do bebê. Portanto, o objeto transicional se funda na sobreposição do intersubjetivo ao intrapsíquico. Então, a depender das relações com o ambiente, a Recusa pode desenvolver uma acepção patológica e transformar o objeto transicional em objeto fetiche.

Mas o destino ideal do objeto transicional é outro. Winnicott afirma que, inicialmente, o objeto transicional era uma posse; ele adquire as propriedades do campo de ilusão criado na relação com o seio, mas depois essa característica contagia todas as relações. É por isso que o objeto deixa de ser usado concretamente, porque "os fenômenos transicionais se tornaram difusos, se espalharam por todo o território intermediário entre 'a realidade psíquica interna' e 'o mundo externo, como percebido por duas pessoas em comum', isto é, por todo o campo cultural" (WINNICOTT, 1951, p. 19). Portanto, o objeto transicional tem um caráter provisório, mas ele não será incorporado pelo bebê como objeto interno, já que não foi perdido, e sim abandonado porque não é mais necessário.

Entretanto, quando ocorrem longos períodos em que mãe e bebê estão separados física ou emocionalmente, a *imago* materna esmaece e, então, a concretude do objeto volta a ser importante para afastar as angústias; a mãe precisa estar fisicamente presente para que o filho se acalme. Segundo Winnicott (1951), o objeto transicional pode perder essas propriedades e transformar-se em objeto fetiche: "Exatamente antes da perda, podemos às vezes perceber o exagero do uso de um objeto transicional como parte da *negação*[6] de que haja ameaça de ele se tornar sem sentido" (p. 31).

---

6 Para evitar uma confusão, vamos recordar que o termo *Verleugnung* foi traduzido de diversas formas, inclusive no inglês, que é o idioma original das obras de

Para se defender dessa dor, a Recusa gera uma não admissão da separação entre mãe e bebê, em que o objeto fetiche contesta essa realidade psíquica insuportável, mas que já foi vivida como abandono e desaparecimento.

Assim, as observações de Winnicott nos permitem identificar dois funcionamentos diferentes da Recusa. O objeto transicional representa o *reencontro* entre mãe e bebê perante a ausência, e é nesse sentido esperançoso que ele será usado como defesa ante as angústias despertadas pelo desmame. Já o objeto fetiche se origina nas experiências de desilusão precoce ou de perturbação do campo da ilusão e constrói-se a partir da admissão e da não admissão da dor, da invasão, do abandono, do terror, do engano, da mentira e da decepção vividos nas relações com os objetos primários.

O Menino do Cordão

A clínica nos revela que há diversas formas de uma mãe se fazer presente subjetivamente enquanto está ausente fisicamente, e o inverso também. Green (1980) descreve um quadro clínico que chama de "Complexo da Mãe Morta", em que o sujeito teve uma mãe fisicamente presente, mas seriamente deprimida em razão de uma perda muito importante, como a morte de outro filho. Esse é o contexto afetivo em que se desenvolveu o Menino do Cordão, paciente atendido por Winnicott (1951), que viveu diversas experiências de ruptura na comunicação emocional com a mãe. Nesse caso clínico, o autor aborda a função do objeto fetiche na infância.

O paciente em questão era uma criança em que a transicionalidade se extraviou da relação entre a presença e a ausência da

Winnicott. Nesta citação, o sentido do termo "negação" é o de Recusa, e não o do fenômeno da Negação descrito em Freud (1925b) no texto assim intitulado.

mãe, de modo que suas brincadeiras com o cordão deixaram de representar o reencontro entre eles e passaram a ser usadas para a Recusa da separação. Trata-se de uma criança que passou por traumáticas separações da mãe, e a mais impactante havia sido quando ela esteve seriamente deprimida e fisicamente presente, mas emocionalmente indisponível. Esse caso clínico nos permite enfatizar que a presença da mãe diz respeito ao vínculo estabelecido, o que influencia na possibilidade de uma criança manter a mãe viva dentro de si. Em seu relato, Winnicott enfatiza que a comunicação da mãe com o filho foi rompida, no sentido de que ela não conseguia mais acessar nem compreender o mundo interno do menino. A conexão entre eles foi perdida, não tanto pela distância física, mas pela distância emocional.

Nas entrevistas iniciais, os pais não relataram o uso do cordão pelo menino; esse aspecto apareceu apenas quando Winnicott lhe propôs o Jogo do Rabisco (*Squiggle Game*).[7] O paciente transformou os traços rabiscados pelo analista em elementos que estavam sempre relacionados ao cordão: laço, chicote, cordão de ioiô, nó, entre outros. Uma vez abordado o tema com os pais, estes lhe relataram várias brincadeiras do menino com cordões. Como a família do paciente morava no interior, Winnicott manteve contato esporádico com eles, intervindo principalmente junto ao casal parental.

O analista sugeriu à mãe do paciente que ela abordasse o tema com o filho, delineando que os cordões estavam sendo usados para a criança se defender do temor de separação. A mãe estava cética e depois confessou a Winnicott ter achado a ideia ridícula, mas havia feito como orientado e surpreendera-se com a resposta do

---

7 Winnicott (1964-1968) propõe esta técnica de diagnóstico e intervenção que ele usava em suas consultas terapêuticas com crianças, ocasião em que teria poucos encontros com o paciente. Nele, o analista desenha um rabisco em uma folha de papel e convida a criança a continuar o desenho; depois é a vez do analista de desenhar algo a partir do rabisco da criança.

menino, que se pôs a falar do medo de se separarem. Assim, puderam abordar a relação que eles tinham, e não apenas o uso do objeto cordão. Podemos notar que a intervenção de Winnicott com a mãe do paciente pôde colocá-la novamente em contato com o filho, e, por um período, o menino cessou suas brincadeiras com cordão e esteve bastante envolvido em falar com sua mãe sobre suas angústias.

Ela também se tornou mais atenta às necessidades dele: quando teve de realizar uma operação cirúrgica inadiável, percebeu que o filho voltou a brincar com os cordões, mas foi muito habilidosa em criar um espaço para falar sobre a angústia de separação. Ela lhe disse: "Pelos seus brinquedos com cordões, posso ver que você está preocupado com minha partida, mas dessa vez ficarei fora só alguns dias e vou fazer uma operação que não é grave" (WINNICOTT, 1951, p. 34). E, então, o uso do cordão cessou novamente. Contudo, a mãe voltou a ter crises depressivas, e, nesses momentos, o menino retomou o uso fetichista do cordão. Nesse ínterim, o pai contou a Winnicott que certo dia voltou para casa e encontrou o menino pendurado de cabeça para baixo em uma corda, imitando um morto.

Anos depois, no entanto, Winnicott veio a saber que o paciente havia desenvolvido o hábito de cuidar de ursinhos de pelúcia, que tratava como filhos, sem admitir que se tratava de uma brincadeira. Segundo o autor, o menino levava as visitas para o quarto da irmã, com medo de que descobrissem que ele tinha outra família (a de ursinhos) em seu quarto. Vemos, então, a concretude do paciente em suas brincadeiras e como era crua sua capacidade de representação. O cordão não representava a sobrevivência do vínculo afeо tivo, mas estava a serviço da Recusa, como um objeto fetiche, que afirma a não separação, como se o cordão umbilical jamais tivesse sido cortado. A lógica da admissão e da não admissão da realidade aparece na relação com os ursinhos de pelúcia, que contestava, mas ao mesmo tempo revelava a falta que o menino sentia da mãe.

O termo "constância objetal", muito usado por Winnicott, não se refere a um objeto que nunca falta, mas a um objeto que provê cuidados e faz-se presente e ausente na medida e na hora certas, conforme a tolerância do sujeito que dele depende. Uma mãe suficientemente boa é também aquela que se deixa apagar pelo filho, mas não aquela que desaparece. Ela é capaz de ficar quieta cuidando do ambiente para que a criança possa brincar em paz, esquecendo-se da mãe externa um pouquinho, mas podendo reencontrá-la no mundo interno. No caso do Menino do Cordão, o objeto interno perdeu a vitalidade, de modo que as separações se tornaram insuportáveis para a criança. Assim, a concretude substitui a transicionalidade: se não encontro minha mãe, é porque ela está morta. Na vida adulta, esse paciente desenvolveu outros vícios, inclusive em drogas, o que revela a persistência da Recusa perante a angústia de separação.

A Recusa de julgar

Aprofundando-nos sobre as manifestações da Recusa no objeto fetiche e no objeto transicional, deparamo-nos com uma definição de Green (1979a): o primeiro envolve uma *Recusa negativa de julgar*, e o outro uma *Recusa positiva de julgar*. A função de julgamento é justamente o que define, desde o início da vida, as fronteiras entre eu e o outro, entre interno e externo, entre real e imaginário.

A raiz pulsional da oralidade serve de modelo para que Freud, em *A negação* (1925b), desenvolva suas ideias a respeito dessa função do Eu, definindo que há duas categorias de julgamento, uma que antecede a outra: a de atribuição e a de existência. Como uma boca que entra em contato com um objeto, é pela lógica da obtenção de prazer ou desprazer que se julga, em primeiro lugar, se aquilo é bom ou ruim. Sendo prazeroso o contato, quer-se engolir o objeto ou incorporá-lo a si mesmo; sendo fonte de desprazer, quer cuspi-lo ou pô-lo para fora de si. Assim, o julgamento de existência se encadeia com o de atribuição: só existe em meu mundo interno aquilo que me dá prazer.

Segundo o autor, a segunda etapa do julgamento, a de existência, refere-se ao exercício do teste de realidade, que precisa verificar se isso que se encontra no Eu como representação pode ser encontrado no mundo externo, por meio da percepção. "A experiência ensinou que é importante não apenas que uma coisa (objeto de satisfação) possua a característica 'boa', isto é, mereça o acolhimento no Eu, mas que também se ache no mundo exterior, de modo que seja possível apossar-se dela em caso de necessidade" (FREUD, 1925b, p. 279).

É a função de julgamento que vai delimitando a fronteira dentro e fora, apoiando-se na expressão oral do Princípio do Prazer – engolir e cuspir –, mas também sob influência gradual do Princípio de Realidade – o que é imaginário só é encontrado dentro, e o que é real é encontrado dentro e fora. Assim, o teste de realidade se instaura na medida em que o Eu passa a diferenciar mundo interno e mundo externo. Segundo Green (1986), nesse momento tão inicial do psiquismo, o Eu primitivo arcaico pouco se diferencia do Id, mas é por meio desse *trabalho do negativo* que ocorre a tradução da língua do Id, pulsional, na língua do Eu, que exerce o julgamento.

Contudo, no fetichismo, a Recusa corrompe a distinção entre memória, representação e percepção, de modo que a relação com a realidade fica nebulosa. Já nos fenômenos transicionais, é a partir desta indiscriminação, criada pela Recusa, que se constrói uma relação com a realidade, sustentada por um senso de continuidade, e não de confusão. Ou seja, são duas manifestações da Recusa de julgar, mas com efeitos diferentes no processo de subjetivação.

Para compreendermos as propriedades da Recusa de julgar, precisamos ter clara a diferença entre a Recusa (*Verleugnung*) e a Negação (*Verneinung*), cujo significado muitas vezes é confundido por leigos e por psicanalistas, levando a mal-entendidos teóricos e clínicos. Ora, a Negação é uma prova do exercício pleno da função de julgamento, enquanto a Recusa se define pela perturbação deste.

A que se refere a Negação? Segundo Freud, quando um paciente afirma que a interpretação que o analista lhe ofereceu *não* tem nada a ver com o que o paciente associou, vemos que o julgamento está funcionando, como se dissesse: "este conteúdo pode ser real (afinal, ele mesmo o formulou), mas não está dentro de mim". O "não" do paciente esconde o exercício de um juízo negativo, ou seja, do julgamento de atribuição, em que o Eu analisa e decide colocar para fora de si tudo o que lhe causa desprazer. Por isso, na escuta do analista, esse "não" é tomado como um "sim", ou seja, a Negação confirma que se trata de um conteúdo inconsciente reprimido que está se manifestando, ainda que o paciente não tenha reconhecido para si mesmo esse aspecto.

Nesse fenômeno, o conteúdo se expressa no discurso, vencendo um nível de censura, ainda que continue sob o jugo da Repressão, por isso Freud considera que esse "não" é como um carimbo da proveniência inconsciente. O filme *Blue Jasmine* (ALLEN, 2013) nos dá um exemplo muito claro: Auggie acaba de ganhar uma aposta na loteria e, então, pergunta a seu cunhado qual seria um investimento seguro para esse dinheiro, afinal, ele *não* é um homem de apostas. A contradição é tão evidente que gera uma risada cúmplice.

Por sua vez, a Recusa de julgar se refere a uma impossibilidade de decidir sobre a realidade e sobre a atribuição. É como se perguntássemos ao perverso fetichista sobre a castração e ele nos respondesse: "*Nem* a mulher é castrada, *nem* ela tem um pênis". Nesse sentido, é uma Recusa de julgar, afinal ele não afirma nada, apenas refuta todas as possibilidades. Esta solução "*nem* isso *nem* aquilo", característica da Recusa, é absolutamente diferente da Negação, que se caracteriza por uma decisão pelo "sim" ou pelo "não".

O que é interessante e complexo nessa solução fetichista é que ela causa um curto-circuito da função de julgamento e, portanto, permite as simultâneas admissão e não admissão da castração. Ao fazer equivaler pênis e falo, o fetichista pode manter uma coerência com a percepção, ou seja, admitir que vê a ausência de pênis, mas perverte o sentido da interpretação, uma vez que o fetiche é o falo da mãe. A Recusa de julgar, no fetichismo, possibilita a sustentação da atitude dupla em virtude das simultâneas admissão e não admissão da castração.

Tanto no fenômeno transicional como no fetichismo, a defesa não busca ocultar um conteúdo inconsciente: a função da Recusa é impedir que o julgamento ocorra, que se pronuncie uma sentença e que se processem as consequências psíquicas em relação a uma percepção ou representação potencialmente traumática. Por isso, no âmbito dos fenômenos transicionais, não perguntamos ao bebê se o objeto foi criado ou encontrado, se não estaríamos antecipando a desilusão em um momento em que ele ainda não tem condições para lidar com a diferença entre o eu e o outro.

No objeto transicional, a suspensão do teste de realidade permite as simultâneas admissão e não admissão da separação. É nesse sentido que Green fala de uma *Recusa positiva de julgar*, pois o fenômeno transicional se caracteriza pela tolerância do paradoxo que se cria a partir de uma posição subjetiva que responde "sim e não" ao mesmo tempo: é *e* não é a mãe, é criado *e* encontrado, é ligação *e* desligamento, é união *e* separação, é presença *e* ausência, é real *e* imaginário, é bom *e* mau, é dentro *e* fora. O efeito da sustentação do paradoxo é a conjunção de dois elementos que, simultaneamente, estão se diferenciando. É assim que compreendemos o fato de que, apesar de o julgamento ter sido suspenso, o fenômeno transicional engendra os processos de simbolização que envolvem a comparação entre semelhanças e contrastes. Green (1976) afirma que:

> *O objeto transicional é uma recusa positiva de escolher entre um "Sim" ou um "Não" admitindo sua coexistência e é por isso que ele pode ser criador. Os sintomas do caso-limite que tomam o lugar dos objetos transicionais manifestam uma recusa negativa da escolha: nem "Sim", nem "Não". Colocada em termos de existência, a questão poderia ser: o objeto está morto (perdido) ou vivo (encontrado)? Ou: "Eu estou morto ou vivo?". Nem "Sim" nem "Não". (p. 133)*

Por isso, falamos em uma *Recusa negativa de julgar*, que se caracteriza pela disjunção do "nem isso, nem aquilo", característica do fetichismo, que poderia, então, ser traduzido por "*não vale* essa realidade, *nem* aquela". Mas se são emitidos dois juízos excludentes, não se pode chegar a conclusão alguma sobre o tema, a menos que se construam duas realidades simultâneas e que elas estejam sempre em oposição, sem possibilidade de estabelecerem pontes. No fetichismo, o campo entre os elementos forma um limbo onde não é possível trânsito nem pertencimento aos territórios vizinhos.

Nessa acepção patológica, a Recusa faz com que o sujeito não consiga decidir se um objeto é bom ou mau e tampouco admite que ele mesmo é bom *e* mau, como na ambivalência. Assim, predomina a relação com um objeto ambíguo e com um senso de realidade vacilante, que podem gerar a experiência de *Unheimliche*.[8] Tal perturbação do julgamento também se manifesta no âmbito do trauma e do desmentido,[9] em que a criança não consegue mais decidir se o abuso aconteceu ou foi imaginado, se o adulto é quem causou o evento ou se foi ela mesma que atuou as suas fantasias sexuais, sendo a culpada pelo acontecido. O efeito, recorda Ferenczi (1933), é que a criança não confia mais em suas percepções.

A Recusa e o trabalho do negativo

Uma forma muito didática de acessar este constructo proposto por Green – o trabalho do negativo – aparece em *Três ensaios sobre a sexualidade* (1905), em que Freud afirma que a neurose é o negativo da perversão, o que significa que o neurótico é habitado pelo desejo de fazer o que o perverso se permite. A figura de linguagem que Freud utiliza diz respeito ao rolo de filme de uma câmera fotográfica, que é marcado pelas impressões da luz, de modo que o objeto que se pretendia capturar fica escuro na imagem. Ao revelar a fotografia, inverte-se essa lente, e a sombra desse objeto é que aparece na impressão. Portanto, ao fotografar, o que fica grafado no material ótico é a ausência do objeto.

No livro *O trabalho do negativo* (1993), Green explora diversas manifestações do trabalho do negativo, que estrutura e organiza o aparelho psíquico. Segundo Candi (2010):

---

8 A relação entre Recusa e *Unheimliche* foi abordada no capítulo "Recusa e *Unheimliche*: a inquietante estranheza".

9 Sobre o desmentido, ver o capítulo "A Recusa e o desmentido".

> *Encontram-se reunidos sob esta denominação (trabalho do negativo) os mecanismos de defesa que colocam o psiquismo no circuito expulsão-reintrojeçao, tais como recalque, denegação,[10] clivagem, identificação projetiva etc. Eles têm como objetivo a constituição dos limites e estabelecem a possibilidade de escolha e de julgamento. (p. 255)*

Green (1986) afirma que Winnicott intuiu essa noção de negativo ao desenvolver o conceito de objeto transicional, em que o trabalho do negativo é conjuntivo, enquanto no objeto fetiche ele é disjuntivo. Bion (1970) faz uma distinção entre *no thing* e *nothing*[11] que nos ajuda a compreender essas questões. Com o estabelecimento do teste de realidade, os fenômenos transicionais criam espaço para o reconhecimento de diferenças e semelhanças: a percepção de algo que contrasta com o objeto imaginado pode ser considerada não-eu, não-mãe, não-conhecido. Quando esse outro conserva algumas propriedades do objeto subjetivamente concebido, predomina a sensação de reencontro. Por exemplo, se na ausência da mãe o bebê encontra alguém diferente, mas que provê cuidados como ela o faz, ele experimenta a diferença em um pano de fundo de continuidade.

Assim, o objeto concreto não é mais indispensável e pode ser substituído e simbolizado como função materna, a ser desempenhada por qualquer pessoa, inclusive quando um jovem se torna capaz de cuidar de si mesmo. Essa dimensão está estreitamente ligada às condições de simbolização e ao bom funcionamento do

---

10 Denegação é uma das traduções utilizadas para o termo *Verleugnung*, que neste trabalho optamos por traduzir como Recusa.

11 *No thing* refere-se à ausência da coisa ou ainda ao que é diferente da coisa, ou seja, não-coisa, enquanto *nothing* refere-se a nada, ao vazio.

Princípio do Prazer, porquanto diz respeito à possibilidade de encontrar objetos reais substitutos daqueles que foram perdidos.

Quando o encontro com a alteridade é traumático, as mudanças implicam rupturas violentas e a perda do sentimento de si mesmo e, então, a Recusa se interpõe às marcas da diferenciação. Mas, ao impedir o reconhecimento da alteridade, a defesa faz com que a presença de algo diferente, ou seja, a não-coisa (*no thing*), seja vivida como a ausência da própria coisa, o nada, a falta, ou o espaço vazio (*nothing*). Isso fica claro na perversão, em que falha a possibilidade de conceber a vagina como um não-pênis (*no thing*), de modo que a ausência de pênis na mulher remete ao nada (*nothing*). Daí deriva a terrível fantasia de castração como uma ferida e uma punição, o que confere essa acepção traumática e inadmissível à ausência. Nesse processo defensivo, a presença é transformada em ausência, ou seja, é a castração que é real, e não a diferença entre os genitais masculino e feminino.

Assim, a ausência é positivada, de modo que a representação da falta é investida como se ela mesma fosse um objeto. Portanto, a Recusa faz com que aquilo que está ausente se torne mais real do que aquilo que está presente. Nesse sentido, o sujeito se convence de que o objeto imaginado, ou seja, o *nothing*, é reencontrado na realidade. Então, vemos como a Recusa fetichista perverte o senso de realidade, pois se "A meta inicial e imediata do exame de realidade não é, portanto, encontrar na percepção real um objeto que corresponde ao imaginado, mas *reencontrá-lo*, convencer-se de que ainda existe" (FREUD, 1925b, p. 280, grifos do autor), na Recusa é o contrário, o que é real é o que não se encontra no mundo externo. No caso clínico a seguir, o que é real é aquilo que não está lá, como na perversão: o que é real é ausência de pênis, e não a presença da vagina. Este é o trabalho do negativo disjuntivo.

Esse funcionamento psíquico também está presente no caso dos pacientes tomados pelo vazio e pelo branco (GREEN, 1974): quando olham para dentro de si mesmos, o que é real é o nada (*nothing*). Não quer dizer que estejam se defendendo de um mundo interno povoado por objetos maus, por conflitos ou questões indigestas, mas que há realmente a falta da criação de um espaço psíquico, de uma tela, para que esses monstros pudessem ser desenhados.

Certas experiências vividas deixaram marcas no psiquismo, mas não puderam ser suficientemente representadas e simbolizadas. Assim, o processo de análise envolve uma dose de alucinação, na medida em que são reinvestidas estas pegadas para que possam ser integradas à realidade, fazendo com que as representações antigas passem a equivaler a percepções novas, recuperando o trânsito do psiquismo. Nessa medida, é como se pudéssemos positivar a ausência, ou seja, tomar como objeto analítico a falta do objeto primário, o abandono, o desinvestimento, o desaparecimento. Com o paciente, reconstruímos o negativo da imagem que ele vê. Assim, na clínica, realizamos o trabalho do negativo em seu aspecto conjuntivo, que conecta luz e sombra, figura e fundo, presença e ausência, contrastando e conectando as duas realidades criadas pela Recusa.

A Mulher da Manta

O caso dessa paciente, descrito por Winnicott (1951) no final do primeiro capítulo de *O Brincar e a Realidade*, ilustra muito bem o extravio da transicionalidade e a função defensiva da Recusa, envolvendo a dificuldade de elaborar uma série de lutos. Antes de ser atendida por Winnicott, a paciente esteve em tratamento com outro analista, e somente após a morte de Winnicott foi atendida por

Green. Esse último nos relatou o caso em uma comunicação, intitulada de "A intuição do negativo em O brincar e a realidade", feita em 1997, no Congresso Internacional The Psyche-Soma: From Pediatric to Psycho-Analysis, em Milão, celebrando o 25º aniversário da publicação de *O brincar e a realidade* (WINNICOTT, 1951).

Chamei-a de "Mulher da Manta" porque o aspecto mais marcante no relato de Winnicott sobre o caso é o fato de a paciente não aceitar a manta que ele lhe ofereceu, manta que já fora utilizada por ela em outra sessão. Ela se justifica dizendo que é mais importante a realidade que o conforto e, para ela, a manta que não se encontra ali é mais real que a manta que lá está. Apesar da presença da manta, representando a relação com o analista, a paciente se apega às vivências traumáticas devido a suas dificuldades de lidar com a ausência, resistindo à possibilidade de substituir os objetos primários e reparar suas falhas.

Na transferência, a paciente comunicava este mesmo enigma em que o real para ela era o que não se encontrava lá. Isso se deu com a manta, mas também em relação a seu primeiro analista, que, para ela, era mais real que Winnicott. Na análise que empreendeu com Green, ela também estabelecia essa comparação com o analista anterior. Veremos que o movimento defensivo da paciente, a Recusa, respondia a uma ânsia de voltar ao antes, antes de ela se encontrar com as diversas facetas da castração, de modo tão atrapalhado.

Para compreendermos os extravios da transicionalidade no caso dessa paciente, será importante recuperarmos alguns dados de sua história. Tomaremos como base o material oferecido por Winnicott e por Green (2003) nos períodos em que a atenderam.

Aos 2 anos de idade, a paciente já sofria muito com as separações físicas de seus pais, mas sua mãe não fora tão habilidosa no manejo da situação: dizia à menina que, mesmo estando a quaa tro milhas de distância, ouvia-a chorar. Podemos pensar que ali se configurava um desmentido do trauma,[12] na acepção ferencziana, o que alimentou a Recusa da paciente, que, segundo Winnicott, custou a acreditar que sua mãe estava mentindo. Além disso, a Recusa da castração se transmitiu na mentira da mãe, declarando-se uma pessoa onisciente.

No entanto, mesmo sem duvidar da palavra de sua mãe, a menina poderia se perguntar: se a mãe a ouvia, então por que não voltava? Seu sentimento de abandono não podia ser reconhecido por seus pais. Eles ficaram longe por mais tempo do que ela podia aguentar e não ouviam seu chamado, nem concretamente, nem afetivamente, pois não respondiam à comunicação da menina sobre sua angústia. Como no caso do Menino do Cordão, a distância emocional entre a paciente e seus pais é algo de tanta importância quanto a distância física. É o objeto interno consolidado que dá sentido aos fenômenos transicionais e torna as separações mais toleráveis, mas em ambos os casos atendidos por Winnicott, a *imago* materna esmaeceu.

É importante destacar que, tanto para Winnicott como para Green, a paciente disse que sua mãe era vista como maravilhosa pelos outros, mas entre as duas a relação não se passava dessa forma, desde cedo. É válido ressaltar também que a mãe da paciente perdera um bebê antes do nascimento da filha, ou seja, poderia haver sobre a relação delas a sombra de um luto não elaborado, como no Complexo da Mãe Morta (GREEN, 1980).

Sobre a capacidade simbólica da paciente, podemos considerar que houve um desenvolvimento, mas que este fora perturbado, e o desmentido teve grande participação nesses efeitos. Se o fenômeno

12 O desmentido é tema do capítulo "A Recusa e o desmentido".

transicional se constrói a partir da presença e da ausência da mãe, podemos delinear que, no caso dessa paciente, a relação era feita de muitos desencontros entre elas. Winnicott diz que, nessa paciente, os fenômenos transicionais simbolizavam uma coisa que não era verdadeira: a qualidade dos cuidados maternos. Este estado de devoção da mãe, representado pela manta que não estava ali, era irreal, não correspondia à experiência vivida pela filha. Assim, a paciente lamentava a perda de algo que, na verdade, ela nunca teve. Green assim complementa essa ideia: "Mas essa falta ou lacuna, em vez de se referir a um simples vácuo ou a algo que está faltando, torna-se o substrato para o que é real" (GREEN, 2003, p. 74).

Da mesma forma, no fetichismo, a Recusa impede a admissão da falta de algo que, na verdade, nunca existiu – o pênis materno –, e a alucinação negativa torna-se uma forma de investir na própria falta como se fosse um objeto presente. Assim, o que é real é o que está faltando. Desse modo, podemos compreender que a paciente sentia falta de algo que nunca existiu – um vínculo suficientemente bom entre ela e a mãe – e para ela, a mãe idealizada era mais real que a mãe complicada que ela teve.

Winnicott compreende que a idealização do analista anterior está ligada à idealização da mãe, aquela que a paciente achava que tinha antes de poder admitir que sua progenitora era castrada, que ela lhe mentia e que não era tão perfeita assim. Por meio da Recusa, o funcionamento mental buscava preservar a posição subjetiva anterior a essa descoberta traumática, como quando perdemos algo ou alguém e idealizamos o passado nostálgico, em que tudo era melhor, e deixamos de ver os defeitos.

Assim, Winnicott chega ao cerne da questão que nos interessa: a Recusa já permeava o relacionamento entre mãe e filha antes mesmo da separação traumática aos 11 anos de idade, quando, em função da guerra, a paciente foi separada dos pais em uma evacuação. Tal experiência não significava apenas a separação física em relação aos pais, mas também em relação a um ambiente de referências que, para ela, davam um senso de pertencimento e continuidade. O que estava ameaçado era o senso de si mesma, afinal, essa saída de casa não era um passeio, e sim uma ruptura com o lar de origem em um clima assustador de guerra, no qual o medo da morte pairava no ar.

O desespero da paciente era tanto que ela acreditou que no país para onde fora levada reencontraria seus pais. Nesse contexto, a função antitraumática da Recusa sustentou uma crença para proteger o psiquismo da realidade que se apresentara. Assim, apesar de estar sendo acolhida por uma família temporária, não aceitava chamá-los de "tio" ou "tia", forma afetuosa de se relacionar com aqueles que cuidavam dela. Winnicott diz que se tratava de uma forma negativa de recordar o pai e a mãe, o que podemos compreender como uma tentativa de preservar o lugar de seus pais, reassegurando-se de que eles voltariam e defendendo-se da angústia de não os reencontrar. Talvez ela precisasse tanto preservar (ou, ainda, reservar) o espaço deles dentro de si que evitou se relacionar com os substitutos temporários. Nesse sentido, a ausência dos pais era mais real que a presença de outros cuidadores.

Sua atitude nos remete a alguém que está guardando o lugar no cinema para pessoas que nunca virão, mas, ainda assim, não deixa que ninguém mais se sente ao seu lado. Será que, quando a paciente disse que preferia a realidade daquilo que não se encontrava, ela não estava querendo comunicar que não queria mais ter esperanças e apostar em novos vínculos, pois já ficara tempo demais esperando pela volta de objetos que nunca mais encontraria?

Na análise com Green, a paciente relatou que retornara ao convívio familiar 3 anos depois da evacuação, sentindo-se muito diferente de como havia partido. Ela atravessara a puberdade e já havia menstruado, de modo que partira de sua casa como menina e voltara como mulher. Ela disse que a mãe não a reconhecera – o que Green abordou com a paciente: era como se ela tivesse perdido sua mãe, mas a mãe também a tivesse perdido.

Essa mudança foi muito difícil de ser assimilada por sua mãe, de modo que a menina não foi facilmente reintegrada à família. Talvez a paciente também não pôde integrar esse pedaço de sua história – a evacuação – e o que significou: a morte dos objetos internos e o despertar da sexualidade. Dessa forma, o tempo e a distância que se passaram não foram elaborados, então ela estava sempre procurando seu caminho para voltar ao antes, ao pré-traumático, como no fetichismo. Quando Green sugeriu-lhe que ela estaria em busca de uma continuidade, ela respondeu da seguinte maneira:

> *Ah, sim. Suponho que isso deve ser verdade. Acho que muitos dos meus problemas têm a ver com algo que eu digo que está aqui, e com alguma coisa que está lá, e existe um espaço entre essas duas coisas no qual algo acontece como viajar, indo lá e voltando. "O que posso fazer para ir daqui até lá? Quem está aqui e quem está lá? E, acima de tudo, como é que farei para voltar?". (GREEN, 2003, p. 78)*

É importante destacar que, embora reconheça o fundo traumático do caso, Green não deixa de escutar os restos da sexualidade infantil da paciente em relação a seus pais. Segundo o autor, ela desenvolveu uma relação muito próxima com o pai, que, diferentemente da mãe, reconheceu a feminilidade da filha na adolescência, após a evacuação. Mas Green compreende que era uma tentativa de causar ciúmes na mãe, chamar sua atenção, e que era ela o verdadeiro objeto do desejo edípico da paciente, não o pai. O autor nos remete às considerações de Freud (1933) sobre o Complexo de Édipo feminino: no processo de elaboração das questões edípicas, há uma importante báscula em que a menina muda seu objeto de desejo, que antes era a mãe e passa a ser o pai. Isso só é possível, recordemos, a partir da admissão da castração materna e da própria castração, o que mobiliza a menina a dirigir-se ao outro genitor como objeto de desejo.

Tal passagem parece ter sido complicada no caso dessa paciente, no que tange à Recusa da castração materna. Foi difícil lidar com a *falta* da mãe, no sentido de separar-se dela sem fragmentar-se, e a paciente se defendia dessa angústia: ao representar seu modo de funcionamento psíquico, a paciente diz que mantém a mãe petrificada dentro de si, tornando-as inseparáveis. Mas, desse modo, a defesa perante a separação traumática fez com que admitir as *falhas* da mãe, no que diz respeito à possibilidade de desidealizar os objetos primários e admitir suas imperfeições, fosse quase impensável, pois já doeu demais ter de se separar dela.

Em outra fantasia similar, ela representa seu corpo como um túmulo para seus pais, ou seja, une-os mortos e por meio de si mesma. Como nos casos de perversão, a paciente formula uma triangulação em que ela é a causa da união dos pais, e não o fruto, de modo que não admite a sexualidade que une o casal parental. Sobretudo, ela se defende da sombra da exclusão, pois para ela, a separação era sinônimo de perda definitiva.

Poderíamos acrescentar que a dificuldade de trânsito era também em relação a esta jornada da mãe para o pai, atrapalhada pela ação da Recusa quanto à possibilidade de se separar da mãe e ir em busca de outros objetos. Além do pai real da paciente, estamos nos referindo à função paterna e às possibilidades de triangulação, de simbolização, de substituição e de movimentação em relação ao novo e ao diferente. Em seu processo defensivo, ela revelava um funcionamento psíquico fechado e endogâmico, sempre presa aos pais. Assim, no lugar de um campo intermediário que pudesse se tornar um espaço potencial, a paciente se encontrou em um limbo, sem pontes para ir e para voltar.

No caso da Mulher da Manta, a Recusa como defesa ante a angústia de separação deixou o psiquismo cristalizado no tempo do trauma, mas o passado pré-traumático foi colorido de uma nostalgia idealizada. Assim, quando a paciente afirma que, para ela, é mais real o analista que já não está, a manta que não está e a mãe que não está, precisaríamos considerar que, por trás dessa crença, perfila-se a incapacidade de admitir que nenhum desses objetos é perfeito. Poupando-os de seu ódio, ela se defende da ambivalência presente em todos os relacionamentos. Mas a dificuldade de integrar os aspectos maus dos objetos perturba seu processo de luto, de modo que a idealização esconde a realidade do vínculo entre eles, e sustenta a Recusa da morte psíquica decorrente do trauma e do abandono. Essa tônica da separação catastrófica é que permeava a relação da paciente com seus pais, desde pequena, quando eles a deixavam sozinha por mais tempo do que ela aguentava. Esta é a realidade que o fetichismo da manta contestava.

No entanto, se a ação da Recusa impedia a configuração de um conflito psíquico, ele volta a se formar conforme avançaram os processos de análise, tanto no período em que era atendida por Winnicott, quanto na relação com Green, na medida em que eles puderam abordar a raiva e a desilusão. A Green ela disse que seus pais suplicavam dentro dela que os deixasse ir embora. Agora era ela quem, por vingança, os deixava presos.

A Winnicott, ela diz: "Imagino querer algo que nunca se perca". Mas o que ela perdeu? Poderíamos esboçar que ela perdeu a ingenuidade, a proteção narcísica da posição subjetiva anterior a estes encontros com a castração, antes de ela se dar conta dos pais reais que tinha, antes mesmo de perdê-los. Para ela, a separação era perda, a ausência era morte.

Talvez ela não pôde se esquecer dos pais, deixá-los ir, porque ainda precisava ter algumas conversas com eles. Pergunto-me em que medida, ao dizer que o ausente é mais real que o presente, ela não estaria fazendo também uma demanda de reconhecimento do abandono real que vivera. Como se ela estivesse esperando que seus pais admitissem a responsabilidade por tudo o que deixaram faltar a ela, como um ressentimento melancólico.

Assim, vemos o jargão da Recusa, formulado por Mannoni (1969) como "Eu sei, mas mesmo assim...", se perfilar na defesa da paciente: ela sabe que não deixa os pais partirem, mas, mesmo assim, prefere manter-se presa a eles a perdoá-los e lidar com o vazio que deixaram dentro dela. Vazio que a habita desde que sentiu sua mãe morrer dentro de si nas separações e abandonos que viveu ainda pequena. Após essa reflexão, eu teria vontade de dizer a ela que, apesar de reconhecer os defeitos de seus pais, podemos entender como sentiu a falta deles. Mesmo que possa ter fantasiado e desejado ter uma mãe melhor e maravilhosa – como os outros a viam –, a mãe real lhe fez falta para que ela pudesse se sentir real.

Em uma perspectiva intrapsíquica, Figueiredo (2008) propõe que a dificuldade de elaborar o luto é uma das causas da defesa contra a esperança. O que está em jogo é a culpa do paciente, ao melhorar, de abandonar seus objetos maus, enquanto também sabe que não pode salvá-los. No caso da Mulher da Manta, vemos que se delineia uma importante dificuldade de lidar com lutos e ansiedades depressivas, o que a mantém atada aos pais mesmo após sua morte. Na perspectiva de Green, usar a manta seria uma forma de perdoar ou reparar os objetos internos, de modo que a vingança se dissiparia. Usar a manta é receber o aconchego de Winnicott, em substituição a seus pais.

Em seu relato do caso, Green descreve que a paciente sentia-se ameaçada pela própria agressividade, o que se expressava como um medo de adoecer mentalmente. Segundo o autor, ela desenvolveu mecanismos para se conter e ao mesmo tempo expressar seus sentimentos de amor e hostilidade, como na seguinte brincadeira, relatada a Winnicott: arrancava as pernas de uma aranha de papel toda vez que a mãe saía, como no jogo da margarida, em que se faz o teste do amor e interroga-se se o outro "bem-me-quer ou mal-me-quer". Parece-me que essa era uma dúvida que a habitava em relação ao afeto de seus pais desde pequena.

Green também identifica os sentimentos hostis projetados no analista: a paciente compartilha com Winnicott uma fantasia em que ele a acompanharia até metade do caminho no trem, mas, na volta, logo que se separassem, o analista enfrentaria uma avalanche de bebês vomitando nele. A paciente estaria podendo expressar novamente o ódio que sentia daqueles que a deixaram, encobrindo o terrível sentimento de abandono e de morte. Como afirma Green: "A coisa má tem que estar ali, e se não estiver, a ausência é equacionada a vazio e vácuo que se torna real, mais real que os objetos existentes ao redor" (GREEN, 2003, p. 75).

Com essas palavras, o autor evidencia que o ódio e a ligação a objetos que trazem sofrimento são uma tentativa de preencher o buraco na alma deixado pelo desinvestimento do objeto que partiu. O mais terrível e impensável é viver novamente a solidão do desamparo e entrar em contato com essa ferida mortífera, que faz com que tudo o que resta, que está vivo, que é presente e real, se torne árido e desértico.

Segundo Green (1979a), "renunciar ao objeto significa renunciar a odiá-lo, mas descobrir uma possibilidade de amor com outro objeto é não somente deixar o objeto de fixação seguir seu destino, mas literalmente fazê-lo desaparecer de si e, de certo modo, aniquilá-lo" (p. 59). Isso é muito difícil para os pacientes que foram gravemente feridos narcisicamente por seus objetos primários, como nos casos de melancolia e de ressentimento, em que prevalece o ódio, e não o amor. Para o sujeito, a crença de que os objetos estão em dívida com ele não permite libertar-se deles, mas a culpa por odiá-los não é maior que esta outra: a de traí-los, abandoná-los. Porém, sem a esperança de ter encontros melhores com outros objetos, preferem a garantia de um mau objeto à possibilidade de ficarem sem nenhum.

Tais pacientes se defendem especialmente da relação transferencial analítica. A importância, a intensidade e a verdade afetiva do próprio vínculo dificilmente serão admitidas, como no caso da Mulher da Manta. Vimos como Green e Winnicott tiveram de lidar com os ataques transferenciais da paciente, que sempre valorizava mais o analista anterior, mas ambos foram delicados no manejo, buscando entender o que a paciente tentava comunicar com isso. Tiveram de aceitar a desesperança da paciente e seu modo de se relacionar: a mesma manta que a paciente usou em outra sessão com o analista, na subsequente, já não servia mais.

Apesar desses desafios clínicos, notamos que ela recupera a capacidade simbólica de representar o que ocorre em seu mundo interno. Winnicott (1951) relata que ela sentiu alguns enriquecimentos da vida no mundo real, apesar de sentir-se enferma. Além disso, para ser atendida por Green, ela tinha de fazer várias viagens de Londres a Paris, o que pode ser compreendido como um sinal de investimento no vínculo. Talvez essa viagem tenha permitido a reatualização das viagens do passado, transformando a experiência de ruptura em continuidade. A paciente preocupava-se em se lembrar das conexões no caminho, o que parece revelar sua esperança de reconectar seus fragmentos com a ajuda da análise, mas também o temor de se perder e de ser abandonada.

Assim compreendemos o dilema da Mulher da Manta: de um lado a paciente buscava um objeto que pudesse ajudá-la, mas de outro se fechava à possibilidade de encontrar objetos substitutos. Essa é a atitude dupla da Recusa que permanece atuando, em que o trauma parece estar sempre à espreita, prestes a se repetir. Apesar das ricas experiências com os outros, persiste a desconfiança de que cada encontro será o último e que cada separação será um abandono. Ou, ainda, que o reencontro será um desencontro.

Lutos e lutas do Menino do Carretel

Frequentemente, na literatura psicanalítica, o Menino do Carretel (neto de Freud) é comparado ao Menino do Cordão (WINNICOTT, 1951), como se o primeiro fosse um modelo de saúde mental, enquanto o segundo seria um caso de fetichismo. Porém, a biografia de Ernest Freud,[13] escrita por Daniel Benveniste (2015), explora aspectos do sofrimento do neto de Freud e, assim, confere tons de cinza entre o fio do carretel e o do cordão, entre o objeto transicional e o objeto fetiche. Em entrevista concedida à revista *Fort-Da – Revista de Psicoanálisis*

13 *The Interwoven Lives of Sigmund, Anna and W. Ernest Freud: Three Generations of Psychoanalysis.*

com Niños, em novembro de 2020, Benveniste compartilha suas impressões a respeito do Menino do Carretel.

Em *Além do Princípio do Prazer* (1920), Freud descreve a brincadeira de seu neto aos 18 meses de idade: o menino lançava o carretel para longe dizendo "o-o-o-o" (que sua mãe interpretou que fosse *fort*, "foi embora") e depois o puxava para perto e dizia *da*, que significa "está aqui". O jogo foi interpretado por Freud como uma tentativa de controlar, em fantasia, o movimento de ausência e presença da mãe que, naquele momento, não estava em casa. Em 1920, Freud publicou seu trabalho, e no fim desse mesmo ano o menino ficou órfão: antes de ele completar seus 6 anos de idade, a mãe morreu.

Ernest era o filho de Sofie Freud, a filha de Sigmund Freud, que faleceu de gripe espanhola quando estava grávida do terceiro filho. Como se não bastasse, aos 9 anos, o menino perdeu seu irmão menor Heinerle, que faleceu de tuberculose com apenas 2 anos de idade. Ernest tinha muito ciúmes do irmão, que era muito cativante e carismático e chamava muita atenção, de modo que essa perda despertava sentimentos muito ambivalentes. Conforme revelam as correspondências entre Freud e seu círculo próximo, o impacto da morte de Sofie abateu profundamente a família Freud, de modo que o pai da psicanálise se deparou com uma perda inconsolável.

Benveniste (2020) afirma que a relação entre avô e neto era permeada por ambivalências. Embora o menino admirasse muito seu avô e se lembrasse com afeto das férias que passavam juntos, ele o via muito ocupado com o trabalho e, por vezes, indisponível; Ernest sentia que não podia atrapalhar o avô. Assim, o Menino do Carretel, que aos 2 anos de idade brincava com a presença interessada do avô, começou a sentir sua falta. Teria Sigmund Freud se afastado do neto devido ao luto por sua filha?

Quanto à relação de Ernest com seu pai, Benveniste relata que não se davam bem. Em *Além do Princípio do Prazer* (1920), Freud descreve o pequeno Ernest com menos de 2 anos arremessando brinquedos e dizendo "vá para a guerra", referindo-se a seu pai, mandando-o para longe. Quando Ernest estava na escola, apaixonou-se por uma professora que virou sua babá, com quem o pai logo se casou, ferindo o coração do menino. Mas o jovem também não se dava com sua madrasta e sua meia-irmã, de modo que, quando eles foram morar na África do Sul, Ernest ficou com a família Freud. Foi Anna Freud quem procurou resgatar o pequeno Ernest em meio a tantas perdas. A tia o acolheu como paciente, mas sobretudo como um menino que ficara órfão e estava imerso em muito sofrimento. Ele ia mal na escola e revelava-se uma criança muito difícil de se lidar.

O que não nos surpreende é que, em meio a tantas rupturas e separações, Ernest tenha desenvolvido outra versão da brincadeira do *Fort-da*: na adolescência, ele arrastava um pedaço de tábua amarrado a um cordão e dizia que era uma vara de pescar que usava para pegar coisas de uma lixeira, como se estivesse caçando tesouros. O Menino do Carretel parecia estar atravessando um drama similar ao do Menino do Cordão, paciente de Winnicott, uma vez que ambos enfrentaram difíceis experiências de separação, de desinvestimento afetivo e de solidão. Ernest passou por outras diversas situações traumáticas, mas sua tia Anna Freud parece ter sido o cordão, a linha e o anzol que o pescaram: ele estava à deriva em um mar turbulento, e ela nunca o perdeu de vista.

Como diz Benveniste (2020), o caminho de Ernest Freud como psicanalista parece revelar uma tentativa de reparação em relação à sua história. Apesar de não ser um bom estudante e ter terminado a escola aos 21 anos de idade, ele entrou na universidade aos 32 anos e estudou psicologia. Sob a asa de sua tia, teve aula com os grandes mestres da psicanálise e ofereceu seminários junto a Esther Bick sobre a observação de bebês, o que é curioso, pois ele foi a criança observada pelo avô e pela mãe: Sofie Freud escreveu um extenso diário de observações sobre Ernest. Além disso, realizou importantes pesquisas sobre bebês prematuros, o que mais tarde revelou ser uma tentativa de reparação quanto ao seu irmão menor que morreu na barriga da mãe, como se Ernest tentasse elucubrar como teria sido a vida se essas tragédias não tivessem ocorrido.

Quando o biógrafo pediu-lhe que comentasse as observações sobre o *Fort-da* feitas pelo avô, Sigmund Freud, Ernest respondeu-lhe: "Estou bastante de acordo com ele, que está a serviço de manejar a situação e recuperar o controle, porque minha mãe provavelmente tinha saído para fazer compras ou me deixou com alguém em casa, e eu era muito apegado a ela, ainda mais porque meu pai havia sido convocado para combater na Primeira Guerra Mundial".[14]

Sobre o encontro que teve com Ernest, Benveniste nos conta da importante experiência emocional que tiveram juntos, como se estivessem brincando de *Fort-da* em um resgate de lembranças e de vínculos afetivos. Poderíamos pensar que o biógrafo pode ter tido uma função analítica nesse encontro, que é também um misto de construções em análise e Jogo do Rabisco.[15]

---

14 Tradução livre, no original consta: "Estoy bastante de acuerdo con él, que está al servicio de manejar la situación y recuperar el control, porque mi madre probablemente salió de compras o me dejó con alguien en el piso, y yo estaba muy apegado a ella, tanto más porque mi padre fue llamado a filas en la Primera Guerra Mundial".

15 As abordagens clínicas referentes às construções em análise (FREUD, 1937b) e ao Jogo do Rabisco (WINNICOTT, 1964-1968) serão tema dos capítulos "O analista, a Recusa e o enquadre" e "A Recusa da utopia e o paciente sem esperança", respectivamente.

Segundo Benveniste (2020), quando Ernest estava no final da vida, teve ajuda de amigos e do próprio biógrafo para fazer algo que ele chamou de *unspooling*, fazendo referência ao movimento de lançar o carretel. Benveniste propõe que, quando Ernest já não tinha mais força de ir buscar o carretel, as pessoas que o amavam traziam-no para ele. Em alguns momentos da vida, é fundamental poder contar com os outros dessa forma.

Na perspectiva de Benveniste, o menino do Carretel nunca parou de brincar de *Fort-da*, tentando integrar as experiências de perda que se manifestavam nessa compulsão à repetição, mas em busca de ligação, o que o diferencia do Menino do Cordão, que recusava a separação. Poderíamos pensar que, apesar de Ernest ter perdido a mãe muito cedo, a *imago* materna não esmaeceu completamente, pois encontrou diversos outros objetos de amor que o apoiaram na sua jornada tortuosa e sofrida. Ele manteve preservada, embora abalada, a esperança de um reencontro. Na entrevista, Benveniste (2020) disse:

> *Creio que uma das coisas mais importantes que posso dizer sobre a vida de W. Ernest Freud é que ele viveu muito mais tragédias na vida do que a maioria das pessoas. Perdeu sua mãe, seu irmão pequeno, teve uma relação ruim com seu pai e com a madrasta, visitou a Palestina, mas não gostou dos escorpiões. Presenciou as lutas entre os judeus do kibutz e os árabes locais, foi para Moscou no meio dos expurgos de Stalin, voltou para Viena para presenciar a marcha das tropas de Hitler e a tomada do poder, foi para a Inglaterra e foi colocado em um campo de prisioneiros porque era um alemão que vivia na Inglaterra, que estava em guerra com a Alemanha. Sua formação foi cheia de conflitos entre os anna freudianos e os kleinianos. Foi excluído pelos kleinianos por ser*

freudiano e pelos freudianos por estar próximo demais de Anna Freud. Com o tempo, sua relação com a esposa se tornou difícil, assim como a relação com seu único filho e, depois de ter finalmente deixado sua esposa e se divorciado dela, seu filho foi tragicamente atropelado por um caminhão do lado de uma estrada e faleceu. A vida de Ernest é uma história de tragédia e de perseverança. Foi um homem que, apesar de tudo, continuou trabalhando e amando.[16]

16 Tradução livre, no original consta: "Creo que una de las cosas más importantes que puedo decir sobre la vida de W. Ernest Freud es que experimentó muchas más tragedias en su vida que la mayoría de la gente. Perdió a su madre, a su hermano pequeño, tuvo una mala relación con su padre y su madrastra, visitó Palestina pero no le gustó por los escorpiones. Presenció las batallas entre los judíos en el kibbutz y los árabes locales, se fue a Moscú en el medio de las purgas de Stalin, regresó a Viena para presenciar la marcha de las tropas de Hitler y toma del poder, fue a Inglaterra y colocado en un campo de internamiento porque era un alemán que vivía en Inglaterra, que estaba en guerra con Alemania. Su formación estuvo llena de conflictos entre los Anna Freudianos y los Kleinianos. Fue excluido por los Kleinianos por ser freudiano y por los freudianos por estar demasiado cerca de Anna Freud. Con el tiempo, su relación con su esposa se volvió difícil, al igual que la relación con su único hijo, y después de que finalmente dejó a su esposa y se divorció, su hijo fue trágicamente atropellado por un camión, al lado de la carretera y falleció. La vida de Ernest es una historia de tragedia y perseverancia. Fue un hombre que, a pesar de todo, siguió trabajando y amando".

9. A Recusa da utopia e o paciente sem esperança

Gam ze yaavor

Provérbio judaico que diz: "Isto também vai passar".[1]

O Princípio de Esperança

Esse provérbio judaico sintetiza duas facetas da castração que fazem parte da transitoriedade da vida. Ele é proferido diante de situações extraordinárias, tanto no que diz respeito a momentos muito afortunados quanto no contexto de perdas trágicas. No primeiro caso, tem a função de regular a vaidade e a onipotência, alertando-nos de que a sorte e o destino não estão nas nossas mãos, recordando a pequenez do ser humano perante o universo

---

1 De origem persa, esta expressão é utilizada também em outras línguas e culturas.

e o divino. O provérbio também é proferido em situações de infortúnio, para consolar aqueles que passaram por grandes perdas e traumas, relembrando-os de que tudo é temporário e mesmo a miséria será finita. Não sabemos quando nem por quê, mas tudo tem hora para acabar.

Entretanto, a clínica psicanalítica revela que o impacto do trauma pode ser tão grande que o tormento se eterniza, e a esperança não sobrevive. De tanto se ferirem, alguns pacientes já não aceitam mais serem tocados pelo outro, blindam-se diante de novas experiências acreditando que a vida não tem nada de bom a oferecer, e a única certeza é que os traumas podem se repetir. Em certa medida, o paciente tem razão: a violência pode se repetir, mas o que não é admitido por ele é a imprevisibilidade da vida, que também inclui as boas surpresas, como a possibilidade de encontrar alento no colo de um desconhecido, como o analista. Nesse sentido, trata-se de uma Recusa da castração no que diz respeito à alteridade, à diferença e à novidade em seu aspecto esperançoso.

Figueiredo (2008) nos fala do Princípio de Esperança como um eixo do funcionamento psíquico que é essencial e constrói-se a partir da possibilidade de contar com o objeto logo após uma situação traumática, permitindo liquidar[2] o efeito destrutivo de tal vivência. Tais funções do objeto referem-se à sua capacidade de *holding* e de *rêverie*, oferecendo ao sujeito não apenas a experiência de continuidade do ser, mas também a metabolização psíquica do excesso de intensidades. Assim, o estabelecimento da esperança está intrinsecamente ligado ao papel do objeto externo, como fundador das condições psíquicas do sujeito para superar e elaborar vivências traumáticas.

---

2 Emprestado de Ferenczi (1931), "liquidar" aqui é um termo empregado no sentido oposto ao de cristalização do trauma.

Quando uma pessoa é capaz de ver que sobreviveu, sem grandes perdas, a uma experiência emocional difícil de atravessar e que isso lhe permitiu o amadurecimento, cria-se uma segurança interna de que ela é capaz de enfrentar situações de adversidade. Portanto, o Princípio de Esperança diz respeito à confiabilidade do objeto externo, mas também à possibilidade de vir a contar com seus próprios objetos internos para encarar as vivências traumáticas que se apresentarão na vida, inevitavelmente.

Do ponto de vista de Figueiredo (2008), as perturbações do Princípio de Esperança estão relacionadas à pulsão de morte, engendrando um movimento de repetição que elimina a alteridade, em que o fechamento para o mundo produz um desinvestimento, que se reproduzirá também na relação com o analista. O objeto falhou quanto à sua função de permitir a transformação da falta em um motor que renova a procura por objetos substitutos, de modo que a Recusa sustenta a convicção do paciente de que nenhuma forma de ligação levará a um resultado positivo. Trata-se de uma crença defensiva, que busca proteger o paciente de um novo trauma, mas que se torna aprisionadora.

Embora a Recusa procure interromper o encadeamento das consequências psíquicas do trauma, ela causa um efeito colateral importante, uma vez que a paralisia não permite o desenvolvimento do tempo pós-traumático de elaboração da experiência. Assim como um *flash*, a cena se congela no momento pré-traumático, na iminência do perigo, mas sem impedir o registro do trauma, que persistirá como elemento tóxico no psiquismo. Portanto, fica vedada a abertura para a superação de tal vivência, pois se estabelece um circuito temporal pseudocíclico em que a projeção do futuro é uma repetição do presente e do passado traumático, e nada de novo pode acontecer.

Figueiredo (2008) caracteriza esse fenômeno como uma Recusa da utopia. O autor emprega o termo "utopia" para se referir à abertura do sujeito para a alteridade, uma disponibilidade para o futuro, incluindo a perspectiva de uma vida melhor. É uma condição que envolve a tolerância à desorganização interna para abarcar os novos elementos trazidos pelo desconhecido e pelos diferentes encontros, mas respeitando a diferença entre o passado nostálgico (ou traumático) e a expectativa de que o futuro também aporte boas experiências. Por sua vez, na Recusa da utopia, o paciente se defende de sentir esperança, e esse princípio tão importante para o funcionamento psíquico é desativado. O autor explicita a duplicidade de correntes psíquicas simultâneas e antagônicas que caracterizam essa condição:

> *de um lado, elementos de esperança inscritos em alguma parte do psiquismo e, provavelmente, do corpo do indivíduo. São fragmentos que, embora capazes de sustentar no indivíduo uma certa "visão de futuro melhor" nos detalhes de sua realidade cotidiana, no fundo são mantidos inoperantes ou estiolados. De outro lado, encontramos uma organização subjetiva que sobrevive e funciona prescindindo da esperança, e mesmo sob a condição estrita de não permitir que aqueles elementos possam ser integrados à estrutura e à dinâmica operante. (FIGUEIREDO, 2008, p. 170)*

Por vezes, o Princípio de Esperança sobrevive ao trauma, mas está encapsulado, assim como o verdadeiro *Self* se mantém congelado para se proteger. Essa é a face defensiva da Recusa, procurando preservar alguma parte do psiquismo, como se pudesse hibernar até o inverno tenebroso passar. Entretanto, se não é possível contar com o calor do outro para recuperar a esperança, a persistência da Recusa passa a restringir a vida: o fechamento do paciente leva a uma tendência a repetir o padrão traumático nos relacionamentos, sempre preso às catastróficas relações que viveu com os objetos primários.

Devido ao histórico tão perturbador de desencontros ou de encontros traumáticos, o paciente busca os objetos primordiais onde foram frequentemente encontrados – no sofrimento. Segundo Green (1979a), isso o leva a estabelecer relacionamentos masoquistas, nos quais, por vezes, empenha-se em causar a rejeição por parte do outro, obtendo a prova de que afinal o objeto é realmente mau. O sujeito acredita estar no controle da situação traumática, procurando sair da posição de vítima ao antecipar a certeza de um sofrimento. Afinal, quem não joga não perde, quem não espera vitória não vive a derrota. Para esses pacientes, "O amor é sempre incerto, o ódio sempre seguro" (GREEN, 1979a, p. 57).

É delicado o manejo clínico dessas configurações, pois não podemos deixar de reconhecer a desesperança e o medo que habitam esses pacientes e, ao mesmo tempo, não podemos nos esquecer de que a esperança está desautorizada[3] e, a partir da relação analítica, ela pode voltar a operar. No entanto, esse processo não se dará sem resistências – pelo contrário, a certeza de perder aniquila o desejo de querer ganhar –; assim, haverá um aspecto do paciente que irá atacar, depreciar ou desinvestir da análise. É como se fosse alérgico à esperança: já o deixaram cair tantas vezes que não se permite mais ansiar por um acalanto, na certeza de que não sobreviverá a mais uma decepção.

---

3 Esta é a tradução que Figueiredo (2008) propõe para o termo *Verleugnung*, que neste livro traduzimos por Recusa. Para um aprofundamento sobre o conceito de *desautorização*, ver o capítulo "A Recusa em Freud e o modelo do fetichismo".

A agonia e a morte psíquica

A clínica do trauma nos revela que a Recusa não é ativada somente para afastar a angústia, o sinal de perigo iminente, mas também opera em relação às agonias, ou seja, aos gemidos do psiquismo moribundo, que dão notícias da terra arrasada quando o trauma *já aconteceu*. Figueiredo (2018) compreende que o termo "agonia", empregado por Winnicott, refere-se a um sinal da falência das defesas perante o trauma. Ao abordar o tema dos pacientes sem esperança ou que sobreviveram à sua morte, Figueiredo (2008) está se referindo a casos em que o aparelho psíquico sofreu tantos traumatismos que o paciente vive, porém parte de seu psiquismo está necrosado.

Por vezes, o choque traumático é tão grande que a Recusa não dá conta de proteger o aparelho psíquico. No entanto, posteriormente, essa defesa é reativada com outra função, a de silenciar a agonia, como se fosse possível amputar a parte atingida pelo impacto traumático. A defesa maníaca e o medo do colapso são expressões dessa Recusa da morte psíquica e da desesperança, em que o sujeito se defende de sua realidade psíquica insuportável.

Entretanto, é importante estabelecer uma diferença clínica fundamental: os quadros de desesperança são distintos dos estados depressivos. Esses últimos, segundo Figueiredo, podem ser um sinal de esperança que não deve ser menosprezado. Vejamos: Winnicott (1954-1955) afirma que a posição depressiva se caracteriza por um autoexame do paciente em relação a seu mundo interno, procurando discriminar e resgatar os objetos bons. É isso, inclusive, o que faz com que esse autor rebatize a posição depressiva, proposta por Melanie Klein, e fale então em *Concern*, dando ênfase a esse movimento saudável, distanciando-o da noção de doença mental. Os estados depressivos envolvem a tolerância ao processo de luto, admitindo a perda, mas também procurando encontrar e preservar aquilo que sobreviveu à devastação. Por sua vez, na Recusa da morte psíquica, o sujeito se defende de uma dor tão insuportável que ele não consegue admitir que, de fato, a catástrofe impensável já aconteceu.

A respeito da Recusa da utopia, Figueiredo (2008) também descreve quadros clínicos em que os processos de continuidade são interrompidos pela defesa. Nesses casos, os pacientes estão convictos de que no final de toda experiência haverá um grande trauma e, assim, se protegem desse desfecho encerrando o circuito antes que se complete. Para esclarecer esse fenômeno, o autor nos remete ao processo de desintegração como defesa (WINNICOTT, 1990): a desintegração ativa é provocada para evitar sofrer a desintegração passivamente, ou seja, o psiquismo se fragmenta defensivamente para não ser despedaçado pela intensidade da invasão do ambiente. Desse modo, o psiquismo interrompe a experiência antes que ela seja interrompida pelo objeto: distancia-se dos outros para não se envolver, abandona antes que seja abandonado e não deseja nada para não se frustrar. Essa é uma manifestação da Recusa da utopia, sustentada pela crença inabalável de que nada de bom pode vir do futuro, nem da relação analítica. Assim, se alguns pacientes chegam à análise como se estivessem em um oásis, um lugar com que podem contar para respirar, para outros, a análise significa encarar o deserto que os habita e o medo de reviver o trauma.

Dificuldades de brincar como perturbação da esperança

Figueiredo (2008) destaca que sintomas, sonhos, formações de compromisso e, inclusive, a transferência são demonstrações de esperança, uma vez que essas produções do psiquismo se sustentam em uma repetição que busca o reencontro prazeroso com o objeto perdido ou faltante. A possibilidade de brincar também está ligada ao funcionamento do Princípio de Esperança, pois é preciso ter esperança para poder encarar uma folha em branco, não ter medo de cair no vazio e acreditar na possibilidade de encontrar um espaço de liberdade e de potencialidade. Para brincar também é preciso ter um espaço interno e uma disposição para tolerar a frustração.

Para muitas crianças, é um alívio poder suspender o julgamento de existência, esquecer-se do caos diário e entregar-se a um campo lúdico. Porém, para outras, esse campo é muito assustador, pois temem se esquecer do perigo iminente. Portanto, não é evidente que toda criança saiba brincar. Muitas vezes trata-se de uma forma de descarga corporal que predomina sobre o exercício de representação ou, ainda, como a defesa maníaca nos adultos, uma forma de se distanciar de sua realidade psíquica, distraindo-se. Nem todas as repetições nas brincadeiras são formas de elaboração: algumas têm um caráter compulsivo, como a Recusa do Menino do Cordão (WINNICOTT, 1951),[4] em que o objeto era usado para não admitir a separação.

A função primordial do analista seria criar condições para que o paciente possa brincar, na acepção winnicottiana, que envolve a função de simbolização por meio da conexão e a distinção entre o mundo interno e o mundo externo. Brincar envolve diretamente o mecanismo de projeção, em que o brinquedo ou o analista se tornam

---

4 Este caso é abordado no capítulo "Objeto fetiche e objeto transicional".

depositários das fantasias da criança, de modo que ela possa se distanciar do que é incômodo e, ao mesmo tempo, reconhecer-se no cenário que ela criou.

Segundo Green (1971), o mecanismo de projeção está ligado à ideia de um projeto de futuro, de modo que a restauração da possibilidade de brincar requer o estabelecimento de um mínimo de esperança na relação analítica. O autor afirma que a projeção implica na presença de um objeto que possa servir de suporte para esses conteúdos. Assim, a função do analista será acolhê-los e devolvê-los de forma digerida, para que possam ser integrados ao psiquismo. Nesse contexto, o analista é o *guardião do enquadre*,[5] não apenas garantindo que a criança não se machuque na brincadeira, por exemplo, ou oferecendo um espaço adequado para a realização da sessão, mas também sabendo ficar quieto e aguardar sua vez de entrar no jogo ou de dizer alguma coisa, o que é muito precioso nesses atendimentos.

Apresentarei, a seguir, duas vinhetas clínicas em que os pacientes tinham um histórico de vivências traumáticas frequentes e, por vezes, concomitantes ao atendimento, e a desesperança se revelava nas suas formas de brincar nas sessões. Como analista de crianças, por vezes trabalhamos com o paciente enquanto o trauma continua acontecendo, uma vez que o ambiente familiar falha em atender às necessidades emocionais dele e nem sempre tem a disponibilidade de se reajustar. Mesmo que optemos por atender aos pais ou encaminhá-los para um trabalho de orientação, encontramos um limite em nossa atuação como psicanalistas de crianças, o que também delimita e organiza nosso enquadre. São estes os pais de nossos pacientes, e não os ideais.

---

5 Green (1979) afirma que "assim como o sono é o guardião do sonho, o analista é o guardião do enquadre, cujo parâmetro principal é o silêncio" (p. 292). Esta função do analista foi abordada mais profundamente no capítulo "O analista, a Recusa e o enquadre".

Carolina e o irreparável

Foi um delicado manejo o que esbocei com Carolina, uma menina que rebatizou o Jogo do Rabisco (*Squiggle Game*) de *Jogo dos Nós,* em que seus rabiscos tinham de ser transformados por mim em alguma imagem inteligível, como quem desembaraça um cabelo cheio de nós. Winnicott (1964-1968) propõe essa técnica de diagnóstico e intervenção que ele usava em suas consultas terapêuticas com crianças, ocasião em que teria poucos encontros com o paciente. Nela, o analista desenha um rabisco em uma folha de papel e convida a criança a continuar o desenho; depois é a vez do analista de desenhar algo a partir do rabisco da criança.

Certo dia, Carolina chegou tão abalada à sessão que não conseguia brincar. Sentia fome, frio e dor de barriga. Propus que se deitasse no divã e ofereci-lhe uma manta, que ela aceitou. Não queria conversar, tinha sempre muito receio de falar de sua família. Mas, insistentemente, repetia: "Do que vamos brincar? Do que vamos brincar?". Parecia-me que ela queria brincar para se distrair, ou melhor, para me distrair, para que eu não a cutucasse. Comuniquei-lhe essa ideia e descrevi que via uma menina muito enfraquecida, quase adoentada, precisando de ajuda. Estava tão machucada que naquele momento não conseguiria falar sobre as feridas.

Mesmo queixando-se do mal-estar, Carolina quis brincar do Jogo dos Nós, mas não tinha força para sentar-se à mesa; pediu-me que lhe levasse o papel e o lápis ao divã, como uma pessoa doente que precisa que lhe tragam alimento. Carolina rabiscou, rabiscou e rabiscou. Começou a se mostrar mais enérgica e vitalizada. Disse, então, que seria impossível para mim resolver o desafio desta vez. Agressivamente, Carolina rabiscava, furava e picava; colou durex, espalhou cola líquida, tinta... uma verdadeira meleca. Enquanto eu analisava a imagem, comentando o que poderia se tornar, ela insistia em complicar mais, mais e mais. E disse: "Você nunca vai conseguir resolver".

Indaguei se, talvez, ela quisesse que eu ficasse desesperada com o desenho, sentisse-me sem saída, assim como muitas vezes ela se sentiu. Perguntei-lhe se ela sentia que as questões familiares não tinham solução. Carolina emocionou-se, mas se calou: "Não quero falar sobre isso. Minha barriga está doendo". Eu lhe disse que talvez ela estivesse cheia de coisas esquisitas dentro dela, alguma coisa muito ruim acontecera e ela a engolira. Estava cheia de coisas estragadas. Disse-lhe também que podia entender o fato de ela não querer falar sobre isso ainda. Ela concordou, mas, ao voltar sua atenção ao desenho, revelou-se aflita com a possibilidade de eu não conseguir resolver os nós.

Fiz alguns contornos por cima dos seus rabiscos. Disse-lhe que era uma dor de barriga tremenda que estava nesse desenho, e quem sabe uma mamãe cuidadosa poderia lhe dar algum remédio, e desenhei-a. Carolina então pediu-me água e, depois de beber, disse que estava melhor.

De alguma forma, foi possível entrar em contato com o desespero de uma paciente tão pequena. Eu lhe disse que não podia resolver as complicações da família dela, mas podia ajudá-la a pensar sobre elas e a se cuidar, e assim ela poderia se sentir menos fraca e doente cada vez que as coisas estivessem assim caóticas. Havia ainda uma esperança de que na análise algo de bom poderia ser encontrado e criado.

É interessante notar que o Jogo dos Nós alude a um emaranhado, mas a polifonia do termo "nós" remete ao pronome da primeira pessoa do plural: o jogo fala de nós, analista e paciente, e nós, quando ela se refere às pessoas da família dela. Esta vinheta ilustra o que afirma Figueiredo: o analista está intimamente envolvido nessa problemática, pois a desesperança leva, inclusive, a um desinvestimento da análise. Os pacientes que não suportam a esperança nascente também tendem a aniquilar a esperança do analista.

Entretanto, o autor alerta que "o pior manejo da situação seria justamente o de consagrar o desmentido do próprio sofrimento que o paciente carrega" (FIGUEIREDO, 2008, p. 168), no sentido de que é fundamental reconhecer a desesperança que habita o paciente para podermos nos opor à ação da Recusa, que, por vezes, tende a maquiar a realidade psíquica. Nesse sentido, promessas incrédulas ao paciente seriam formas de oferecer-lhe uma utopia que invalida sua realidade psíquica. Por isso, o paciente sente verdadeiro alívio quando reconhecemos o desespero que ele sente e ficamos ao seu lado sem nos desesperarmos. Mas, assim como é importante reconhecer a morte que habita o psiquismo do paciente, parece-nos essencial apontar que na análise algo novo está sendo vivido. Portanto, estas estratégias de vitalização não se confundem com as forças defensivas da Recusa, pois conjugam as duas realidades psíquicas opostas e simultâneas: a esperança nascente e a desesperança e a desconfiança persistentes.

Talvez o manejo que desenvolvi com Carolina só tenha sido possível porque eu também me senti muito desesperançosa nas primeiras entrevistas com seus pais e, então, tive de trabalhar dentro de mim a condição desse atendimento: aceitar que não poderia mudá-los. Desde esse primeiro impacto, tive em mente que seria fundamental estabelecer um vínculo de confiança com a paciente e, acima de tudo, respeitar o tempo dela. O que ela ansiava era poder brincar em paz, por isso, foi importantíssimo medir e ponderar minhas intervenções para que eu não fosse intrusiva, mas também para que não fosse omissa. Encontramos muitas formas de comunicação entre nós, que permitiram abordar sua realidade psíquica sem ter de dizer explicitamente o que havia acontecido. Essa experiência vai ao encontro do que Ferenczi (1931) sugere quanto às abordagens aos traumas: o analista não deve cutucar demais, é preferível que aguarde para que o tema possa emergir espontaneamente por parte do paciente, desde que haja confiança no vínculo.

No entanto, entrar em contato com esses conteúdos psíquicos provoca um grande sofrimento e, por vezes, uma grande desorganização no paciente. Assim, para Ferenczi, é importante que o analista possa se despedir do paciente, da mesma forma como uma criança que antes de dormir precisa ser tranquilizada pela mãe de que os monstros não a alcançarão. Isso ocorre nos últimos momentos da sessão, enquanto a criança e o analista arrumam e fecham a caixa, garantindo que o que aconteceu ali continuará ali. Esse processo, por vezes, pode ser difícil para alguns pacientes e por isso é importante tomar uns minutos a mais na sessão. Esse "mimo" (FERENCZI, 1931), o prolongamento da sessão, revela uma flexibilidade da técnica e do enquadre clínico, fundamentais para poder acolher o impensável.

Gabriel e a meleca dos vínculos

Essas perturbações do Princípio de Esperança também apareceram no atendimento de Gabriel, um menino que vivera privações muito importantes na vida. Segundo Winnicott (1956b), há pacientes que conquistaram a integração, ou seja, tiveram cuidados suficientemente bons no início da vida, mas subitamente viveram a interrupção severa e prolongada do atendimento às suas necessidades emocionais. Em virtude da privação, configura-se o quadro de *tendência antissocial*,[6] que se expressa por meio de

6 Na tradução da obra de Winnicott de 2005 (antes da reforma ortográfica), a palavra utilizada foi "anti-social". Aplicamos neste livro a ortografia vigente em 2021.

roubos, mentiras e agressões. O autor compreende que, por trás desses atos, perfila-se um gesto de esperança, um pedido de socorro que ainda espera ser atendido. Contudo, nem sempre a criança com tendência antissocial encontra um ambiente que é capaz de sobreviver à sua destrutividade, e assim era o ambiente familiar de Gabriel.

Certo dia, anos após o início do tratamento, ele pediu para fazer o *slime*[7] na análise, dizendo que já tentara fazê-lo na escola e em casa, mas nunca dera certo, e achava que comigo poderia funcionar. Ele ficou absolutamente derrotado quando nossa mistura de ingredientes não deu certo. Afirmou que desistiria, que ele não tinha sido feito para isso: o *slime* nunca daria certo. Assim, Gabriel revelava a crença de que não era merecedor de coisas boas, não tinha mais esperança nos relacionamentos, sendo que nem uma analista tão idealizada seria capaz de mudar sua vida. A desesperança o tomava completamente; dormiu durante o resto da sessão. "Tristeza cansa", eu lhe disse.

Aos poucos, pudemos acessar sua desesperança. Ela transparecia também em sua fantasia de que, quando ele crescesse e fizesse 18 anos, seria preso, pois era um imprestável. Eu lhe disse que, apesar de ele se sentir infinitamente destruidor, nós tínhamos estabelecido uma relação que já passara por alguns desencontros também, mas que juntos descobrimos formas de superar nossas brigas. Desenhei Gabriel e seu coração. O desenho e o registro no papel eram recursos que usávamos com frequência para evocar seus sentimentos e suas experiências. Disse que às vezes ele se sentia cheio de aranhas, morcegos, ratos, baratas e ferimentos e esquecia-se de que tinha *também*

---

7 Tipo de massinha gelatinosa que a criança produz misturando diversos ingredientes em proporções e medidas corretas, que, por vezes, resulta apenas em uma meleca, mas que, quando dá certo, forma uma massa homogênea e maleável, semelhante a uma geleia elástica, que as crianças gostam de manusear.

dentro de si coisas boas que oferecia aos outros. É verdade que ele, às vezes, passava como um furacão – recordei-o –, mas enfatizei uma nascente capacidade de fazer reparações e de perdoar.

Ele, então, decidiu abrir sua caixa e examinar os desenhos que fizemos ao longo de anos de análise, literalmente um arquivo de nossa história. Rememorar nossos encontros, minhas falhas e nossas reconciliações foi muito importante para restaurar a esperança de que ele pudesse estabelecer vínculos enriquecedores e consistentes, a quem poderia oferecer *slimes*. Na caixa, ele também encontrou desenhos que fizera de pessoas queridas, as quais haviam partido, mas ficaram presentes como lembrança de amor e cuidado. Contou-me as coisas que aprendera na escola durante a semana e disse, então, que queria ser psicólogo quando crescesse. Observei uma pequena recuperação da esperança, apesar de ela estar sempre cercada pela ameaça do fracasso de uma relação.

Na figura da analista, Gabriel encontrou alguém que tolerava e transformava o desencontro e a meleca, que sobrevivia mantendo-se esperançosa sem menosprezar as dores do caminho, e que oferecia uma relação de transparência e segurança. Nessa revisão dos desenhos, o paciente reencontrou um objeto bom, guardado e preservado dentro de si, com o qual se identificava e a partir do qual construía um projeto de futuro. Green (1987) refere-se à função do analista como arquivista da história pessoal do paciente, como um HD externo que pode servir de apoio para lembrá-lo de experiências importantes, e destacar as mudanças de uma época da vida para a outra, de um período da análise para outro. Afinal, a análise é também um lugar de testemunho.

Levou tempo até que Gabriel estivesse pronto para enfrentar o *slime* novamente. A mistura continuou não saindo como o esperado, mas ele já tinha mais condições para tolerar o fracasso, e pudemos desenvolver uma brincadeira a partir de toda aquela meleca, recuperando fiapos de esperança entretecidos com muita desconfiança e culpa. Espalhamos a mistura nas mãos como uma segunda pele e, ao descascá-la, grudamos o material que vinha dessas quatros mãos, formando uma massinha. Assim, reconstruía-se uma camada narcísica, como o Eu-pele (ANZIEU, 1988),[8] que possibilitou ao paciente viver e ver-se de outro modo. Gabriel não quis jogar no lixo a meleca-massinha, decidindo guardá-la em um pote e deixando-a em sua caixa lúdica. Ele recebeu e preservou a nova realidade, em contraste com as experiências traumáticas.

Gabriel era um paciente de pele-fina, muito sensível a qualquer mudança ou frustração, de modo que se feria facilmente com os espinhos dos outros, mas criava uma casca grossa com ataques aos vínculos afetivos. No entanto, sua tendência antissocial era dificilmente acolhida pelo ambiente como um pedido de ajuda. Na relação analítica, a resistência era silenciosa, e Gabriel procurava evitar qualquer discordância, sendo preciso incentivá-lo a se expressar sem medo de desagradar: ele brigava com o mundo lá fora e, na sessão, mantinha o semblante passivo.

Ferenczi (1933) afirma que, por vezes, é necessário autorizar o paciente a sentir ódio e a expressá-lo, especialmente em relação ao analista. O medo que o paciente sente de ser agredido ou abandonado persiste por trás da sua fachada de beatitude, que silencia os afetos para preservar a estabilidade do relacionamento; esse é um dos aspectos que o deixa com a língua presa. Por muito tempo, na análise de Gabriel, observei esse aspecto de nossa relação, e passou-se um longo período até que ele finalmente pudesse verbalizar que tinha medo de perder-me, eu, que era tão importante para ele. Disse-me que havia certas coisas que ainda temia me contar sobre

8 Eu-pele é um conceito proposto por Anzieu (1988) para se referir a uma dimensão narcísica do Eu corporal, onde as fronteiras entre interno-externo se constroem a partir da relação eu-outro.

si mesmo: "E se a gente brigar? E eu não puder mais vir aqui?", ele aventava.

Por isso, foram muito importantes as sessões em que finalmente pôde ficar bravo comigo e discordar do que eu pensava. Reconhecer e desculpar-me por meus erros e desencontros e oferecer reparações foi um manejo fundamental para lidar com a falta de esperança do paciente, criando um campo de sinceridade e confiabilidade. Mas o processo de recuperação da esperança trouxe à tona uma imensa demanda de amor que também foi importante ouvir, reconhecendo o quanto Gabriel sofria com nossas separações. Legitimar a dor dele a cada decepção comigo e com os outros permitiu também delinear a ferida deixada pelas repetidas experiências de privação e a ânsia voraz de ser finalmente atendido em suas necessidades.

O medo do colapso e a defesa maníaca

Minha experiência com Sofia ilustra muito bem os desafios encontrados na análise de pacientes em que o Princípio de Esperança está seriamente prejudicado. Dei-lhe esse nome pois se tratava de uma paciente adulta que dizia que não tinha nada de novo a descobrir de si mesma; já sabia o que lhe tinha acontecido. Declarou de pronto que não esperava nada da análise (vinha por indicação do médico) e toda semana ameaçava interromper o atendimento, mas seguia vindo. Esboçou alguma esperança na análise ao dizer que viu em meus olhos uma perspectiva para ela, uma esperança que não conseguia ver sozinha e, por isso, decidiu continuar o tratamento e – quem sabe? –, talvez ela poderia enxergar o que eu estava vislumbrando.

Mas todos os caminhos eram difíceis demais para ela. A necessidade de se anestesiar de tudo revelava que as relações eram-lhe muito doloridas e custosas; ela não tinha mais capital para investir e não queria mais ajuda. Não tinha saída, dizia, e ninguém podia socorrê-la. Sofia queria não precisar de ninguém, pois suas experiências traumáticas haviam reforçado a crença de que não podia contar com os outros e estava tão ferida psiquicamente que não queria mais correr o risco de se decepcionar.

Esse caso clínico nos remete à descrição de Figueiredo (2008), que nos fala de um tipo de paciente que não consegue fazer uso daquilo que percebe. Ela sabia, percebia o mundo, mas não conseguia ligar suas percepções a conclusões, antecipações ou decisões. Ao impedir que as representações se encadeiem com outras, a Recusa compromete a função de elaboração psíquica, julgamento e pensamento. É nesse sentido que este processo defensivo coloca o paciente em uma posição de ingenuidade e vulnerabilidade a novos traumatismos.

Soluções mágicas onipotentes eram usadas por Sofia para aplacar sua dor, como se ela dissesse que merecia certo afago da vida e que precisava desse alívio imediatamente. Porém, isso a levou a atuações complicadas, pois seus atos impulsivos colocaram-na em situações com que não sabia lidar e que reforçavam a sensação de perigo iminente. Na *defesa maníaca*, a Recusa permite (temporariamente) que o paciente não entre em contato com a realidade psíquica de um mundo interno cheio de objetos destruídos e irreparáveis.

O movimento maníaco de reparação onipotente se encarrega de iludir o sujeito quanto à possibilidade de ressuscitar objetos que já estão mortos, e a defesa o distrai procurando vida nos objetos externos de modo voraz. Esse processo defensivo opera de modo similar à alucinação,[9] em que o psiquismo é entorpecido com estímulos excessivos que criam a ilusão de que tudo está bem. A defesa maníaca faz uma maquiagem no mundo interno para que não se entre em contato com os aspectos necrosados e mortíferos do psiquismo. Portanto, trata-se de uma defesa *pseudovitalizante* (FIGUEIREDO, 2018) em que o sujeito, artificialmente, se convence de que não se sente moribundo.

Desse modo, os estados maníacos podem ser entendidos como um sinal de desesperança, em que se perfila uma crença: "Eu sei que meus objetos internos estão mortos, mas, mesmo assim, empenho-me loucamente por recuperá-los". No caso de Sofia, talvez pudéssemos esboçar outra sentença: "Eu sei que meus objetos estão destruídos, que ninguém no mundo vale nada, mas, mesmo assim, aceito qualquer alívio temporário para meu pesadelo".

Foram pouquíssimas as sessões em que Sofia se deu ao trabalho de me contar sobre sua história pessoal, e isso lhe parecia tão sem sentido que não se aprofundava em tema algum. Não se tratava de uma associação livre, mais se parecia com uma criança que fala o que o adulto quer ouvir. Ela não queria saber de nada daquilo. A angústia de hoje é que era urgente: sua casa psíquica estava por um triz e ela não podia esperar nem um minuto mais; precisava de uma resposta que pudesse resolver tudo. Não havia objeto no mundo que pudesse dar conta de todos aqueles anos, de todo aquele lixo psíquico acumulado por cima de um vazio enorme de existência. Ela interrompeu a análise, pois não estava de acordo em ter de pagar o estacionamento quando não encontrava vagas na rua. Fazer esse investimento afetivo na relação analítica lhe custava muito caro.

---

9 Sobre a relação entre defesa maníaca e alucinação, ver o capítulo "A Recusa primária e o trauma de Eros".

O *conhecido não pensado*[10] (BOLLAS, 1987) parece explicar bem a situação de Sofia, que não pôde transformar seus traumas em sabedoria e não conseguia aprender com a experiência (BION, 1962). Não sabia viver a vida. Sobrevivia como forma de resistência a mudanças, a sentimentos e a transformações. Defendia-se de Eros; era um poço de pulsão de morte que visava preservar a inércia. Entretanto, não apenas lhe faltava esperança e, por vezes, era tomada por estados de apatia, como também transparecia seu desespero e um medo terrível: parecia acreditar que o tempo, portador da diferença, ainda lhe pegaria desprevenida.

Portanto, poderíamos considerar que Sofia vivia o medo do colapso, quadro descrito por Winnicott (1963) em que o paciente sobrevive apesar da morte da esperança. Nesses casos, há uma sensação intensa de perigo iminente, mas o que o autor destaca é que, na realidade, refere-se a uma catástrofe que já aconteceu. Podemos compreender esse paradoxo tendo em vista o processo de defesa da Recusa, que gera esta inversão temporal no psiquismo, quando a violência do passado é esperada do futuro.

Segundo Figueiredo (2018), trata-se do uso das angústias como defesa contra a agonia: o medo do colapso mantém o sujeito na posição ativa, como se pudesse se proteger, atualmente, acionando o sinal de angústia como alarme contra um perigo iminente, mas ele mascara a passividade da parte morta e traumatizada que, no passado, foi pega de surpresa por uma experiência de desamparo e violência. Assim, o medo do colapso é um quadro em que a Recusa atual oculta os rastros psíquicos da destruição já ocorrida, e em que não se admite a necrose do psiquismo. O medo da morte iminente oculta a morte interna; era isso o que parecia se passar com

10 Trata-se de fenômenos inconscientes que envolvem registros no aparelho psíquico que ultrapassam a capacidade de verbalização, como em certos aspectos primitivos das relações de objeto.

Sofia. Há pessoas que declaram: "do chão eu não passo", quando se veem em situações desafiadoras que requerem muita coragem para enfrentá-las. Mas no caso do medo do colapso, trata-se de pacientes que já passaram do chão.

Embora o trauma já tenha acontecido, o sujeito não faz a menor ideia do que o atingiu, uma vez que o colapso das defesas no passado deixou suas marcas no psiquismo, mas estas nunca ganharam a qualidade de representação. É o que dizia Sofia, que ela já sabia de tudo o que acontecera, mas a questão é que nunca tivera a oportunidade de sentir e pensar sobre isso, o que tornava a vida cotidiana um sofrimento sem saída. A desesperança se revelava na antecipação de um novo trauma como única possibilidade possível no futuro, acreditando que o encontro com novos objetos sempre repetiria a desgraça ocorrida com os antigos, configurando a Recusa da utopia.

Podemos indagar se no medo do colapso há algum fiapo de Princípio de Esperança ainda operando: se ainda restou alguma parte viva nesse aparelho psíquico, vale a pena o gasto de energia a que se dedica o paciente para proteger o que lhe resta e, nesse sentido, esboçaríamos um aspecto antitraumático do medo do colapso. Mas talvez o mais correto seria dizer que, nessa situação, o que se configura é o desespero, quando já há muito pouco a ser feito. O que Winnicott nos ensina é que o analista só poderá ajudar o paciente se houver o reconhecimento da falta de esperança deste.

Por sua vez, Ogden (2016) permite abordar esse quadro sob um ângulo complementar ao se debruçar sobre a questão das agonias. Para o autor, o termo "agonia" se justifica apenas quando certas experiências do desenvolvimento emocional primitivo ocorrem na ausência de um vínculo suficientemente bom de dependência absoluta com o ambiente. Segundo Ogden, as perdas do senso de realidade, da unidade psicossomática e da integração são acompanhadas das defesas de desrealização, de despersonalização e de desintegração somente quando ocorrem em um contexto de abandono e desamparo. Ele propõe, então, que essas defesas visam interromper a experiência para que ela não seja traumática, referindo-se a um curto-circuito, no qual podemos reconhecer a função defensiva da Recusa: a vivência é interrompida no meio do caminho, de modo que o acontecido é registrado, mas não pode ser pensado. Ou seja, o colapso ocorreu e a agonia foi experimentada em um contexto de abandono, mas a defesa impede sua representação.

Nesse contexto, a falha do analista pode reativar o processo defensivo, entretanto, há uma chance de transformar a repetição da agonia impensável em algo pensável: quando o analista reconhece esse descompasso e o impacto que tem sobre o paciente, como o medo da loucura. O analista pode restabelecer a conexão temporal quando propõe ao paciente a hipótese de que ele já tenha vivido essa terrível experiência agonizante, mas em outra situação, em que se viu sozinho e impotente. Assim, a repetição traumática na transferência, quando reconhecida e analisada, pode validar a realidade psíquica do conhecido não pensado. Às vezes, a única coisa que o analista pode oferecer é estar junto do paciente, reconhecendo sua desesperança e seu medo.

O analista não poderá poupá-lo da dor psíquica ao encarar seu mundo interno em ruínas, mas, finalmente, o colapso registrado poderá ganhar representação e ser vivido plenamente para que possa ser elaborado. É nesse sentido que Ogden (2016) fala de *Reclaiming Unlived Life*[11] como a possibilidade de recuperar um pedaço de si mesmo que havia se perdido ou, como esboçamos, procurar tecer uma costura à cisão do Eu causada pela Recusa.

---

11 Poderia ser traduzido livremente como "requisitar" ou "pegar de volta" a "vida não vivida".

Ao entrar em contato com a realidade psíquica, a vivência do colapso pode ser inserida em uma rede de ligações psíquicas que restauram a noção de temporalidade, em que se distingue o desamparo psíquico do passado e as experiências atuais de *holding* que o analista oferece a partir de uma relação de confiabilidade. Só assim poderá ser recuperada a abertura para a esperança de um futuro melhor: se houver o reconhecimento dos rastros traumáticos e da desesperança. No caso de Sofia, a morte psíquica era desesperadora; tratava-se de um estado-limite, como define Green (1974), no limite do analisável.

Em outros casos de perturbação do Princípio de Esperança, acontece de recebermos um paciente que nos parece um enigma, uma vez que não problematiza suas relações: não sabemos muito bem o que se passa com ele, o que lhe aconteceu e por que não se sente vivo. Observamos que ele não sabe falar de si mesmo, que, para ele, a proposta da associação livre pode parecer uma regra impossível de se cumprir, e que às vezes esse paciente fica muito desconfortável com o enquadre.

Em contraste com a atitude de Sofia, Beatriz era uma paciente que comparecia à análise podendo admitir que não sabia o que lhe acontecera. Não se recordava de ter vivido grandes sofrimentos nem traumas; não se queixava da infância, do trabalho ou da família, mas também não sabia por que era tão infeliz. Tratava-se de uma outra forma de manifestação da Recusa ligada ao conhecido não pensado (BOLLAS, 1987).

Na clínica, deparamo-nos com diversos pacientes que, como Beatriz, nunca se contaram sua própria história, nunca puderam sentir as emoções que viveram. Como almas blindadas, zumbis ou mortos-vivos, são sujeitos que trazem em seu psiquismo uma história que não sabem qual é, mas seu sofrimento testemunha a marca deixada por relações objetais muito complicadas. Eles simplesmente não sabem o que lhes aconteceu, mas a análise revela que está impressa no psiquismo a sombra dos objetos com que conviveram. Esse é o caso de pacientes que se dão conta tardiamente dos abusos psíquicos que viveram na infância.

Eis, então, a diferença e a semelhança entre as pacientes Sofia e Beatriz – a primeira afirma que sabe tudo sobre si, e a segunda declara que não sabe nada. Embora tenhamos delineado a ação da Recusa em ambos os casos, a esperança e o desejo de saber sobre si mobilizaram a análise de Beatriz, que passou a contrapor a narrativa familiar à recordação de sua própria experiência infantil, em um movimento dialético de construção e desconstrução de sua ficção pessoal.

Da catástrofe à mudança catastrófica

Os casos clínicos apresentados neste capítulo remetem a desamparo, desesperança, desalento e catástrofe, que ressoam em nossos próprios medos e angústias. Como acordar para a realidade quando ela mais parece um pesadelo interminável? O tema da desesperança põe em questão os limites e as possibilidades do trabalho analítico: luto e criatividade são parte da condição humana, mas nem sempre conseguem se desenvolver e integrar-se.

Figueiredo (2008) entende que, em situações radicais, a Recusa pode gerar uma tensão entre as duas correntes psíquicas contraditórias, em que uma ataca a outra, destruindo, inclusive, os elos entre elementos psíquicos. Nesse sentido, a Recusa pode não apenas causar uma cisão no Eu, mas também produzir uma pulverização do aparelho psíquico esmigalhado. Esse é o caso do paciente sem esperança, gravemente adoecido, que não apenas se desliga dos outros, mas também desliga seu mundo interno em um processo defensivo, que acaba sendo autodestrutivo.

Na clínica, encontramos diversos graus de perturbação do Princípio de Esperança e manifestações da Recusa da utopia. Em alguns casos, o encontro com o analista descongela rapidamente o paciente, que passa a confiar e esperar algo de melhor do futuro. São gratos e, por vezes, a transferência é tão intensa que se assustam com a natureza do vínculo analítico. Mas, outras vezes, esse reconhecimento da análise como um oásis pode ser uma idealização que encobre a morte psíquica ainda não acessada, em que a Recusa perpetua a estabilidade de uma relação insípida e o paciente não se deixa verdadeiramente penetrar pelo analista.

Lidar com a morte psíquica pode ser perturbador. Há casos em que o excesso de transferência positiva forma um conluio entre as defesas da dupla analítica, no qual paciente e analista se esquivam do sentimento de vazio e da falta de sentido do encontro entre eles. Ou seja, o analista também está sujeito a desenvolver uma defesa maníaca, mantendo-se cego e surdo às agonias do paciente moribundo. Por outro lado, há situações tão dramáticas que a angústia despertada no analista o demove de sua posição ética, tomado pelo anseio de salvar o paciente de seu infortúnio.

É muito duro assistir ao paciente definhar sem poder assisti-lo, assim como é emocionante vê-lo desabrochar. O analista tenta se equilibrar, sustentando uma utopia sem perder o pé da realidade. A imagem da fênix como sinônimo de resiliência nos remete à importância de reconhecer a morte dos objetos internos, afinal, a fênix só poderá renascer das cinzas depois de morrer: ela não é blindada e eterna, como pretende a Recusa. Em hospitais, quando um paciente morre, é obrigatório se declarar, em voz alta, o horário da morte, e isso tem um efeito muito poderoso na admissão de que já não há mais nada a ser feito: é preciso enterrar os mortos para viver o luto. Assim, mesmo fazendo o papel de coveiro, a relação analítica é viva na medida em que permite sentir e reconhecer as feridas e as perdas, reabilitando a pele psíquica em um contexto de confiabilidade e cumplicidade. O paradoxo é que a possibilidade de sofrer a dor recupera a circulação do psiquismo, afrouxando o torniquete. Não sem resistências, o encontro com o analista pode abrandar as crenças rígidas que compõem a Recusa da utopia, abrindo o psiquismo para o novo e o desconhecido. É assim que a catástrofe pode se transformar em mudança catastrófica.[12]

O desafio clínico que encontramos é que estes pacientes se revelam alérgicos à esperança e se defendem para não criar expectativas que venham a ser frustradas, pois já estão agarrados à vida por um fio. Nesses quadros de perturbação do Princípio de Esperança, é muito comum o uso de defesas pseudovitalizantes, em que a Recusa é ainda uma tentativa desesperada de escapar ao reconhecimento dos objetos internos mortos. Contudo, mesmo que o paciente compareça montado em suas armaduras defensivas, a possibilidade de manter-se ligado ao analista é um broto que precisa ser cultivado. Seja qual for o motivo que o faz procurar atendimento, o paciente vem, e isso é uma forma de investimento, uma expressão de Eros. Por esse motivo, é tão importante que o analista escute e fale sobre os afetos e as resistências do paciente ao próprio processo analítico, trazendo à tona a dupla atitude perante esse vínculo: simultâneas esperança e desesperança.

Por vezes, é preciso explicitar que o paciente teme repetir nessa relação as catástrofes que viveu até então. É importante deixá-lo confessar que já não sabe mais o que esperar da vida e nem da

---

12 Segundo Bion (1970), há situações em que algo novo – uma pessoa, uma ideia, uma representação, um acontecimento – provoca uma ruptura radical em um sistema de crenças e signos já estabelecidos. Esse encontro catastrófico tem, contudo, o potencial de permitir uma reorganização dos elementos, levando a uma abertura do psiquismo para integrar novas experiências.

análise. Paradoxalmente, é assim que se constrói o enquadre como um lugar de investimento, em que o primeiro objeto da simbolização é o próprio vínculo analítico, mesmo nessas circunstâncias penosas. Esse movimento se contrapõe às forças de desligamento da Recusa.

Em algumas circunstâncias, é justamente o desinvestimento de parte dos objetos primários que devastou o psiquismo do paciente. Constatamos que foi destruído, ou nunca foi instalado, um espaço psíquico para se pensar e o sujeito é tomado pelo sentimento de vazio (GREEN, 1980). Aqui, não falamos de uma folha em branco, com o potencial de ser usada, mas no branco de alguém que parece não ter construído uma mente. No entanto, a transferência nos revela que o paciente está cheio de objetos mortos, ou ainda, de objetos não nascidos. Este trabalho do negativo,[13] que compõe a escuta do analista, é fundamental para que se possa dar forma ao que parece ser o grande nada que habita o paciente.

Por exemplo, quando este nos fala de um sentimento de futilidade de sua própria vida, podemos construir a hipótese de que fora abandonado ou que ficara à deriva, sem vínculo com o desejo de seus genitores e sem herança narcísica, o que gera esta dúvida fundamental: "Por que, afinal, eu existo?". Segundo Ferenczi (1929), essa sensação terrível é muito comum nas crianças mal acolhidas, que não são bem-vindas ao mundo e foram muito pouco investidas narcisicamente por suas famílias. Este é o trabalho do negativo: a intervenção do analista investe na sombra do objeto que causou o desinvestimento, de modo que o nada (*nothing*) se torna ausência (*no thing*).[14] Assim, o registro da relação com o objeto primário

---

13 Este aspecto clínico será explorado no próximo capítulo.

14 Vimos no capítulo "Objeto fetiche e objeto transicional" a distinção que Bion (1970) propõe, a qual Green (2003) resgata para explicitar o trabalho do negativo.

ganha representação, de modo que a catástrofe pode ser pensada como um acontecimento psíquico, como algo que foi vivido de fato.

Traçando esse esboço junto com o paciente, transformamos o vazio em uma tela apta para receber rabiscos: a estrutura enquadrante (GREEN, 1966-1967). Assim como uma mãe constrói a capa narcísica de seu bebê, o trabalho analítico tece essa pele psíquica do paciente. Recupera-se o movimento narcísico autoerótico de investimento libinal em si mesmo, na medida em que permitimos ao paciente tomar seu mundo interno como objeto a ser escutado, olhado, pensado. Essa é a *função objetalizante* (GREEN, 1993) do enquadre: reabilita o poder de Eros, descongelando os mínimos elementos de esperança que sobreviveram ao trauma e podem originar uma nascente. Nas palavras de Green (1974): "O dilema opondo a presença intrusiva - que conduz ao delírio - e o vazio do narcisismo negativo - que conduz à morte psíquica - é modificado pela *transformação do delírio em jogo e da morte em ausência na criação do campo intermediário do espaço potencial*" (p. 100, grifos do autor).

10. O analista, a Recusa e o enquadre[1]

A análise das defesas

Embora alguns pacientes digam que a análise é um bálsamo, precisamos reconhecer que a essência do trabalho analítico envolve uma verdadeira atmosfera alergênica, em todos os casos. É assim que Freud (1914b) define a transferência: como um adoecimento artificialmente provocado pela situação analítica. Nesse processo, vem à tona aquilo que, justamente, adoeceu o paciente, o que promove a reativação de todas as defesas, como em uma reação alérgica. No entanto, não é sempre que um paciente procura atendimento querendo se conhecer melhor, ou seja, buscando um maior contato com sua realidade psíquica. Muitas vezes, o sujeito só quer acabar com seu tormento insuportável e está em busca de anestésicos ou cuidados paliativos. Tais pacientes têm uma

---

1 Parafraseando o título do célebre texto de Green: *O analista, a simbolização e a ausência no enquadre psicanalítico* (1974).

resistência imensa em se desnudar, pois suas feridas ardem demais, e o processo de análise é muito dolorido.

Além de nos levar a impasses, desafios e dilemas, essa questão nos faz interrogar o que pretende um analista ao oferecer atendimento. Continua válido pensar que o objetivo da análise é colocar o paciente em contato com sua realidade psíquica?[2] Se sim, o que significa isso e como fazê-lo? Acatando essa premissa, precisamos considerar suas implicações na relação analítica e seu contorno: o método, as técnicas, as escutas, as teorias, os princípios éticos, os riscos e as possibilidades, e todos os outros elementos que compõem a especificidade desse vínculo.

O grande aporte do tema da Recusa e da cisão do Eu diz respeito à relação com a realidade, ou seja, de que formas o psiquismo entra em contato com a realidade e, simultaneamente, defende-se desse encontro. Se validamos a afirmação de Freud de que a Recusa está presente até mesmo na neurose, precisamos levar até as últimas consequências a concepção de um aparelho psíquico que se funda, funciona e também se destrói a partir das simultâneas admissão e não admissão da realidade.

Assim, embora a psicanálise contemporânea tenha se pautado no modelo dos fenômenos transicionais para pensar sobre o aparelho psíquico e sobre a relação analítica, com frequência passa desapercebido que a Recusa também tem um papel estruturante, inclusive do funcionamento do enquadre e da mente do analista, por exemplo, no que diz respeito à alucinação negativa e mesmo à positiva, como veremos adiante.

Desde o momento que declaramos ao paciente que nada do que ele disser será submetido a julgamento, já estamos propondo

2 Green (1974) sugere que o objetivo da análise é colocar o paciente em contato com sua realidade psíquica.

a configuração de um vínculo que tem uma especificidade. Tal declaração não se restringe ao julgamento moral, mas diz respeito também à suspensão da função de julgamento de atribuição e de realidade (FREUD, 1925b), estabelecendo uma relação em que podem caber diferentes versões de realidade, inclusive a traumática e a desesperançosa. Nesse sentido, consideramos que a recuperação do movimento de um psiquismo paralisado se dá na retomada de uma jornada (WINNICOTT, 1951), em que o teste de realidade é suspenso, e se cria uma zona intermediária de admissão e não admissão da realidade. Tanto no fetichismo como no fenômeno transicional, opera a Recusa de julgar[3] (GREEN, 1979a), mas, no primeiro, ela leva a uma perturbação do senso de realidade, enquanto no segundo, favorece a simbolização.

As dimensões da Recusa nos impelem a considerar as funções dos mecanismos de defesa, que não se restringem a proteger o psiquismo do choque traumático, mas também envolvem a criação de canais de mediação. Como explicita Candi (2010): "Encontram-se reunidos sob esta denominação (trabalho do negativo) os mecanismos de defesa que colocam o psiquismo no circuito expulsão-reintrojeçao, tais como recalque, denegação,[4] clivagem, identificação projetiva etc. Eles têm como objetivo a constituição dos limites e estabelecem a possibilidade de escolha e de julgamento" (p. 255).

Tendo isso em vista, o objetivo da análise não pode ser o de desmontar a defesa, mas o de reconfigurar seu modo de operar, para que sua ação antitraumática não se converta em asfixia. É isso o que entendo como *análise das defesas*. Mesmo quando falamos de outras defesas além da Recusa, como a Repressão, precisamos ter em mente que elas podem levar ao adoecimento psíquico, mas que não devem ser abolidas, afinal, têm um papel fundamental na

3 Sobre a Recusa de julgar, ver o capítulo "Objeto fetiche e objeto transicional".

4 Uma das traduções de *Verleugnung*.

construção e na regulação do aparelho psíquico. Desse modo, o trabalho analítico deve se dedicar a restaurar as funções psíquicas para que a relação com a realidade seja enriquecedora, e não apenas tóxica. Considerando o papel fundamental da Recusa no funcionamento do aparelho psíquico, o que a análise pode oferecer é conjugar distopia e utopia, onde a realidade se revela no entre.

As defesas operam de modo transitivo graças aos *processos terciários* (GREEN, 1979a), que conectam os processos primários[5] e secundários, promovendo a articulação de duas lógicas diferentes, porém não opostas. Dessa forma, permitem a transformação das intensidades e dos excessos potencialmente traumáticos em recursos e reservas antitraumáticos. Os processos terciários permitem a metabolização dos elementos psíquicos em um processo de ligação *e* separação, de conexão *e* distinção entre impressões, percepções, representações, memórias, fantasias e outros. Conferindo trânsito ao psiquismo, os processos terciários garantem que as defesas operem como reguladoras das fronteiras do psiquismo: entre instâncias psíquicas, entre o eu e o outro, entre interno e externo, entre objetivo e subjetivo, recuperando zonas de trânsito, contato e discriminação.

Contudo, quando a Recusa perde seu caráter transitivo, o paciente *se defende do terceiro e do terciário*, ou seja, da diferença *e* da diferenciação, do analista *e* do enquadre, do pensamento *e* do pensar. Em situações nas quais a alteridade não pode ser acolhida, a Recusa trata de paralisar as engrenagens. Sem condições

---

5 Laplanche e Pontalis (2001) explicitam que, segundo Freud, os processos primários caracterizam o funcionamento psíquico inconsciente e primam pela obtenção imediata de satisfação, mesmo pela via da alucinação. Já os processos secundários regem o funcionamento do pré-consciente e da consciência e permitem o adiamento da satisfação, o prolongamento do tempo de espera, a tolerância à frustração e o desenvolvimento do pensamento.

de superar o Trauma de Eros (BASS, 2000),[6] o psiquismo ergue as pontes levadiças e interrompe a circulação dos elementos psíquicos. E, então, o analista precisa ser um diplomata para fazer face a essa defesa sem abolir as estruturas.

É precisamente aí que a escuta psicanalítica tem de se desenvolver, nesse campo fronteiriço das diversas expressões do inconsciente: entre os símbolos e as representações, o registrado, mas não simbolizado, o inadmissível e o irrepresentável, o ainda não pensado e o impensável. Se o analista puder desenvolver uma escuta polifônica[7] e poliglota, terá mais chances para costurar remendos às cisões do Eu, usando diferentes recursos clínicos para promover a retomada do movimento psíquico. Mas todo esse trabalho mental implica também o psiquismo do analista.

O enquadre interno

Embora a relação analítica crie um espaço potencial para a criatividade e a recuperação do funcionamento psíquico, ela também tem riscos. A suspensão da função do julgamento e do teste de realidade coloca a dupla analítica em uma posição-limite entre o encontro dos psiquismos e a fusão, entre o brincar e o enlouquecimento. Ao emprestar sua subjetividade para subjetivar o outro, o analista se colore com todas as intensidades afetivas depositadas na relação. Só assim poderá dar forma à comunicação de elementos não verbais, que remetem a experiências muito primitivas ou, ainda, à voz silenciada do psiquismo traumatizado. Contudo, se essa zona intermediária não é simples de ser vivida pelo paciente, tampouco é fácil de ser sustentada pelo analista, que constantemente

6 O trauma de Eros é tema do capítulo "A Recusa primária e o trauma de Eros".

7 Figueiredo (2014) desenvolve a noção de uma escuta polifônica para escutar as diversas vozes do aparelho psíquico.

tem de monitorar seu espaço psíquico e sua relação com a alteridade.

Tendo em vista que a mente do analista é seu instrumento de trabalho, Green (2002) propõe a noção de *enquadre interno do analista*, que diz respeito às condições psíquicas de desempenhar a função de simbolização do que se passa entre a dupla analítica, e é o que permite tolerar e processar as intensas cargas que o processo de análise mobiliza. As balizas do enquadre servem como eixos organizadores desse encontro, que delimitam e, ao mesmo tempo, definem a especificidade do vínculo analítico.

Porém, o arsenal teórico não é o único elemento da construção do enquadre interno do analista, que envolve outros aspectos, como suas reservas de energia psíquica e, sobretudo, sua capacidade de pensar as experiências emocionais. Aliada à supervisão, a análise pessoal do analista,[8] sem dúvida, é parte estruturante do seu enquadre interno, pois é escutando seu próprio inconsciente que ele desenvolve a escuta para o inconsciente do outro. Tendo bem construído esse espaço interno, podemos nos dispor a acolher o informe sem nos misturarmos a ele. É a única garantia de que o analista não enlouquecerá junto com o paciente.

Essa proposição de Green é fundamental para a ampliação da clínica psicanalítica, pois estabelece parâmetros para a flexibilização do *setting* sem perder a essência do trabalho analítico, como nos consultórios de rua[9] e mesmo nos atendimentos online. O ter-

---

8 Considera-se que, mesmo que o analista fique períodos sem ser atendido, ele não deixa de estar em análise porque se trata de um processo psíquico contínuo, mas fazer essa manutenção é sempre importante.

9 Nos últimos anos, têm surgido projetos de atendimento em um modelo de clínica aberta, como na Casa do Povo e na Praça Roosevelt, em que se oferece atendimento psicanalítico gratuito a quem se inscrever e aparecer. Porém, há uma proposta diferente de *setting*, pois cada encontro pode ser realizado com um analista diferente do anterior, em um rodízio de profissionais.

mo *setting* tem sido reservado para falar das condições objetivas da realização do trabalho, mas Bleger (1966) amplia essa noção ao considerar que mesmo esses elementos pragmáticos do trabalho analítico são coloridos de subjetividade. Assim, o autor usa o termo "enquadre" para se referir a todas as condições para um processo analítico se realizar, desde os aspectos formais de um contrato até o ambiente em que as sessões acontecem; no entanto, ainda mais importante é o espaço psíquico de que o analista dispõe.

Contudo, mesmo quando o *setting* clássico é mantido, o enquadre interno do analista pode ser perturbado por intensas cargas da transferência, como nos adoecimentos gerados pela Recusa. Essa defesa pretende apagar as diferenças entre analista e paciente e pode transformar o encontro em uma *folie à deux*, um delírio compartilhado que elimina a alteridade. Algumas identificações projetivas[10] são tão maciças que a mente do analista fica intoxicada por elementos de difícil representação.

Na perversão, por exemplo, o paciente atenta contra os aspectos do enquadre que remetem à alteridade, buscando demover o analista de sua posição e destruir sua capacidade de pensar. Mais que descumprir os combinados do contrato, o perverso ataca diretamente o enquadre interno do analista e põe em xeque até a ética psicanalítica, o que torna o atendimento desses pacientes um campo minado. Mas é justamente esta a função do enquadre: comunicar o sofrimento do paciente. Talvez seja por isso que o enquadre tenha dado os primeiros sinais da manifestação da Recusa na minha experiência clínica, o que me levou às interrogações deste livro.

Portanto, cabe ao analista ser o *guardião do enquadre* (GREEN, 1979b), inclusive escutando e respeitando seus limites. O paciente

---

10 O conceito de identificação projetiva foi abordado mais profundamente no capítulo "A Recusa na perversão", a respeito da cena perversa.

está em seu direito de usar o enquadre, de atacá-lo e de se defender dele. Isso requer que o analista seja capaz de lidar com as inúmeras frustrações, projeções, invasões, destruições, dominações e tantos outros efeitos inconscientes da relação com seu paciente. Mas não podemos permanecer impermeáveis à relação, pelo contrário: é preciso sentir. Sentir a raiva, a impotência, a tristeza, o desespero e a sedução que o contato com um paciente nos desperta e que comunicam algo sobre sua forma de se relacionar com os objetos. Especialmente quando se trata da escuta de elementos pré-verbais, que evocam ruídos, imagens e sensações, é o enquadre interno do analista que serve de tela.

As palavras de Nosek (2017) retratam essa disposição interna do analista para receber, a cada sessão, um paciente e sua alteridade: "Ser ético implicará a disposição cotidiana para o trauma, o susto, o assombro que significa, a cada vez, abrir a porta para um estrangeiro" (p. XVIII). Em nosso trabalho como analistas, usamos nosso corpo e nossa mente para acolher as intensidades potencialmente traumáticas do outro, a quem tomamos como paciente, e também estamos sujeitos a nos defender por meio da Recusa. Por vezes, blindamo-nos e ensurdecemos, mas quando conseguimos superar essas resistências, conseguimos simbolizar a realidade psíquica que está sendo reproduzida na relação analítica, precisamente porque ela nos atingiu de alguma forma.

É a manutenção do enquadre interno que permite encarnar as mais intensas emoções sem, contudo, fritar os miolos. Ele dá suporte para estabelecer e preservar a situação analisante, contendo e transformando as turbulências do processo, permitindo o enriquecimento do campo analítico. E por isso, ele também é feito de limites.

O terceiro na dupla analítica

Na relação analítica, o enquadre encarna a realidade potencial do terceiro. O que isso significa? Por *realidade potencial*, compreende-se que não é preciso haver uma terceira pessoa na dupla mãe-bebê, mas que todo o movimento de presença e ausência é atribuído, no psiquismo da criança, à existência de outro interesse da mãe. Como afirma Green (1974): "É verdade que o pai encontra-se ausente dessa relação, mas dizer que ele está ausente significa que ele não está nem presente, nem é inexistente, mas que possui uma realidade potencial. A ausência é uma situação intermediária entre a presença (até a intrusão) e a perda (até o aniquilamento)" (p. 92). É a sombra desse terceiro que permite uma separação saudável entre mãe e filho para que a presença não se torne uma intrusão. Da mesma forma, na dupla analítica há também um terceiro em potencial – o enquadre –, atravessado pela alteridade.

Desde o primeiro contato do paciente, o enquadre está alicerçado na realidade compartilhada: horário, local, honorários, frequência das sessões, questões éticas etc. Porém, é preciso recordar que estes não são apenas elementos objetivos, mas também subjetivos, que atravessam a relação analítica. Assim como na triangulação entre pai, mãe e filho, a relação com o analista é marcada pela exclusividade e também pela exclusão. Ela é exclusiva uma vez que está fechada a outras pessoas e assegurada pela confidencialidade, em que o tempo e o espaço na vida do analista são dedicados apenas ao paciente e a ninguém mais. Porém, a exclusão aparece quando a sessão chega ao fim: é a vez de outra pessoa, ou mesmo que não haja nenhum outro paciente na sequência, é o momento em que o analista se volta à sua vida privada, da qual o paciente nada sabe e da qual não faz parte.

Quando o analista permanece vivo no mundo interno do paciente, a conversa entre eles continua na dimensão intrapsíquica após o término da sessão, de modo que a relação com a alteridade é vivida em um pano de fundo de continuidade. Assim, o enquadre opera como zona intermediária (WINNICOTT, 1967) que conecta analista e paciente mesmo quando não estão juntos: quando opera a simbolização, a exclusividade se transforma em presença, e a exclusão, em ausência. Nessa perspectiva, a função do terceiro é unir e ao mesmo tempo distinguir analista e paciente, assim como o objeto transicional representa o encontro e a separação da mãe e do bebê. Da mesma forma, também o enquadre interno do analista exerce uma função de alteridade simbólica e simbolizadora no seu psiquismo, o que permite a metabolização do encontro analítico.

No entanto, nos extravios da transicionalidade, esses marcos do enquadre são terrivelmente ameaçadores para o paciente, pois o terceiro representa invasão ou abandono, fusão ou ruptura. Para proteger-se dessas angústias, a Recusa pode promover uma blindagem afetiva, em que o paciente não admite a intensidade do vínculo criado com o analista. Essa é uma das formas de se defender do terceiro e do terciário, ou seja, do enquadre e dos efeitos da relação analítica, da diferença e da diferenciação.

Um playground *ou um ringue de luta*

"Não sabe brincar, não desce no *play*". Essa expressão popular é muito usada atualmente, inclusive por adultos, e diz respeito a situações sociais em que o conflito já está anunciado, ou seja, é como um aviso aos participantes de que haverá um intenso confronto de ideias e quem não quiser se envolver e correr o risco de se ferir deve ficar de fora. Isso é muito comum em discussões políticas acaloradas, por exemplo. Esse jargão remete a uma ideia de que, na escola, a hora do intervalo entre aulas pode ser muito tensa. Ora, é precisamente isto o que a clínica tem nos revelado: para alguns pacientes, a proposta da análise é tão assustadora que eles não descem no *play* porque não sabem brigar nem brincar.

Como psicanalistas, temos que repensar a abordagem com alguns pacientes para que possam usufruir do atendimento, e não apenas comparecer à análise. O modelo clássico de *setting* pode ser insustentável para o paciente. O divã, por exemplo, é muito desconfortável e ameaçador para quem tem dificuldades em lidar com a ausência presente do analista. Em certos atendimentos, a regra da associação livre é impraticável,[11] pois o paciente não sabe muito bem para que serve uma palavra e o que significa comunicar uma experiência emocional. Mesmo a interpretação simbólica do sintoma não alcança o psiquismo do paciente que se defende da construção de sentido, como nas manifestações da Recusa.

Diante desses desafios clínicos, a psicanálise contemporânea trocou o divã de Procusto[12] por uma ampliação do *setting*. Entretanto, para não se perder em um vale-tudo, o analista precisa conservar em sua práxis aquilo que especifica a relação analítica, refletindo constantemente sobre a função do enquadre. A baliza para a reconstrução do *setting* advém do próprio contexto do atendimento, pautado na relação transferencial: assim como duas

---

11 Bass (2000) descreve pacientes que parecem estar em associação livre, mas na verdade se trata de uma mera apresentação de ideias, como em um processo alucinatório, e não como no processo de representação e engendramento do pensamento (ver o capítulo "A Recusa primária e o trauma de Eros"). Por sua vez, Green (1979b) nos fala de pacientes que usam as palavras como forma de descarga pulsional, e não como forma de comunicação.

12 Procusto é um personagem da mitologia grega, símbolo da intolerância. Quando recebia alguém em sua casa, oferecia-lhe uma cama, mas o hóspede tinha de caber perfeitamente nela: se fosse curta, Procusto cortava as pernas do visitante, e se fosse longa, o anfitrião as esticava até alcançarem a medida correta (a da cama). Vem daí a expressão *divã de Procusto*.

pessoas combinam as regras de um jogo, analista e paciente *criam e encontram* o enquadre e, por vezes, é preciso fazer ajustes no meio do caminho, pois quando começa a partida, alguns acordos não funcionam.

Para poder restaurar a flexibilidade de um psiquismo cristalizado e enrijecido pelo terror e pela Recusa, será preciso subir a temperatura gradualmente, pois é no calor das brincadeiras que se derretem as defesas. Contudo, por vezes, o paciente não topa o convite de entrar neste jogo de presença e ausência, pois ele imagina que será um pingue-pongue de invasão e abandono. Então, é preciso antes de tudo construir ou restaurar um espaço psíquico que tolere as intensidades do *playground*,[13] que envolve também lidar com os conflitos do ringue de luta. E como nos ensinam Bass (2000), Ferenczi (1931) e outros, é preciso abordar com o paciente sua resistência e as formas como ele se defende do processo analítico. É assim que este vínculo pode ser simbolizado, construindo as bordas do enquadre e fundando um lugar de pensar.

Em minha clínica, deparei-me com situações em que as condições de sustentar o atendimento estavam ameaçadas, mas pude transformar meu espaço psíquico para acolher novos elementos da relação analítica. Outras vezes, optei por realizar pequenas modificações concretas nos contratos ou na forma de trabalhar com o paciente, convidando-o a se sentar na poltrona, e não a se deitar no divã, por exemplo, e mesmo aceitando que o paciente se sente no divã ou deite na poltrona. Entretanto, também há situações em que o *setting* clássico é imprescindível para o andamento da análise: em alguns casos, o atendimento virtual não é indicado, enquanto

---

13 Em *O brincar e a realidade*, Winnicott (1951) estabelece esta comparação entre a relação analítica, o enquadre e o espaço da brincadeira.

em outros é necessário realizar sessões inteiras ao telefone ou ligar para o paciente em momentos de crise.[14]

Por isso, tomar o *setting* como objeto e como tema do atendimento é importante para lidar com as resistências e as angústias do paciente. Para algumas crianças, por exemplo, é muito incômodo que o analista converse com os pais, por medo de que a relação seja invadida e contaminada por eles. Para outras, é muito difícil fechar a porta da sala de espera, e é necessário um trabalho gradual de construção desse vínculo paciente-analista, que é diferente da relação que a criança tem com médico, professor etc. Certa vez, uma criança me disse que a sala era pequena demais e "ia cair" se entrassem mais pessoas e, assim, comunicou-me que desconfiava que o vínculo entre nós pudesse ser abalado pela entrada dos pais. Essa mesma paciente contou que sua mãe dizia que queria ser uma mosquinha para saber o que se passava nas sessões e, assim, a menina tinha medo de todos os insetos ou pássaros que passavam pela janela.

Não obstante, não é apenas a presença ou ausência dos pais que está em jogo, mas o que acontece na ausência do analista. Quando uma paciente abre sua caixa lúdica após as férias e diz "Isso aí ainda está vivo?", entendo que me comunica como foi difícil nossa separação. A ação da Recusa afeta diretamente a forma como o paciente lida com o movimento de presença e ausência do analista, com o horário do fim das sessões, com o intervalo das férias, entre outros. Por isso é importante essa transposição conceitual de *setting* para enquadre, uma vez que leva em conta as propriedades transicionais desses elementos que dão contorno à relação analítica: eles são objetivos e também subjetivos e devem ser escutados como aspectos da transferência.

---

14 Como no caso Helena, descrito no capítulo "A Recusa e o desmentido".

Na pandemia do novo coronavírus, que começou em 2020, essas reflexões da psicanálise contemporânea vieram ao encontro da necessidade de adaptação súbita a um novo contexto clínico, na medida em que foram suspensos os atendimentos presenciais. O consultório virtual teve de ser construído nas duas pontas da relação, pois o paciente também precisou resgatar e preservar o espaço de escuta de si mesmo. Para acessar esse "consultório interno" – como disse um paciente –, é preciso poder alucinar negativamente todos esses barulhos externos para ouvir as vozes do psiquismo. Dessa forma, é possível a análise ocorrer na garagem de casa, na cozinha, no quarto, no jardim ou até na brinquedoteca de um Serviço de Acolhimento. Nesse contexto, é importante *ativar a Recusa* para virtualizar o consultório, pois é necessário apagar um pouco algumas percepções da realidade objetiva para privilegiar as percepções do mundo interno. Afinal, a alucinação negativa faz parte da criação de uma zona intermediária, em que é possível estar só na presença do outro, como propõe Winnicott (1958).

O imprevisto da pandemia reconfigurou o enquadre de cada relação analítica, ao ser virtualizada: alguns pacientes que não se deitavam no divã nos surpreenderam, preferindo ser atendidos sem vídeo, apenas com áudio, mas outros precisaram de ajuda para reconstituir o espaço da análise. Alguns pacientes encontraram mais recursos emocionais do que pareciam ter, outros descobriram mais buracos psíquicos do que supunham. Quando a realidade material mudou, a realidade psíquica mostrou suas cores mais vibrantes, mesmo nos casos tomados pelo vazio e pelo branco. Nesse sentido, é muito precisa a noção de loucura pessoal de Green (1979a) como um aspecto do funcionamento psíquico do paciente que é revelado pelo enquadre e pelo campo transferencial, do qual a pandemia fez parte.

O estatuto da realidade

O trabalho de construções em análise, proposto por Freud (1937b), evoca o campo de ficcionalização da realidade, abrindo o campo clínico para a representação de elementos não verbais. Trata-se de propor hipóteses ao paciente do que ele pode ter vivido no passado, e que está sendo atuado e atualizado na transferência. Como no Jogo do Rabisco,[15] analista e paciente rascunham uma realidade a respeito da história pessoal deste, na qual importa menos descobrir o que aconteceu objetivamente com ele, mas o que aconteceu na sua realidade psíquica. São os impactos afetivos da experiência que lhe conferem realidade. Mesmo que não sejam expressos verbalmente, esses rastros aparecem na transferência, reproduzindo uma cena de outro tempo, mas que continua se repetindo nos relacionamentos atuais do paciente.

Assim, a suspensão do teste de realidade, propiciada pelo enquadre analítico, permite a confluência de diferentes temporalidades: o que aconteceu, o que faltou acontecer, o que está acontecendo, e o como fazer acontecer. Assim, se a psicanálise, muitas vezes, é acusada injustamente de trabalhar apenas com o passado do paciente, por sua vez, a transferência é o maior indício do que continua acontecendo agora na vida do paciente, e não apenas na infância. Ela nos revela quão vivo e atual é o material psíquico com que trabalhamos. Em uma relação analítica, algo do passado traumático pode se reproduzir e, ao mesmo tempo, parar de se repetir,

---

15 Jogo do Rabisco (*Squiggle Game*): Winnicott (1964-1968) propõe esta técnica de diagnóstico e intervenção que ele usava em suas consultas terapêuticas com crianças, ocasião em que teria poucos encontros com o paciente. Nele, o analista desenha um rabisco em uma folha de papel e convida a criança a continuar o desenho; depois é a vez do analista de desenhar algo a partir do rabisco da criança.

fazendo com que cada passo do minueto vá sendo deslocado um pouquinho.

Sobre a transferência, Freud (1914b) afirma:

> *Assim a transferência cria uma zona intermediária entre a doença e a vida, através da qual se efetua a transição de uma para outra. O novo estado assumiu todas as características da doença, mas representa uma enfermidade artificial, em toda parte acessível à nossa interferência. Ao mesmo tempo é uma parcela da vida real, tornada possível por condições particularmente favoráveis, porém, e tendo uma natureza provisória. (p. 206)*

Essas palavras de Freud vão ao encontro do que afirmamos até então quanto à dimensão transicional que atravessa o processo de análise. De um lado, a relação analítica é por si só uma experiência da vida real e atual, mas de outro, remete ao adoecimento produzido em outro tempo e por outras circunstâncias. Nessa atuação e atualização do sofrimento na relação analítica, cria-se uma dimensão em que o que está sendo vivido *é e não é atual, é e não é real, é e não é com você.*

Esse trabalho de tecitura e simbolização da realidade psíquica envolve aspectos bastante primitivos, pois além de construir com o paciente a sua narrativa autobiográfica, é preciso alfabetizá-lo na linguagem dos afetos. Dessa forma, o trabalho analítico envolve um paradoxo, pois o vértice arqueológico é concomitante ao desenvolvimento de pinturas rupestres. O processo de representação do passado é simultâneo ao de inscrição presente e, mais, a vivência atual mobiliza as vozes do passado: o laço transferencial é que conecta todas essas temporalidades no processo de simbolização.

A tendência à representação é eterna, mas é infinito o campo do que nunca será representado, mesmo na vida adulta. O que a análise pretende é recuperar o funcionamento do psiquismo a favor da simbolização inclusive, opondo-se aos efeitos *desobjetalizantes*[16] (GREEN, 1993) da Recusa. Nos casos em que a função da representação está muito comprometida, é necessário mobilizar os processos primários para que se forme um primeiro contorno, nunca antes desenhado. Clinicamente, isso nos incita a pensar nas vivências que o paciente não teve, e que são fundamentais para que ele se sinta verdadeiramente vivo. Portanto, além de permitir ao paciente construir uma narrativa sobre a sua história, há também o processo de escrita de uma nova história, aquela que envolve as experiências inéditas da relação com o analista. O paciente está sendo afetado por esse vínculo atual, ainda que não o admita, como na Recusa.

Contudo, é justamente essa atmosfera alérgica que a transferência cria, pois nesse processo de simbolização, mesmo os elementos brutos são atraídos pelas forças de ligação do enquadre e pelo investimento da dupla analítica no pensar. De um lado, esses elementos brutos ativam as defesas do psiquismo contra aquilo que não pôde ainda ser digerido, e assim como as identificações projetivas, esses elementos pré-verbais impregnam o enquadre. Mas de outro lado, eles também comunicam sobre o mundo interno do paciente. Contudo, precisam ser metabolizados para que não adoeçam a relação.

O programa infantil *Tom e Jerry* (HANNA; BARBERA, 1940-1967) nos ajuda a compreender essas formas de expressão aquém da verbalização, e o modo como o analista é afetado por elas. Nesse desenho animado, gato e rato se perseguem em uma relação sádica

16 Sinônimo de desinvestimento de energia psíquica, a *desobjetalização* favorece as forças de desligamento do aparelho psíquico.

e masoquista, às vezes também colorida de compaixão e solidariedade. Mas nele não há voz nem há palavra. Os afetos são transmitidos pela imagem e, mais que tudo, pelo som: a trilha sonora é sempre feita de instrumentos musicais, como violino, piano, tambor, prato, sino, que criam uma ambiência emocional.

Da mesma forma, o clima afetivo de uma sessão se estabelece por essa polifonia, que conta algo do mundo interno do paciente, mesmo quando ele está em silêncio ou falando de outras coisas em seu discurso manifesto. Assim, o analista escuta os agudos e graves das angústias ainda não verbalizadas (e das agonias) que estão operando naquele momento. Quando podem ser acolhidas e transformadas, as identificações projetivas são vias de acesso às dimensões da relação de objeto que ultrapassam a possibilidade de verbalização.

Esses elementos pré-verbais do psiquismo do paciente deixam pegadas no enquadre, sobretudo no espaço psíquico do analista. Esse último poderá dar-lhes uma forma concebível, um contorno pensável, trabalho psíquico que Green (1974) denomina *imaginarizar*, no sentido de transformar em imagem, mas sobretudo incluindo o aspecto imaginário do discurso. É a partir da contratransferência que o analista é mobilizado a *imaginarizar* o que ficou faltando em termos de resposta adequada do objeto na vida do paciente. O analista pode escutar em que medida ele se sente convocado, demandado e, por vezes, desafiado pelo paciente a ocupar um lugar afetivo.

Segundo Green (1974), "O que conta é ter conseguido ligar o informe e retê-lo sob uma forma. Tudo acontece como se fosse o analista que conseguiu chegar a um estado análogo a uma representação alucinatória do desejo, como na criança ou no neurótico" (p. 88). Assim, na mente do analista, a *ação da Recusa* permitirá a produção de uma alucinação positiva:[17] trata-se do reinvestimento de uma marca da percepção a fim de poder dar-lhe representação. A partir dessas pegadas dos elementos pré-verbais, que o analista identifica em si mesmo (via contratransferência), ele convoca imaginariamente um objeto que não é real, nem está presente, mas que comunica algo da realidade psíquica do paciente que está se repetindo aqui e agora. Eis então o aspecto transicional da Recusa em ação, transformando em realidade aquilo que estava ausente, mas potencialmente presente.

Em sua mente, o analista faz um rascunho da sombra do objeto interno do paciente e depois compartilha essa construção com ele, remodelando o desenho. Reativando os negativos[18] dessas fotografias, reproduz-se a cena traumática, mas, desta vez, o paciente não está só. Apoiada em um vínculo de confiança, a compulsão à repetição pode se tornar compulsão à simbolização (ROUSSILLON, 2001).

Em adoecimentos provocados pela Recusa, essa tecelagem é fundamental, pois essa defesa que faz parecer que nada aconteceu invalida a realidade desses rastros e registros psíquicos, como se eles é que fossem alucinações delirantes. Assim, em casos de desmentido do trauma, as construções em análise recuperam o estatuto de realidade dos afetos e das representações deslegitimados pelo discurso do outro. Portanto, permitem que a experiência emocional seja reapropriada pelo sujeito que viveu uma violência, mas não a reconhecia em seu mundo interno. Na análise, vão se formando deduções e conclusões que encontram ressonância com as experiências vividas e impressas no psiquismo. Cria-se um campo em que é possível pensar que aquilo que o sujeito achava ter imaginado pode, de fato, ter acontecido, e mesmo aquilo que

---

17 Assim como o bebê reinveste a marca das experiências de prazer ao alucinar o seio.

18 Eis aqui, mais uma vez, o trabalho do negativo.

nunca foi imaginado, mas aconteceu, possa finalmente ganhar forma, palavra, voz. E permite que as catástrofes impensáveis sejam reconhecidas.

Porém, no que diz respeito à validade das construções em análise, é preciso uma reflexão. Freud (1937b) afirma "É correto que não aceitamos o 'não' de um paciente em seu pleno sentido, mas tampouco damos inteiro valor ao seu 'sim'" (p. 335). Por vezes, o "não" do paciente pode ocultar um conteúdo inconsciente reprimido, como na Negação,[19] porém, quando o paciente diz "sim" à nossa hipótese, tampouco significa que ela tem validade.

Frequentemente, quando atendo a crianças traumatizadas, pergunto-lhes o que acham do que acabei de dizer, mas elas custam a confessar que não entenderam, não concordam ou não querem pensar sobre isso. Querem apenas continuar brincando, o que pode ser um sinal de resistência ou de reativação da Recusa, para não entrar em contato com o sofrimento, ou por medo de uma retaliação. Mas, por vezes, indica que usei uma linguagem inadequada para o paciente, que ainda não tive êxito em transformar o impensável em pensável ou que eu disse algo sem sentido mesmo.

Outra forma comum de manifestação da Recusa acontece com pacientes que já tiveram outras experiências de análise e respondem sempre com explicações oriundas do processo anterior. Impermeáveis a ideias novas, esquivam-se de nosso convite a refletir e reconsiderar suas teorias sobre si mesmos. Assim, é preciso cautela, pois quando as construções em análise perdem sua maleabilidade, elas se tornam crenças e seguem o mesmo modo de funcionamento da Recusa. Se estão fechadas à possibilidade de integração de novos elementos, encerram a criação de novos significados e interpretações e, desse modo, impedem o avanço da análise.

---

19 Recordemos que Negação é diferente de Recusa, ver o capítulo "Objeto fetiche e objeto transicional".

Portanto, as construções em análise devem manter-se abertas para modificações e redefinições, preservando seu caráter transitório. Como as teorias sexuais infantis, esses rascunhos são uma teorização do paciente sobre ele mesmo à luz de sua vida pulsional, podendo encontrar as sombras de seus objetos.

Segundo Freud (1937b), o que realmente nos serve de bússola sobre a precisão da intervenção analítica é o efeito que teve no paciente, ou seja, se ela gerou alguma transformação. Subsequentes mudanças na postura corporal, um lapso, um outro tom de voz, entre outros, são indícios de que o paciente foi afetado pela ideia proposta. Sobretudo, a produção de novas associações significa que o paciente foi permeável e que se construiu uma rede de representações, revelando a suspensão do efeito da Recusa e a recuperação do movimento psíquico. A partir dessa baliza, podemos acolher o paradoxo de que a realidade se expressa, justamente, na transformação. O verdadeiro objeto analítico, criado e encontrado pela dupla, se transforma e ao mesmo tempo conserva algo que se expressa na dimensão da transferência. Mas a verdade é sempre provisória.

Caso Alegra: quando me faltaram palavras

Tolerar a desesperança é um grande desafio para o enquadre interno do analista, que tem de buscar recursos para manter-se vivo, mas não maníaco; entristecido, mas não morto. A transferência é muito intensa, mas se o analista não se deixa colorir pelo paciente, ele está sendo insensível, e não, como se pode crer, extremamente profissional. Apoiados nas funções de simbolização do enquadre, podemos transpor aspectos da contratransferência que nos paralisam e dar lugar para que o *enactment* se converta em ampliação do campo analítico. Na psicanálise, esse termo é usado para abordar – por uma perspectiva intersubjetiva – as atuações do paciente *e* do analista em um conluio defensivo, mas que podem ser a chave de transformação da relação paralisada. Segundo Tamburrino (2016), o *enactment* é a repetição do trauma do paciente que está sendo revivido aqui e agora com o analista, porém também é a manifestação de uma defesa. Assim, a autora propõe que o *enactment* tem um aspecto de resistência, mas que ao mesmo tempo indica-nos qual é a questão que aflige o paciente.

Em dado período do atendimento de Alegra, uma menina de 10 anos muito sedutora e cativante, comecei a perceber que o meu pensamento ia para muito longe da sessão. Frequentemente pensava nos meus próximos compromissos, como se eu pudesse sair psiquicamente de lá, embora estivesse presente fisicamente. Às vezes, eu sentia muito sono e preguiça e comecei a me perguntar o motivo disso, visto que eu atendia outras crianças naquele horário após o almoço, em outros dias da semana, mas não me sentia indisposta. Quando me dei conta, identifiquei que era uma forma da Recusa que estava tomando conta de mim, protegendo-me de sentir o clima emocional da sessão, que era muito penoso, uma vez que Alegra tinha uma vida em ruínas e eu era testemunha dessa história traumática, pois a atendia há muitos anos.

Em uma das sessões mais intensas que vivemos, minha defesa desmontou, justamente porque não tinham protegido Alegra: ela vivera um trauma de imensas proporções na véspera de nossa sessão. Diante do horror que ameaçava me paralisar, a musicalidade foi um recurso para nos mantermos conectadas, sem que eu a invadisse com alguma intervenção quando ela estava em carne viva. Dilacerada pela dor psíquica, Alegra não conseguia parar de chorar e mal conseguiu me dizer o que havia acontecido. Eu não conseguia pensar no que dizer, não queria interromper seu choro para não silenciar seu sofrimento, mas também não queria deixá-la sozinha com sua dor.

Era preciso comunicar algo à paciente, em um momento de extrema angústia na sessão, para mim e para ela, em que palavras não podiam ser ditas nem escutadas enquanto comunicação verbal. Eram apenas um som que saía da minha boca. Então, decidi cantar para ela algumas músicas de crianças bem pequenas, como *Brilha, brilha estrelinha*,[20] que oferecem aconchego. Ela me escutou emocionada e, entre suspiros, foi se acalmando e adormeceu chupando o dedo, coberta com uma manta. Enquanto ela dormia, eu tentava pensar no que estava acontecendo, mas algo me dizia que eu deveria apenas ser a guardiã do sossego dela.

Refletindo sobre essa experiência *a posteriori*, tentei dar sentido àquela intensa experiência, escutando minha contratransferência. Pensei em uma mãe que está no hospital com seu filho gravemente ferido e chorando no seu colo. A mãe também sente uma angústia imensa pela dor da criança, mas não quer sobrecarregá-la com seus próprios medos e, então, ela opta por cantar, fazer um carinho ou cafuné, enquanto espera a chegada do médico. Como a mãe não tem palavras, ela busca manter uma continuidade, oferecer continência e amparo por meio do ritmo da música, que serve de alento para a criança e para ela mesma. Assim, no caso de Alegra, a verdadeira comunicação afetiva entre nós não foi tanto pela letra da música, mas pela melodia, e por meio do meu ato de cantar, como resposta transferencial à comunicação de sua agonia.

Ao fim da sessão, quando a acordei, ela disse que foi gostoso dormir, e que se sentia melhor. Logo na sequência, recordei-me de

---

20 A composição de piano original é de Mozart (1782), intitulada *Ah! Vous dirais-je Maman*. A letra da versão da Galinha Pintadinha (2014) diz o seguinte: "Brilha, brilha, estrelinha/Quero ver você brilhar/Lá no alto, lá no céu/Num desenho de cordel/Brilha, brilha, estrelinha/Baila, linda bailarina".

que ela vivera pouco dessa experiência de ser maternada, de ser posta para dormir e ser acordada com suavidade. Em sua vida, eu lhe disse, ela já tinha despencado do sonho muitas vezes e sentia não poder acordar do pesadelo. Então, ela disse que gostaria de cantar mais e me ensinou algumas músicas. Ao fim da sessão, Alegra chegou à sala de espera cantarolando *Se essa rua fosse minha*,[21] o que parecia muito significativo.

A experiência permitiu, de um lado, a construção de uma nova história, na medida em que algo inédito estava sendo vivido com a analista e, de outro, a possibilidade de desenhar a sombra das relações que viveu com seus objetos primários. A simbolização ocorreu na medida em que se conectaram *e* se distinguiram diferentes experiências de presença e ausência.

Em uma relação analítica, é possível recuperar e representar uma vivência muito arcaica de comunicação pré-verbal, que é essencial: a dor de um bebê muito pequeno pode ser respondida pelo tom de voz da mãe. Ao entoar uma resposta, ela oferece uma imagem sonora que reflete ao bebê o *Tom e Jerry* que ele está vivendo internamente. Assim, ela acolhe e reconhece a realidade do sofrimento do filho. Após escutar o meu *Tom e Jerry* na contratransferência, pude transformar minha blindagem e torná-la uma forma de comunicação emocional entre Alegra e mim. Afinal, minha

---

21 Composta por Mario Lago e Roberto Martins (1936), a letra diz o seguinte: "Se essa rua, se essa rua fosse minha/Eu mandava, eu mandava ladrilhar/Com pedrinhas, com pedrinhas de brilhantes/Para o meu, para o meu amor passar/ Nessa rua, nessa rua tem um bosque/Que se chama, que se chama solidão/ Dentro dele, dentro dele mora um anjo/Que roubou, que roubou meu coração/Se eu roubei, se eu roubei teu coração/É porque, é porque te quero bem/ Se eu roubei, se eu roubei teu coração/É porque tu roubaste o meu também/ Se essa rua, se essa rua fosse minha/Eu mandava, eu mandava ladrilhar/Com pedrinhas, com pedrinhas de brilhantes/Para o meu, para o meu amor passar".

Recusa era um sinal de que algo muito forte estava se passando entre nós.

O caráter transicional da contratransferência: é e não é com você

Na medida em que reconhecemos que a transferência tem um aspecto transicional, é importante considerar que também a contratransferência tem essa propriedade. Por vezes, é muito difícil ocupar esse lugar onde o que o paciente diz, faz ou sente *é e não é com você*. A relação analítica *é e não é* o encontro entre duas pessoas: existe uma confluência e uma discriminação entre a figura do analista e a pessoa do analista, entre o enquadre interno e o resto de sua subjetividade.

Em seu livro *Seu paciente preferido: 17 histórias extraordinárias de psicanalistas*, Montclos (2020) nos permite um mergulho muito interessante nessas outras camadas da relação analítica: a autora é uma jornalista que entrevistou diversos psicanalistas na França, pedindo-lhes que contassem os casos que mais os marcaram. É muito generosa a disponibilidade dos entrevistados de abrir sua intimidade e revelar essa interface entre o pessoal e o profissional, em que acontecem coisas surpreendentes, algumas até perturbadoras e outras belíssimas. Robert Neuburger é um dos psicanalistas entrevistados e conta-nos o caso de Youri, um jovem que ele atendeu apenas três vezes. Apesar de breves, esses encontros fizeram com que Robert se desse conta de algo muito importante em sua história pessoal.

Youri buscou análise porque sua esposa estava doente e ele se sentia culpado por ter se envolvido com outra mulher. Este é um padrão repetitivo em seus relacionamentos: encantava-se com alguém, prometia-lhe mundos e fundos, mas logo se cansava e partia para outra. Para compensar cada uma que traía e abandonava, vivia dando compensações materiais como presentes e mimos, em um ciclo de culpas e créditos. Acontece que Youri recebera uma herança milionária de um tio que não tinha filhos e deixara toda a fortuna para ele, que ficara incumbido de gerir esse patrimônio e sustentar a irmã e os primos com esse dinheiro. No entanto, ressalta Neuburger, o dinheiro era de Youri, e pesava sobre ele a culpa de ser o afortunado.

É nesse ponto que o sofrimento psíquico desse paciente evoca o sofrimento psíquico do seu analista. Robert Neuburger descende de uma família judia que vivia na Alemanha. Em 1939, sua tia teve de fugir e deixou seus dois filhos para serem criados pelos pais de Robert, que ainda não tinham filhos. Entretanto, quando ele nasceu, sua mãe não deu conta de cuidar de três crianças, de modo que entregou o sobrinho menor para uma associação que cuidava de crianças judias, mas o menino terminou sendo deportado e morto em Auschwitz. Por sua vez, Robert e sua mãe conseguiram fugir da Alemanha e sobreviver à guerra.

Ao relatar sua história, o psicanalista se emociona, pois foi por meio de Youri que ele se deu conta da culpa que sempre carregou por ser aquele afortunado que ganhou a vida ao custo da morte do primo. Ninguém poderia adivinhar que analista e paciente carregassem o mesmo sentimento de dívida, mas o encontro entre essas duas pessoas, que a vida pôs frente a frente, transformou a ambos. Youri parece ter saído aliviado por ter podido desmistificar a culpa que sentia, mas Robert ficou transtornado, pois ao abrir a porta para receber um paciente, recebeu a visita de um fantasma muito penoso. Esse relato sensível nos revela a imprevisibilidade do que se passa entre analista e paciente a cada sessão.

11. Pandemia de Recusas

Vanessa Chreim e Fernanda Fazzio

Revisitar a *Verleugnung* freudiana em busca de uma compreensão do conceito de Recusa desvelou a complexidade, a relevância e a abrangência desse mecanismo de defesa, que hoje se revela central na clínica psicanalítica e nos fenômenos sociais. Em entrevista ao *Le Nouvel Observateur*, em 2012, Roudinesco afirmou: "A psicanálise nasceu da neurose e da histeria, dois sintomas próprios das sociedades marcadas pela frustração sexual. Atualmente, o que faz sofrer é a relação consigo mesmo: nota-se isso pela importância atribuída ao narcisismo e à perversão".

A afirmação da autora nos faz refletir sobre os fatores histórico-sociais que podem favorecer uma pandemia de Recusas. Sem abandonar a escuta da sexualidade e do desejo, hoje nos vemos diante do desafio de articulá-la à dimensão do trauma. A psicanálise contemporânea tem se inquietado com as dificuldades de triangulação em diversas manifestações clínicas e sociais, mais além do Complexo de Édipo clássico.[1] Os processos de simbolização, as dificuldades de

1 Preservando e atualizando o legado de Freud, a psicanálise contemporânea ampliou o alcance do conceito de Complexo de Édipo, distanciando-se das noções anatômicas, mas conservando a essência da elaboração psíquica que se dá no atravessamento das questões edípicas. Na apresentação deste livro,

separação, a relação com o próprio corpo, com a realidade, com o estrangeiro, com a lei e com o desejo estão intrinsecamente ligados à (im)possibilidade de admitir a castração. Sem limites, mas também sem um solo narcísico[2] de apoio, a castração se torna inadmissível, e o psiquismo se defende por meio da Recusa.

Na clínica e fora dela, constatamos que a cultura dos excessos e dos vazios contribui para a precariedade da construção desses alicerces psíquicos. A contemporaneidade nos lança a velozes transformações que nos impactam e atropelam-nos com uma noção de tempo que escorre pelas mãos. Resulta que os processos primários[3] são privilegiados em relação aos secundários, favorecendo o imediatismo e a descarga, alimentando a compulsão à repetição: "Just do it",[4] diz o *slogan* da Nike. Vende-se espontaneidade, mas o sujeito compra impulsividade, de modo que a supressão do tempo de espera silencia as angústias. Contudo, quando o sujeito se defronta com o inesperado freio de mão que a vida impõe – por doença, morte, desemprego, divórcio –, ele se vê tomado pela sensação de

discuto a importância de atualizar o conceito de castração, temática retomada nos capítulos "A Recusa em Freud e o modelo do fetichismo" e "A Recusa e as vicissitudes do narcisismo".

2 A relação entre narcisismo e admissão da castração é tema do capítulo "A Recusa e as vicissitudes do narcisismo".

3 Laplanche e Pontalis (2001) explicitam que, segundo Freud, os processos primários caracterizam o funcionamento psíquico inconsciente e primam pela obtenção imediata de satisfação, mesmo pela via da alucinação. Já os processos secundários regem o funcionamento do pré-consciente e da consciência e permitem o adiamento da satisfação, o prolongamento do tempo de espera, a tolerância à frustração e o desenvolvimento do pensamento. Como vimos no capítulo "O analista, a Recusa e o enquadre", Green (1979a) nos fala de processos terciários, que articulam os primários e os secundários para regular o funcionamento psíquico.

4 Desde 1988, este tem sido o *slogan* da Nike, inspirado nas últimas palavras proferidas por um prisioneiro nos Estados Unidos antes de ser executado (FAIRS, 2015).

vazio e de falta de sentido. E então, aparece o tecido psíquico esgarçado por trás das ilusões sustentadas pela Recusa.

Fazzio (2019) se refere à cultura contemporânea como Era da Pre(s)sa, nomenclatura que abarca o paradoxal aprisionamento do sujeito diante da urgência de um tempo voraz e ininterrupto. Como um reflexo dos modos de produção e consumo, os relacionamentos também se caracterizam pelo imediatismo e pela descartabilidade, em que o conhecido logo se torna obsoleto. Os vínculos se dissolvem em tempos de amores líquidos (BAUMAN, 2004), marcados por fragilidades e rupturas que ameaçam o senso de continuidade e confiabilidade. Troca-se de namorado como se troca de iPhone, sempre procurando um modelo mais novo e com menos frustrações, em um padrão veloz e cíclico de rompimentos e recomeços. As promessas e os compromissos têm se dissolvido na inconsistência das relações, marcadas por abandono, esvaziamento e empobrecimento.

Ante essas facetas traumáticas, a Recusa se interpõe como mecanismo de defesa, mas, por vezes, a armadura vira uma armadilha, e o sujeito já não sabe mais sentir. Segundo Figueiredo (2008), a indiferença, o egoísmo e a insensibilidade ao outro e a si mesmo são formas de expressão da perturbação do Princípio de Esperança. Por meio da Recusa, o sujeito se desliga da realidade psíquica para não sofrer a dor de seus ferimentos: torna-se impermeável e blindado aos afetos, protegendo-se do desamparo que o ronda e da violência que ele vive. Assim, esperamos pouco do outro para não nos decepcionarmos; tornamo-nos indisponíveis aos encontros e às trocas, com medo de que nos farão sofrer; pretendemo-nos autossuficientes para não experimentarmos a dependência; rechaçamos o colo porque não aguentamos mais que nos deixem cair no chão.

Nessas circunstâncias, a transicionalidade está invertida: o encontro com o outro já anuncia o desencontro. Desse modo, o sujeito se vê impelido a pular de galho em galho, tendo em vista a precariedade do chão em que pisa. Ante essas anunciadas feridas narcísicas, investe-se em restaurar o verniz, porém sem recuperar a pele psíquica. As redes sociais reforçaram a difusão do imperativo do gozo e da onipotência, que se traduz como a necessidade de ser constantemente criativo, infinitamente feliz e sempre jovem. Como propõe McGee, não é suficiente "ser casado e empregado; é imperativo continuar casável e empregável. Esculpir sua silhueta para permanecer desejável para seu companheiro e aperfeiçoar técnicas de liderança para conservar seu valor na empresa onde se trabalha não são opções, mas imperativos da nova economia" (McGee *apud* Viana *et al.*, 2012, p. 221). Mas em contrapartida, as frustrações conferem a imensa sensação de fracasso. Com o narcisismo na corda bamba, a Recusa é constantemente acionada para protegê-lo.

Desse modo, quanto mais a cultura nos impele à aceleração e ao consumo, mais ela alimenta essa defesa que interrompe os processos psíquicos, favorecendo a instalação de uma pandemia de Recusas: pensar e sentir fica para outra hora, e vive-se a ilusão de poder fugir da dor e das perdas, como se nada tivesse acontecido. Embora seja um mecanismo de defesa constitutivo e inerente ao viver, a contemporaneidade tem prolongado e perpetuado a ação da Recusa, podendo levar a uma asfixia e a um enrijecimento do psiquismo, que produzem adoecimentos.

Por sua vez, a instalação da pandemia de covid-19 tem explicitado algumas manifestações da Recusa. O tema se tornou ainda mais urgente, tanto por conta das propriedades antitraumáticas desse mecanismo de defesa, como por seus aspectos patogênicos, por exemplo, o desmentido e o negacionismo. Embora o novo coronavírus ainda não tenha deixado de ser uma ameaça global,[5] já pudemos observar seus impactos na subjetividade. A pandemia redesenhou as engenhocas da Era da Pre(s)sa (FAZZIO, 2019), demandando uma reconfiguração dos modos de produção, de consumo e de convivência, por vezes agravando excessos e extremos.

Eu e o(s) outro(s) na pandemia

É preciso ter em mente que o novo coronavírus representa não apenas uma ameaça ao organismo, mas também ao psiquismo, uma vez que as medidas profiláticas determinaram uma repentina desorganização dos vínculos. A quarentena, o distanciamento social e os inúmeros cuidados com a higiene transformaram a relação do sujeito consigo mesmo e com os outros, desde o espaço público até o mais íntimo do próprio corpo.

Essa conjuntura traumática nos impele a prestar mais atenção aos processos de defesa, com suas funções protetoras do aparelho psíquico, mas também suas facetas mais radicais. O psiquismo se defende como pode dessas intensidades e cargas, como alguém que tenta se secar enquanto a chuva ainda está caindo. Em paralelo, o analista é convocado a escutar o trauma que está acontecendo, o que requer uma condução muito delicada: transformar o impensável em algo mais suportável, sem ignorar a dor de entrar em contato com essa terrível realidade. Mais do que nunca, o manejo clínico da Recusa tem de respeitar os limites do aparelho psíquico, buscando afrouxar a defesa simultaneamente ao desenvolvimento de condições de elaboração dessa avalanche.

---

5 No contexto da publicação deste livro, o Brasil está no segundo ano de pandemia de covid-19.

A todos nós assombra o medo da morte dos objetos externos, tanto quanto dos internos. Vivemos um prolongado estado de indefinições, angústias e perdas, em que batalhamos para sobreviver física e psiquicamente. Sustentar a esperança tem sido um desafio diário. Entretanto, ela não depende apenas das circunstâncias objetivas da realidade, mas também das condições psíquicas para seguir em frente em meio à catástrofe. Nesse pacote, inclui-se a relação com os outros, que desempenham funções antitraumáticas para ajudar a superar o trauma. Este outro refere-se à figura do analista, do amigo, do familiar, do vizinho, de uma comunidade cultural, das lideranças governamentais e, ainda, ao outro de nós mesmos, o do inconsciente.

No entanto, o analista não está imune a esse cenário de incertezas. O impacto é singular, visto que cada um de nós dispõe de diferentes recursos psíquicos, sociais e materiais, porém, em certa medida, analista e paciente vivem a experiência de mundos sobrepostos.[6] Esse aspecto pode favorecer o processo analítico, pois desenvolve o recurso empático, mas também pode dificultar a sustentação do enquadre interno no analista, pois ele está mais suscetível aos impactos da transferência. Por vezes, torna-se difícil escutar e elaborar a contratransferência para se conectar *e* se distinguir do paciente; então, a Recusa do analista também pode entrar em cena, protegendo-o das intensidades do vínculo. Mas, assim, ele se torna menos disponível ao encontro e sua escuta se ensurdece.

---

6 Janine Puget e Leonardo Wender (1982) abordam o fenômeno chamado de *mundos sobrepostos*, descrevendo situações em que o conteúdo manifesto do discurso do paciente evoca uma conjuntura que diz respeito também ao analista. Por exemplo, quando um país vive um momento de convulsão social como em um terremoto, um ataque terrorista ou um golpe de estado, tanto o analista como o paciente são pessoas impactadas por eventos ocorridos em uma realidade compartilhada.

Portanto, é importante reconhecer que o psicanalista se viu em um lugar-limite perante a pandemia causada pelo novo coronavírus, pois, se de um lado foi extremamente convocado para estar no *front* de batalha, no que diz respeito à saúde mental, de outro também está afetado por esse contexto. Desse modo, intensifica-se a interface entre o singular e o coletivo, o próprio e o público, também na relação entre analista e paciente. Soma-se a esse cenário uma mudança radical de *setting*[7] na maioria dos atendimentos: a concretude do consultório precisou ser trocada pela virtualidade das sessões online em virtude do distanciamento social.

Contudo, pudemos encontrar sustentação para nossa práxis nas reflexões que a psicanálise contemporânea já vinha propondo a respeito da clínica. Abordando questões teóricas e técnicas, ela foi ao encontro das demandas de flexibilização e inovação para lidar com o sofrimento psíquico e suas expressões atuais. Essas transformações do *setting* nem sempre prejudicam o vínculo da dupla analítica, ao contrário, podem enriquecê-lo na medida em que reconhece e sobrevive a um trauma atual. Esse aspecto é fundamental quando tememos as perdas irreversíveis e sentimos as interrupções do movimento que orientava nossas vidas.

Entretanto, quando não se pode contar com o objeto para superar o trauma, a desesperança e o desespero vêm à tona em função dessa quebra de confiança. Como nos recorda Ferenczi (1931), o sujeito passa a cuidar de si mesmo, mas vivendo o abandono, a solidão e o desamparo. Mais que isso, ele passa a não confiar em suas próprias percepções e a silenciar a dor que sente. Para evitar o desmoronamento, a Recusa se interpõe, buscando proteger o psiquismo dos impactos da experiência, conferindo-lhe irrealidade.

7 No capítulo "O analista, a Recusa e o enquadre" abordamos a relação entre enquadre e *setting*, inclusive no atendimento online.

11.2 Negacionismo

Cada vez mais, temos observado uma manifestação da Recusa que diz respeito às crenças[8] aprisionadoras: é o que se tem chamado de "negacionismo". Esse fenômeno tem raízes individuais e coletivas e refere-se à difusão de crenças muito rígidas, que não se deixam desmentir pelos fatos. Por exemplo, alguns acreditam que a vacina contra o novo coronavírus implantará um *chip* para controlar os cidadãos, enquanto outros atestam que o vírus foi criado por laboratórios farmacêuticos para aumentar seus lucros. As pessoas chamadas de "negacionistas" possuem uma convicção que não se baseia em fatos e evidências: o sujeito atesta que acredita nisso e pronto, esta é a verdade suprema e todos os outros indivíduos estão errados.

É muito importante distinguir que negacionismo não é Negação,[9] ou seja, não é um fenômeno psíquico ligado à Repressão, e de modo algum é um processo consciente. Quando duas pessoas discordam e estão abertas a se reverem, há um enfrentamento do conflito e uma tentativa de conciliação. Mas quando falamos de negacionismo, um quer destruir o pensamento do outro; é um embate de forças que visa eliminar o conflito psíquico, eliminando o outro. É isso o que caracteriza a Recusa, esse duelo contra a realidade inadmissível. Quando se combatem as diferenças, resta a intolerância.[10]

Contudo, é fundamental destacar que a função defensiva das crenças negacionistas é descreditar aquilo que ameaça *o psiquismo*,

---

8 A relação entre Recusa e crenças foi abordada no capítulo "A Recusa e a crença na mãe fálica".

9 Esta diferença conceitual foi abordada profundamente no capítulo "Objeto fetiche e objeto transicional".

10 Para um aprofundamento do tema, ver o episódio 4, "A intolerância na Pre(s)sa", do podcast *Era da Pre(s)sa: psicanálise entre esperas e extremos*, disponível no Spotify.

e não aquilo que ameaça o organismo: prometem a cura que ainda não existe, não admitem o poder mortífero do vírus, dizendo que é só uma "gripezinha", entre outros. Ora, se assim fosse, realmente não haveria causa para tanta angústia. O negacionismo opera segundo a lógica defensiva do fetichismo, em que o sujeito admite a ausência de pênis na mãe, mas não admite a castração. Do mesmo modo, o negacionista da pandemia admite a existência do vírus, mas não aquilo que ele significa e, assim, livra-se da fonte de angústia. Porém, Freud (1927) já nos ensinou que o fetiche é, precisamente, a prova do horror contra o qual se defende o psiquismo. Assim, o que sustenta o negacionismo é a defesa contra uma enorme angústia.

O negacionismo tem causado muita turbulência, uma vez que essas pessoas se revelam impermeáveis a diferentes interpretações dos fatos e tornam-se elementos indigestos do grupo social, que não querem se integrar. Esse conflito de forças entre correntes psíquicas opostas e simultâneas leva a cisões no tecido social que prejudicam a condução da pandemia e aumentam o isolamento afetivo, pois faz com que a população, os governantes e mesmo os membros de uma mesma família adotem medidas profiláticas opostas, justamente em um momento em que é necessária a adesão coletiva. Além disso, o negacionismo causa um extremo mal-estar nos relacionamentos, levando à cultura do cancelamento,[11] que também se assemelha à Recusa.

Precisamente por esse motivo, é essencial compreender que o negacionismo envolve um processo de defesa muito radical perante

---

11 A cultura do cancelamento atravessa tanto a esfera pública como a privada. Dizemos que alguém foi "cancelado" quando é rejeitado por alguma manifestação pública que vai na contramão do que é aceito socialmente, ferindo um conjunto de valores, ideais e julgamentos morais. O alvo do cancelamento é excluído, bloqueado ou, por vezes, atacado nas redes sociais por uma pessoa ou um grupo a que desagrade.

o desamparo. O descontrole, a imprevisibilidade e a destrutividade do vírus são tão grandes que reforçam a sensação de impotência e insignificância perante as forças da natureza. E, então, é um pouco mais fácil acreditar que a fonte de todo o mal está em um país, em uma empresa, em uma ideologia, que aceitar que ela está dispersa e que todos somos vulneráveis. Portanto, quanto mais a população fica desassistida pelo poder público, maiores o desamparo e a necessidade de se defender afetivamente. Tendo isso em vista, podemos compreender que o negacionismo se enraíza na Recusa como defesa intrapsíquica, mas é alimentado por um discurso social e político que desmente a realidade (como veremos adiante) e favorece o enrijecimento do psiquismo.

O mais impressionante neste fenômeno é que a ciência, como fonte de conhecimento sobre o mundo, tem sido contestada, e o sujeito adere a qualquer outra promessa de proteção e garantia contra a ameaça que ronda. É como se ele não soubesse mais qual é a forma confiável de se obter dados da realidade, uma vez que ela mudou tão drasticamente. Realmente, vivemos em um cenário de incertezas e o processo de conhecimento requer um tempo que para alguns está sendo insuportável. Mas é construindo e refutando hipóteses que se aprende sobre o mundo, e a produção científica também é feita dessa transitoriedade e requer tempo para revelar seus resultados sem tirar conclusões apressadas. Isso sempre foi assim, mas diante de tanta insegurança, a ciência é deslegitimada em prol de convicções anticastração.

Contudo, vale destacar que, embora o negacionismo seja uma reação perante angústias singulares e coletivas, o fenômeno é fomentado pela espetacularização das chamadas *fakenews*: a disseminação de notícias falsas sobre os acontecimentos. Imbuídas de um sensacionalismo mobilizador de afetos intensos, as *fakenews* atraem olhares fascinados. Um exemplo claro desse fenômeno é

Ivo Cassol, ex-governador de Rondônia, que atesta que as faíscas de solda curam a covid-19 (G1RO, 2021). Ele gravou um vídeo que se difundiu amplamente, em que diz: "O cara estava com coronavírus, foi soldar e se curou. Trouxe os funcionários, soldou e se curou". Assim, adentramos um campo do vale-tudo, em que nada mais é digno de crédito e, portanto, qualquer coisa é digna de crédito.

Mas além da inconsistência de informações, a impermanência é reforçada pela velocidade de produção e reprodução de conteúdo midiático, característico da aceleração da Era da Pre(s)sa: a todo momento são apresentadas (e recicladas) matérias sobre o novo coronavírus. Porém, cada nova descoberta científica ou decisão política revela a efemeridade das nossas certezas e agrava a sensação de insegurança. Por vezes, o consumo compulsivo de informações busca ultrapassar esse aspecto da transitoriedade, sustentando a ilusão de que estar sempre atualizado significa não ser pego de surpresa pelo imprevisível da vida.

Eleita a palavra do ano pelo *Oxford Dictionary* em 2016, a noção de *pós-verdade* também exemplifica o negacionismo e a Recusa, muito antes da pandemia do novo coronavírus (HANCOCK, 2016). Diz respeito a pessoas que tomam decisões baseadas em suas convicções e crenças, mesmo quando contestadas pela realidade dos fatos. O fenômeno tem se manifestado com frequência em campanhas eleitorais, no Brasil (2018), nos Estados Unidos (2016) e no mundo, alimentando polarizações políticas em que o senso crítico e a função de julgamento[12] são deixados de lado.

12 A relação entre Recusa e perturbação da função de julgamento foi abordada no capítulo "Objeto fetiche e objeto transicional".

Em maio de 2015, Andy Borowitz, da revista *The New Yorker*,[13] abordou com sarcasmo esta problemática que nos deixa de cabelo em pé e explicita claramente a paralisia dos processos psíquicos provocada pela Recusa. Intitulada *Cientistas: Terra em perigo por nova cepa de humanos resistente aos fatos*,[14] sua coluna diz o seguinte:

> *Mineapolis (The Borowitz Report) – Os cientistas descobriram uma nova e poderosa linhagem de humanos resistentes aos fatos que estão ameaçando a capacidade da Terra de sustentar a vida, relata um novo estudo preocupante.*
>
> *A pesquisa, conduzida pela Universidade de Minnesota, identifica uma cepa virulenta de humanos que são virtualmente imunes a qualquer forma de conhecimento verificável, deixando os cientistas sem saber como combatê-los.*
>
> *"Esses humanos parecem ter todas as faculdades necessárias para receber e processar informações", disse Davis Logsdon, um dos cientistas que contribuíram para o estudo. "E ainda, de alguma forma, eles desenvolveram defesas que, para todos os efeitos, tornaram essas faculdades totalmente inativas". Mais preocupante ainda, Logsdon disse: "À medida que os fatos se multiplicaram, suas defesas contra esses fatos só ficaram mais poderosas".*

---

13 A publicação original em inglês encontra-se neste link: https://www.newyorker.com/humor/borowitz-report/scientists-earth-endangered-by-new-strain-of-fact-resistant-humans.

14 A versão traduzida está disponível em: https://bemblogado.com.br/site/cientistas-terra-em-perigo-por-nova-cepa-de-humanos-resistentes-aos-fatos/.

> *Embora os cientistas não tenham um entendimento claro dos mecanismos que impedem os humanos resistentes de absorver dados, eles teorizam que a cepa pode ter desenvolvido a capacidade de interceptar e descartar informações no trajeto do nervo auditivo para o cérebro.*
> *"As funções normais da consciência humana foram completamente anuladas", disse Logsdon.*
>
> *Ao reafirmar as avaliações sombrias do estudo, Logsdon manteve a esperança de que a ameaça de humanos resistentes aos fatos pudesse ser mitigada no futuro. "Nossa pesquisa é muito preliminar, mas é possível que eles se tornem mais receptivos aos fatos quando estiverem em um ambiente sem comida, água ou oxigênio", disse ele.*

A política do desmentido

Em momentos de penosas situações de crise, as lideranças e os discursos sociais servem como referências importantes para o cidadão na relação com o coletivo, em que o sujeito pode se reconhecer e sentir-se acolhido ou, ao contrário, elas podem agravar a sensação de vulnerabilidade e solidão. O filme *Dunkirk* (NOLAN, 2017) revela a potência dos discursos de Churchill durante a Segunda Guerra Mundial, em que os soldados britânicos regressaram ao país sentindo-se fracassados, mas foram acolhidos como heróis. Enquanto líder, ele foi capaz de mobilizar a nação na Operação Dínamo: em 1940, quando seus soldados estavam presos em Dunkirk, durante a invasão alemã à França, Churchill convocou toda e qualquer embarcação civil para ajudar no resgate desses combatentes, e a adesão da população foi impressionante.

Da mesma forma, durante a pandemia do novo coronavírus, alguns dirigentes fizeram pronunciamentos que buscaram gerar o sentimento de responsabilidade coletiva, como Angela Merkel[15] na Alemanha e a Rainha Elizabeth II[16] na Inglaterra. Entretanto, no Brasil, deparamo-nos com um desamparo que veio da esfera pública. Existem problemas cruciais na gestão da pandemia no país, tanto no que se refere à contenção da propagação do vírus, como em relação ao sofrimento psíquico da população.

Entre tantos exemplos da conduta inadequada do presidente Jair Bolsonaro, uma delas merece destaque: quando contávamos 5.017 vítimas da covid-19 no país, ele revelou sua indiferença por meio de um sonoro "e daí?".[17] Com essa simples declaração, ele realiza o desmentido[18] da realidade psíquica do que estamos vivendo, como alguém que diz para uma vítima de abuso sexual que "nada aconteceu, você que imaginou". O desmentido é uma violência psíquica terrível, justamente quando estamos tão vulneráveis. Com esse discurso, o presidente invalida o sofrimento daqueles que perderam parentes e amigos e deslegitima a angústia da população brasileira frente à pandemia.

Mas se, por um lado, esse dirigente não admite nem administra a crise na saúde pública; por outro, parece que ele sabe muito bem a gravidade da situação. Em junho de 2020, decidiu tirar da

15 Disponível em: https://www.youtube.com/watch?v=IWZiolHnm-w.

16 https://noticias.uol.com.br/saude/ultimas-noticias/redacao/2020/04/05/elizabeth-ii-cita-compaixao-e-agradece-profissionais-da-saude-em-discurso.htm.

17 Fonte: Jornal Folha de São Paulo, edição de 8 de abril de 2020. https://www1.folha.uol.com.br/equilibrioesaude/2020/04/e-dai-lamento-quer-que-eu-faca-o-que-diz-bolsonaro-sobre-recorde-de-mortos-por-coronavirus.shtml.

18 O conceito de desmentido foi abordado profundamente no capítulo "A Recusa e o desmentido".

plataforma oficial do Ministério da Saúde os índices referentes à conjuntura da pandemia no país, exatamente um dia após o registro das vítimas de covid-19 ter chegado a 35 mil (RODRIGUES, 2020).

Reagindo à censura imposta por esse "apagão" dos dados da pandemia, criou-se um consórcio de veículos de imprensa, que tem consolidado e divulgado esses índices para a população (RODRIGUES, 2020). Na contramão da indiferença do presidente, diversas organizações buscaram resgatar a identidade de cada vítima, favorecendo os processos de luto singular em um contexto de mortes em massa. Essas iniciativas sensíveis procuram humanizar o terror que vivemos, ao contrário da declaração do presidente: "lamento, quer que eu faça o quê?".

O que é importante destacar é que se a chegada do coronavírus criou uma atmosfera traumática para todo mundo, a postura do presidente é um segundo trauma para a população. Esses discursos públicos não são inócuos, mas portam uma violência impactante sobre os cidadãos. Quando não se pode contar com o Estado para gerir uma crise nacional, vive-se uma quebra de confiança radical. A sensação é de orfandade, pois, se o presidente não admite a realidade, não vê motivos para mobilizar os recursos para combatê-la. Além de desmentidos, o medo e o sofrimento têm sido explorados para interesses políticos eleitoreiros de todos os lados.

Fomentando o negacionismo, Bolsonaro validou o critério de cientificidade como bem quis. De um lado, posicionou-se contra a aplicação da vacina da Pfizer no Brasil, questionando a comprovação científica de seus benefícios e desincentivando a população a aderir à campanha (FRANCE PRESSE, 2020). No entanto, defendeu amplamente o uso de hidroxicloroquina para tratar a covid-19, ainda que o medicamento não tenha nenhuma eficácia científica comprovada para essa doença. A influência populista desse presidente é tamanha que, mesmo após a Organização Mundial da Saúde explicitar sua posição contrária ao medicamento,[19] os negacionistas continuaram no seu séquito. Afinal, quanto maior o desamparo, maior a vulnerabilidade a promessas messiânicas.

A condução da pandemia no Brasil tem revoltado a comunidade internacional, uma vez que a ineficiência do país piorou o combate global à covid-19, pois tem favorecido o surgimento de novas cepas do vírus, com maior potencial de letalidade. Aqui, o cidadão se vê abandonado à própria sorte. E neste "salve-se quem puder", em que a lei já não garante o direito à vida, o desamparo abre as portas para a perversão, o desespero, a violência, a melancolia e até a apatia.

Nesta crise nacional, as diferenças sociais se agravaram drasticamente: existem ofícios que não podem ser virtualizados, muitos brasileiros não têm acesso à internet e à tecnologia nem condições de salubridade em suas moradias. Há os que perderam seus empregos, suas rendas, suas casas, suas vidas. Desse modo, o provérbio "estamos todos no mesmo barco" precisou ser reformulado: nunca estivemos todos no mesmo barco e, agora, só estamos na mesma tempestade. Mesmo os que não estão sendo levados pela enxurrada e pelo coveiro estão lutando para ficar de pé e deparam-se com os desafios da vida em quarentena.

O vírus e a viralização

A chegada do vírus potencializou a viralização na medida em que o confinamento nas próprias residências nos fez recorrer à virtualidade para manter as relações de trabalho, de educação e de

---

19 https://www.cnnbrasil.com.br/saude/2021/03/02/oms-cloroquina-nao-funciona-contra-a-covid-19-e-pode-causar-efeitos-adversos

socialização. Na Era da Pre(s)sa (FAZZIO, 2019), desaprendemos a lidar com a ausência, com os intervalos, com os afetos e suas intensidades e, assim, a Recusa acionou um *modus operandi* de vivermos psiquicamente desligados, mas sempre online. Frente a situações traumáticas, esse recurso defensivo é amplamente acionado.

Na pandemia, a relação com a temporalidade foi abalada, pois vimos nossos projetos serem adiados indefinidamente. Ficou difícil sonhar quando o futuro é tão incerto; muitos sentem que o tempo parou e que foram roubados de suas vidas. Diante dessa freada brusca, que traz à tona o tédio, a apatia e a melancolia, alguns sentem o desejo de hibernar até que o pesadelo termine. Mas se de um lado a função protetiva da Recusa é adormecer o psiquismo, congelando-o até que chegue a primavera, do outro esse estado prolongado de defesa pode gerar adoecimentos.

Esse estado de transe também se produz por meio da defesa maníaca:[20] na pressa de se adaptar à nova situação, os processos de luto e de transformação são suprimidos, e o impacto emocional do susto traumático é silenciado pela Recusa. Quando a espera tem gosto de paralisação e de morte, as defesas evocam o imperativo de produtividade, que caracteriza a Era da Pre(s)sa. Na pandemia, a configuração das novas rotinas pretende preencher todo o tempo: é *home office*, *live*, *workshop*, *podcast*, reunião de Zoom, e o dia de repente acabou. Nesse circuito fechado e sem intervalos, o barulho se sobrepõe às vozes do psiquismo em sofrimento. O bombardeio de imagens e sons, o consumo desenfreado de conteúdo digital, ou mesmo de bens materiais, produzem um entorpecimento do psiquismo e não deixam espaço para a emergência da angústia.

---

20 Ver os capítulos "A Recusa primária e o trauma de Eros" e "A Recusa da utopia e o paciente sem esperança".

Assim, a hiperatividade[21] permite a Recusa da impotência, que é uma tentativa de sobreviver quando o senso de existência está tão ameaçado.

Fazzio (2020) destaca que o vírus digital não nos atinge como o vírus real. Esse último nos remete a questões duras, como perdas, incertezas e finitude. A pandemia desnuda nossa vulnerabilidade e desbanca a onipotência narcísica: temos medo de morrer ou de perder alguém, as relações afetivas estão tomadas pela turbulência de estar muito junto ou muito longe e, ainda por cima, temos medo de enlouquecer. Mas se a ciência não dá conta de nos tornar imortais e invulneráveis, a tecnologia nos faz grandes promessas narcísicas, de modo que a *viralização* da virtualidade se apresenta como reação às angústias que se intensificaram.

Em quarentena, o distanciamento físico agravou o medo de concretizar o "isolamento social", já vigente na vida pré-pandemia, e a tecnologia pode nos levar a extremos para nos defender da solidão. A especularidade das redes sociais propicia também a espetacularização[22] das relações (FAZZIO, 2020): a avidez pela possibilidade de sermos excepcionais e singulares é uma defesa perante a angústia de nos sentirmos massificados e insignificantes. Porém, se uma *selfie* não recebe curtidas e comentários suficientes, o espelho que sustenta a imagem desaba.

---

21 Segundo Fazzio (2020), Han (2017) nomeia a sociedade atual de *sociedade do cansaço*, em que o esgotamento seria resultado dos excessos autoimpostos pelos sujeitos do (super)desempenho. Nesse sentido, o *burnout* pode ser compreendido como consequência de uma autoexploração, em que o sujeito é levado a ultrapassar seus próprios limites ao acreditar que deve sempre se superar.

22 Segundo Debord (1997), o *tempo espetacular* é o tempo pseudocíclico, ou seja, um tempo do não vivido, uma vez que é feito do consumo de imagens ilusórias, dissociadas da realidade.

A viralização também contagiou as crianças, uma vez que estão mais ligadas às telas em virtude do fechamento das escolas. É por meio da tecnologia que participam de aulas virtuais e mantêm as relações com os amigos, buscando reforçar o sentimento de pertencimento. Se antes da pandemia pais e educadores se perguntavam sobre a idade adequada para que o jovem tivesse um celular, na pandemia ficamos quase sem escolha, afinal, sem internet não há nenhuma conexão. Desse modo, as crianças passaram a ter perfis em redes sociais, muitas vezes sem ter recursos psíquicos para modular as emoções, o que abriu espaço para o *cyberbullying*[23] e para uma exposição perigosa. Elas também entraram nesse mundo extremamente narcisista, que afeta a construção da autoestima e da identidade, e passaram a disputar audiência virtual.

Quando tudo parece paralisado e sem saída, a viralização nos faz sentir mais protagonistas de nossas vidas. Para algumas crianças (e adultos também), o vazio e o tédio predominaram sobre os espaços de criatividade, e muitas se desligaram de seu mundo interno, contando com as excitações do celular para se sentirem vivas e ativas. Afinal, o que é um desenho na gaveta comparado à possibilidade de ter mil seguidores? De repente, é a vida virtual que se torna a vida real.

Por outro lado, apesar da tendência *voyeur* das redes sociais, estas também têm sido importantes meios de compartilhamento e de identificação durante a pandemia. Em alguns casos, o sofrimento encontra nelas uma forma de expressão que solicita o reconhecimento público da dor privada. Imagens, textos e publicações permitem a socialização e a elaboração de angústias. Por meio das redes, foram organizadas diversas formas de manifestação coletiva

23 O *cyberbullying* é uma forma de *bullying*, praticada a partir da tecnologia e dos meios virtuais, frequentemente via redes sociais.

de sentimentos, como a revolta expressa nos panelaços,[24] a gratidão pelos médicos que é declarada com palmas nas janelas, e mesmo momentos de fé e comunhão com os vizinhos em horários de oração ou deixando à vista velas acesas.

À espera do depois

As perdas, as feridas narcísicas, a violência, a morte, as decepções amorosas fazem parte da vida. Elas nos atingem com toda a sua intensidade a cada instante, de modo que o aparelho psíquico está sempre sendo solicitado a lidar com um potencial traumático. Para enfrentar essas ameaças, construímos diariamente crenças e ilusões que prometem nos proteger, mesmo sabendo de nossa vulnerabilidade. Mas a chegada do novo coronavírus quebrou esse encanto e tivemos de encarar nossas entranhas e nossos mais terríveis pesadelos.

No cenário de pandemia, a realidade se tornou tão dura de suportar que as manifestações da Recusa vêm ao socorro de um psiquismo inundado pela intensidade traumática. Mas esse mecanismo de defesa é importante quando acionado de modo provisório e instrumental. Os fenômenos transicionais[25] (WINNICOTT, 1951) nos remetem a essa dimensão protetiva da Recusa, em que é possível se desligar parcialmente da realidade sem paralisar os processos de simbolização. O campo cultural tem essas propriedades que permitem conexão e distinção entre interno e externo, eu

24 Impossibilitados de sair de casa devido ao risco de contágio, os brasileiros manifestaram sua revolta com as decisões do governo batendo panelas em suas janelas.

25 O paralelo entre a Recusa e os fenômenos transicionais é tema do capítulo "Objeto fetiche e objeto transicional".

e outro, e, na medida em que o sujeito se identifica e se diferencia do coletivo, ele encontra ecos para digerir essas vivências surreais.

Não é a primeira vez que a humanidade passa por pandemias – recordemo-nos da gripe espanhola (1918) –, porém, nunca pensamos viver situações críticas e traumáticas desta dimensão. Assistíamos a filmes de ficção científica, de dramas históricos e de terror, brincando com o sentimento de *Unheimliche*,[26] o estranho familiar, quando entrávamos em contato com medos terríveis, mas nos dizíamos que isso nunca poderia acontecer conosco. De repente, com a chegada da pandemia, essa crença reasseguradora foi desmentida. Agora, a vivência de *Unheimliche* é assombrosa porque aquilo que parecia inimaginável se tornou real.

Provavelmente, o momento atual significará um marco histórico, como os horrores da Segunda Guerra Mundial (1939-1945), a explosão das bombas atômicas (1945), o ataque às torres gêmeas (2001), entre outros. Embora essas situações nos remetam à violência e à catástrofe, delas se formaram diversas narrativas, livros, obras de arte, filmes, que nos oferecem algum suporte para representar e enfrentar as adversidades, na medida em que transmitem saberes afetivos e objetivos sobre o atravessamento de traumas. *O diário de Anne Frank* (1947), por exemplo, permite a identificação com uma jovem que, há menos de um século, enfrentou condições muito mais insalubres de isolamento social do que a quarentena da classe média e alta do Brasil.

Desse modo, essa transmissão que conecta o coletivo ao singular favorece o processo de elaboração do trauma atual. A vida cultural passou a ser mais valorizada por algumas pessoas – não apenas pelo tédio, mas também pela urgência de alimento psíquico –, que voltaram a assistir a filmes, e não apenas a seriados

26 A relação entre a Recusa e a sensação de inquietante estranheza (*Unheimliche*) foi explorada no capítulo "Recusa e *Unheimliche*: a inquietante estranheza" .

instantâneos e pasteurizados; a ler livros ou mesmo escrevê-los; a organizar rodas de conversa virtuais; entre outros. As identificações com heróis, figuras míticas e pessoas com biografias corajosas também servem de sustentação do Princípio de Esperança.

Essas manifestações também envolvem o campo das crenças, não somente as religiosas, mas qualquer tipo de promessa ilusória de que tudo vai ficar bem. Elas são sustentadas pela Recusa como forma de reavivar o imaginário em torno de uma mãe fálica,[27] onipotente, que pode consertar tudo, que nos protege da doença e da morte e que nos salva do infortúnio. As crenças oferecem um refúgio necessário em momentos de vulnerabilidade, criando um campo de ilusão importante para seguirmos investindo na vida apesar da realidade assustadora. Desde que se mantenham permeáveis e abertas a transformações, as crenças são protetoras do psiquismo; caso contrário, convertem-se em negacionismo.

Ao compartilhar práticas, narrativas e ideais, promove-se um processo de apropriação da história familiar e singular, em que o sujeito encontra um lugar no tecido social. Os rituais, as tradições e os mitos geram um senso de pertencimento, segurança e continuidade da existência. Na relação analítica, também surgem esses fios condutores, uma vez que o analista é testemunha das dores e das batalhas do paciente, de sua história singular, dos recursos internos e da coragem que já foi necessária em outras situações tenebrosas. Em contextos traumáticos, é fundamental sentir que já temos alguma bagagem emocional para lidar com a adversidade, se tivermos podido *aprender com a experiência* (BION, 1962). Essa confiança nos objetos internos preserva o senso de continuidade, mesmo enquanto vivemos as rupturas.

---

27 A crença na mãe fálica é tema do capítulo "A Recusa e a crença na mãe fálica".

Todas essas experiências alimentam nossa esperança de poder enfrentar o sofrimento e sobreviver a ele sem que as tempestades da vida nos despossuam de nossa própria casa psíquica. Não há dúvida de que o contexto atual é de luto e é preciso chorar os mortos. No movimento de projeção do futuro pós-pandemia, as angústias ganham voz; entretanto, abre-se também a possibilidade de esperar que o que está ausente agora possa ser reencontrado mais adiante, ainda que sob outras roupagens. Ou, como propõe Green (1974), que possamos transformar o delírio em jogo e a morte em ausência.

Referências

ARENDT, H. *Eichmann em Jerusalém*: um relato sobre a banalidade do mal. São Paulo: Companhia das Letras, 1999.

ANZIEU, D. *O Eu-pele*. São Paulo: Casa do Psicólogo, 1988.

AULAGNIER, P. (1964). Observações sobre a estrutura psicótica. In: KATZ, C. S. (org.). *Psicose*. São Paulo: Escuta, 1991.

AULAGNIER-SPAIRANI, P. A perversão como estrutura. *Revista Latinoamericana de Psicopatologia Fundamental*, v. 6, n. 3, jul.-set. 2003.

BASS, A. *Difference and Disavowal*: the trauma of Eros. Redwood: Stanford University Press, 2000.

BAUMAN, Z. *Amor líquido*: sobre a fragilidade dos laços humanos. Rio de Janeiro: Zahar, 2004.

BENVENISTE, D. *The Interwoven Lives of Sigmund, Anna and W. Ernest Freud*: Three Generations of Psychoanalysis. New York: International Psychoanalytic Books, 2015.

BION, W. R. (1962). Learning from experience. *In*: *The Complete Works of W.R. Bion*. London: Karnac Books, 2014.

BION, W. R. (1970). *Atenção e Interpretação*. Rio de Janeiro: Imago, 2006.

BLEGER, J. (1966). Psicanálise do enquadre psicanalítico. *Revista Fepal: Mudanças e permanências*, Montevideo, p. 103-113, set. 2002.

BOLLAS, C. (1987). *A sombra do objeto*: psicanálise do conhecido não pensado. São Paulo: Escuta, 2015.

CANDI, T. S. *O duplo-limite*: o aparelho psíquico de André Green. São Paulo: Escuta, 2010.

CHREIM, V. *Um estudo sobre a Recusa* (*Verleugnung*). Monografia (Conclusão do curso) – Formação em Psicanálise do Instituto Sedes Sapientiae. São Paulo, 2019a.

CHREIM, V. *Dimensões da Recusa*: crença, trauma e clínica. Dissertação (Mestrado em Psicologia: Psicologia Clínica) – Programa de Estudos Pós-Graduados em Psicologia: Psicologia Clínica, Pontifícia Universidade Católica de São Paulo. São Paulo, 2019b.

CHREIM, V. A infância e o infantil: sexualidade e gênero. *In*: CECCARELLI, P. R. *et al. Psicanálise, Sexualidade e Gênero*: Um debate em construção. São Paulo: Zagodoni, 2019c.

CHREIM, V.; CINTRA, E. M. U. A Recusa e as crenças: a dimensão narcísica da não admissão da castração. *Estudos Interdisciplinares em Psicologia*, v. 11, n. 3supl, p. 163-181, dez. 2020a.

CHREIM, V.; CINTRA, E. M. U. A Recusa e a transmissão do impensável. *In*: MARTANI, S. (org.). *Sonhos Privados*: psicanálise e escuta contemporânea – Parte 2. São Paulo: Humana Letra, 2019. No prelo.

CINTRA, E. M. U. A questão da crença versus a questão da fé: articulações com a Verleugnung freudiana. *Psicologia em Revista*, v. 10, n. 15, p. 43-56, 2004.

CLAVREUL, J. O casal perverso. *In*: CLAVREUL, J. *et al. O desejo e a perversão*. Campinas: Papirus, 1990.

DEBORD, G. *A sociedade do espetáculo*: comentários sobre a sociedade do espetáculo. Rio de Janeiro: Contraponto, 1997.

FAZZIO, F. E. *O tempo e o impacto da experiência estética na Era da Pre(s)sa*: Psicanálise e teatro performático. Dissertação (Mestrado) - Pós-graduação em Psicologia Clínica, Pontifícia Universidade Católica de São Paulo. São Paulo, 2019.

FAZZIO, F. E. A espera na "Era da pre(s)sa". *Jornal de Psicanálise*, v. 53, n. 98, p. 95-106, jan./jun. 2020.

FERENCZI, S. (1928). A elasticidade da técnica psicanalítica. *In*: *Psicanálise IV*. São Paulo: Martins Fontes, 2011.

FERENCZI, S. (1929). A criança mal acolhida e sua pulsão de morte. *In*: *Psicanálise IV*. São Paulo: Martins Fontes, 2011.

FERENCZI, S. (1931). Análise de crianças com adultos. *In*: *Psicanálise IV*. São Paulo: Martins Fontes, 2011.

FERENCZI, S. (1933). Confusão de línguas entre os adultos e a criança. *In*: *Psicanálise IV*. São Paulo: Martins Fontes, 2011.

FERENCZI, S. (1934). Reflexões sobre o trauma. *In*: *Psicanálise IV*. São Paulo: Martins Fontes, 2011.

FRANK, A. (1947). *O diário de Anne Frank*. Edição integral. Rio de Janeiro: Record, 2000.

FERRAZ, F. C. *Tempo e ato na perversão*. São Paulo: Casa do Psicólogo, 2010.

FIGUEIREDO, L. C. *Psicanálise*: elementos para a clínica contemporânea. São Paulo: Escuta, 2008.

FIGUEIREDO, L. C. Escutas em análise | Escutas poéticas. *Revista Brasileira de Psicanálise*, v. 48, n. 1, jan./abr. 2014.

FIGUEIREDO, L. C. *A psicanálise*: caminhos no mundo em transformação. São Paulo: Escuta, 2018.

FREUD, S. (1895). Projeto para uma psicologia científica. *In*: *Edição Standard Brasileira das Obras Psicológicas Completas de Sigmund Freud*. Rio de Janeiro: Imago, 1996.

FREUD, S. (1897). Carta 69. *In*: *Edição Standard Brasileira das Obras Psicológicas Completas de Sigmund Freud*. Rio de Janeiro: Imago, 1996.

FREUD, S. (1905). Três ensaios sobre a teoria da sexualidade. *In*: *Edição Standard Brasileira das Obras Psicológicas Completas de Sigmund Freud*. Rio de Janeiro: Imago, 1996.

FREUD, S. (1908). Sobre as teorias sexuais das crianças. *In*: *Edição Standard Brasileira das Obras Psicológicas Completas de Sigmund Freud*. Rio de Janeiro: Imago, 1996.

FREUD, S. (1909). Análise de uma fobia em um menino de cinco anos. *In*: *Edição Standard Brasileira das Obras Psicológicas Completas de Sigmund Freud*. Rio de Janeiro: Imago, 1996.

FREUD, S. (1911a). Formulações sobre os dois princípios do funcionamento mental. *In*: *Edição Standard Brasileira das Obras Psicológicas Completas de Sigmund Freud*. Rio de Janeiro: Imago, 1996.

FREUD, S. (1911b). Formulações sobre os dois princípios do funcionamento psíquico. *In*: *Obras Completas*. São Paulo: Companhia das Letras, 2010.

FREUD, S. (1912-1913). Totem e tabu. *In*: *Obras Completas*. São Paulo: Companhia das Letras, 2012.

FREUD, S. (1914a). Introdução ao narcisismo. *In*: *Obras Completas*. São Paulo: Companhia das Letras, 2010.

FREUD, S. (1914b). Recordar, repetir e elaborar. *In*: *Obras Completas*. São Paulo: Companhia das Letras, 2010.

FREUD, S. (1919a). "Batem numa criança": contribuição ao conhecimento da gênese das perversões sexuais. *In*: *Obras Completas*. São Paulo: Companhia das Letras, 2010.

FREUD, S. (1919b). O Inquietante. *In*: *Obras Completas*. São Paulo: Companhia das Letras, 2010.

FREUD, S. (1920). Além do princípio do prazer. *In*: *Obras Completas*. São Paulo: Companhia das Letras, 2010.

FREUD, S. (1923a). O Eu e o Id. *In*: *Obras Completas*. São Paulo: Companhia das Letras, 2011.

FREUD, S. (1923b). A organização genital infantil. *In*: *Obras Completas*. São Paulo: Companhia das Letras, 2011.

FREUD, S. (1924a). A dissolução do complexo de Édipo. *In*: *Obras Completas*. São Paulo: Companhia das Letras, 2011.

FREUD, S. (1924b). A perda da realidade na neurose e na psicose. *In*: *Obras Completas*. São Paulo: Companhia das Letras, 2011.

FREUD, S. (1924c). O problema econômico do masoquismo. *In*: *Obras Completas*. São Paulo: Companhia das Letras, 2011.

FREUD, S. (1925a). Algumas consequências psíquicas da diferença anatômica entre os sexos. *In*: *Obras Completas*, Vol. 16. São Paulo: Companhia das Letras, 2011.

FREUD, S. (1925b). A negação. *In*: *Obras Completas*. São Paulo: Companhia das Letras, 2011.

FREUD, S. (1926). Inibição, sintoma e angústia. *In*: *Obras Completas*. São Paulo: Companhia das Letras, 2014.

FREUD, S. (1927). O Fetichismo. *In*: *Obras Completas*. São Paulo: Companhia das Letras, 2014.

FREUD, S. (1933). A feminilidade. *In*: *Obras Completas*. São Paulo: Companhia das Letras, 2010.

FREUD, S. (1937a). Análise terminável e interminável. *In*: *Obras Completas*. São Paulo: Companhia das Letras, 2018.

FREUD, S. (1937b). Construções na análise. *In*: *Obras Completas*. São Paulo: Companhia das Letras, 2018.

FREUD, S. (1940[1938]a). Compêndio de psicanálise. *In*: *Obras Completas*. São Paulo: Companhia das Letras, 2018.

FREUD, S. (1940[1938]b). A cisão do Eu no processo de defesa. *In*: *Obras Completas*. São Paulo: Companhia das Letras, 2018.

GREEN, A. (1966-1967). Narcisismo primário: estrutura ou estado? *In*: *Narcisismo de vida, narcisismo de morte*. São Paulo: Escuta, 1988.

GREEN, A. (1971). A projeção: da identificação projetiva ao projeto. *In*: *A Loucura Pessoal*: psicanálise de casos-limite. São Paulo: Escuta, 2017.

GREEN, A. (1974). O analista, a simbolização e a ausência no enquadre analítico. *In*: *A Loucura Pessoal*: psicanálise de casos-limite. São Paulo: Escuta, 2017.

GREEN, A. (1975). La Psychanalyse, Son Objet, Son Avenir. *In*: *Propédeutique*: la metapsychologie revisitée. Paris: Champ Valo lon, 1995.

GREEN, A. (1976). O conceito de limite. *In*: *A Loucura Pessoal*: psicanálise de casos-limite. São Paulo: Escuta, 2017.

GREEN, A. (1979a). A psicanálise e o pensamento habitual. *In*: *A Loucura Pessoal*: psicanálise de casos-limite. São Paulo: Escuta, 2017.

GREEN, A. (1979b). O silêncio do psicanalista. *In*: *A Loucura Pessoal*: psicanálise de casos-limite. São Paulo: Escuta, 2017.

GREEN, A. (1980). A mãe morta. *In*: *Narcisismo de vida, narcisismo de morte*. São Paulo: Escuta, 1988.

GREEN, A. (1986). Anexo 1: o trabalho do negativo. *In*: *O trabalho do negativo*. Porto Alegre: Artmed, 2010.

GREEN, A. (1987). A capacidade de rêverie e o mito etiológico. *In*: *A Loucura Pessoal*: psicanálise de casos-limite. São Paulo: Escuta, 2017.

GREEN, A. (1993). Pulsão de morte, narcisismo negativo, função desobjetalizante. *In*: *O trabalho do negativo*. Porto Alegre: Artmed, 2010.

GREEN, A. *La pensée clinique*. Paris: Odile Jacob, 2002.

GREEN, A. A intuição do negativo em o brincar e a realidade. In: ABRAHAM, J. (Org.). *André Green e a Fundação Squiggle*. São Paulo: Rocca, 2003.

HAN, B. C. *Sociedade do cansaço*. Petrópolis: Vozes, 2015.

KAHTUNI, H. C.; SANCHES, G. P. *Dicionário do pensamento de Sándor Ferenczi*: uma contribuição à clínica psicanalítica contemporânea. São Paulo: Elsevier, 2009.

LACAN, J. (1966). O estádio do espelho como formador da função do eu. *In*: *Escritos*. Rio de Janeiro: Zahar, 1998.

MÁRQUEZ, G. G. (1986). *O amor nos tempos do cólera*. Rio de Janeiro: Record, 2009.

MANNONI, O. (1969). Eu sei, mas mesmo assim. In: KATZ, C. M. (org). *Psicose*. São Paulo: Escuta, 1991.

MIRANDA, H. F. Confusão das línguas: eficiência e deficiências da tradução. *In*: VERZTMAN, J. *et al.* (org.). *Sofrimentos narcísicos*. Rio de Janeiro: Cia de Freud; UFRJ; Brasília: CAPES PRODOC, 2012.

MONTCLOS, V. *Seu paciente favorito*: 17 histórias extraordinárias de psicanalistas. São Paulo: Perspectiva, 2020.

NOSEK, L. *A disposição para o assombro*. São Paulo: Perspectiva, 2017.

OGDEN, T. Sobre sustentar e conter, ser e sonhar. *In*: *Esta arte da psicanálise*: sonhando sonhos não sonhados e gritos interrompidos. Porto Alegre: Artmed, 2010.

OGDEN, T. Fear of breakdown and the unlived life. In: OGDEN, T. *Reclaiming unlived life*: experiences in psychoanalysis. Lonx dres; Nova York: Routledge, 2016.

PENOT, B. *Figuras da recusa: aquém do negativo*. Porto Alegre: Artes Médicas, 1992.

PINHEIRO, T. Em busca de uma metapsicologia da melancolia. In: BIRMAN, J. (org.). *Sobre a psicose*. Rio de Janeiro: Contracapa, 1999.

PUGET, L.; WENDER, L. Analista y paciente en Mundos Superpuestos. *Psicoanálisis*, v. 4, n. 3, p. 503-536, nov. 1982.

ROUSSILLON, R. *Le plaisir et la repetition*. Paris: Dunod, 2001.

SEGAL, H. (1955). Notas sobre a formação de símbolos. *In*: SPILLIUS, E. B. (ed.). *Melanie Klein hoje*: desenvolvimentos da teoria e da técnica. Rio de Janeiro: Imago, 1991. (Vol. 1: Artigos predominantemente teóricos)

TAMBURRINO, G. *Enactments e transformações no campo analisante*. São Paulo: Escuta, 2016.

VIANA, *et al.* Os destinos da culpa na contemporaneidade. *In*: VERZTMAN, J. *et al.* (org.). *Sofrimentos narcísicos*. Rio de Ja neiro: Cia de Freud; UFRJ; Brasília: CAPES PRODOC, 2012.

WINNICOTT, D. W. (1951). Objetos transicionais e fenômenos transicionais. *In*: *O brincar e a realidade*. Rio de Janeiro: Imago, 1975.

WINNICOTT, D. W. (1954-1955). A posição depressiva no desenvolvimento emocional normal. *In*: *Da Pediatria à Psicanálise*: obras escolhidas. Rio de Janeiro: Imago, 2000.

WINNICOTT, D. W. (1956a). A preocupação materna primária. *In*: *Da Pediatria à Psicanálise*: obras escolhidas. Rio de Janeiro: Imago, 2000.

WINNICOTT, D. W. (1956b). A tendência anti-social. *In*: *Privação e delinquência*. São Paulo: Martins Fontes, 2005.

WINNICOTT, D. W. (1958). A capacidade para estar só. *In*: *O ambiente e os processos de maturação*: estudos sobre o desenvolvimento emocional. Porto Alegre: Artmed, 1983.

WINNICOTT, D. W. (1963). O medo do colapso (breakdown). *In*: *Explorações psicanalíticas*: D. W. Winnicott. Porto Alegre: Artmed, 1994.

WINNICOTT, D. W. (1964-1968). O jogo do rabisco (Squiggle Game). *In*: *Explorações psicanalíticas*: D. W. Winnicott. Porto Alegre: Artmed, 1994.

WINNICOTT, D. W. (1967). O papel de espelho da mãe e da família no desenvolvimento infantil. *In*: *O brincar e a realidade*. Rio de Janeiro: Imago, 1975.

WINNICOTT, D. W. *Natureza Humana*. Rio de Janeiro: Imago, 1990.

WULF, M. (1946). Fetichismo e escolha de objeto na primeira infância. *Percurso*, v. 40, ano XXI, jun. 2008.

Entrevistas

BENVENISTE, D. Reportaje a Daniel Benveniste, biógrafo de W. Ernest Freud. *Fort-Da: Revista de Psicoanálisis con Niños*, n. 14, nov. 2020.

ROUDINESCO, E. Entrevista de Alain Badiou e Elisabeth Roudinesco à Revista Le Nouvel Observateur publicada na França, em abril de 2012. *Reverso*, v. 34, n. 63, p. 103-106, jun. 2012.

ROUDINESCO, E. Entrevista de Elisabeth Roudinesco. *Gazeta Zero Hora*, Porto Alegre, 4 de outubro de 2014.

Filmes

A ILHA DO MEDO (*Shutter Island*). Direção de Martin Scorcese. Estados Unidos: Phoenix Pictures; Sikelia Productions; Appian Way Productions, 2010. 137 min.

BLUE JASMINE. Direção de Woody Allen. Estados Unidos: Perdido Productions; Gravier Productions, 2013. 98 min.

CONFIAR (*Trust*). Direção de David Schwimmer. Canadá: Millennium Films, 2010. 106 min.

DUNKIRK. Direção de Christopher Nolan. Estados Unidos, França, Holanda e Reino Unido: Warner Bros, 2017. 107 min.

LA LUNA. Direção de Bernardo Bertolucci. Itália: Fiction Cinematrografica; 20th Century Fox, 1979. 142 min.

MAIS ESTRANHO QUE A FICÇÃO (*Stranger Than Fiction*). Direção de Marc Forster. Estados Unidos: Crick Pictures LLC; Mandate Pictures, 2006. 113 min.

NOVE RAINHAS (*Nueve Reinas*). Direção de Fabián Bielinsky. Argentina: Signature Pictures, 2000. 114 min.

PRENDA-ME SE FOR CAPAZ (*Catch me if you can*). Direção de Steven Spielberg. Estados Unidos: Amblin Entertainment, 2002. 141 min.

THE BIG BANG THEORY [seriado]. Direção de Chuk Lorre e Bill Prady. Estados Unidos: CBS, 2007, son., col.

TOM E JERRY (*Tom and Jerry*). [desenho animado infantil]. CriC ado por William Hanna e Joseph Barbera. Estados Unidos: MetroGoldwyn-Mayer Inc, 1940-1967.

Podcast

ERA DA PRE(S)SA PODCAST. A intolerância na Pre(s)sa. Idealizado e produzido por Fernanda Fazzio. [S.l.]: Estúdio Bahsamori, 2020. Disponível em: https://open.spotify.com/episode/5dXOE8rbCkmmSFi1gFBCtC?si=gQ22B9AmQ-wm0akX77kGEQ&dl_branch=1.

Imagens

WATTERSON, B. Calvin e Haroldo, A História do Quati (The Raccoon Story), 1987. *O Estado de S. Paulo*. Disponível em: http://

notaterapia.com.br/2015/11/18/30-anos-de-calvin-e-haroldo--a-tirinha-mais-incrivel-de-bill-watterson/. Acesso em: 7 out. 2018.

Músicas

AH! VOUS DIRAI-JE MAMAN. Intérprete: Wolfgang Amadeus Mozart. Compositor: Wolfgang Amadeus Mozart. [S. l.]: Read Books, 1782. CD-ROM.

BLUE MOON. Compositor: Richard Rodgers e Lorenz Hart. Intérprete: Billie Holiday. [S. l.]: Robbins Music, 1934. CD-ROM.

BRILHA BRILHA ESTRELINHA. Intérprete: Vera Fuzaro e Isabela G. Carvalho. *In*: *GALINHA Pintadinha 4*. Compositor: Juliano Prado e Marcos Luporini. São Paulo: Som Livre, 2014. CD-ROM, 14.

CÁLICE. Intérprete: Chico Buarque e Milton Nascimento. Compositores: Chico Buarque e Gilberto Gil. *In*: *Chico Buarque*. [S. l.]: Polygram/Philips, 1978. CD-ROM, 2.

SE ESSA RUA FOSSE MINHA. Intérprete: Luiz Barbosa. Compositor: Roberto Martins e Mário Lago. [S. l.], 1936. Disponível em: https://discografiabrasileira.com.br/fonograma/44629/se--essa-rua-fosse-minha. Acesso em: 7 ago. 2021.

Notícias

ADORNO, L. Militares lembraram golpe de 64 até fim da era Lula; Dilma vetou cerimônia. *UOL Notícias*, 26 mar. 2019. Disponível em: https://noticias.uol.com.br/politica/ultimas-noticias/2019/03/26/

comemoracao-de-data-do-golpe-militar-no-brasil-durou-ate-o-governo-lula.htm. Acesso em: 7 ago. 2021.

ALTARES, G. Genocídio Armênio, uma política de Estado que inspirou os nazistas, é negado por motivos políticos. *El País Brasil*, 1 maio 2021. Disponível em: https://brasil.elpais.com/internacional/2021-05-01/genocidio-armenio-uma-politica-de-estado-que-inspirou-os-nazistas-e-negado-por-motivos-politicos.html. Acesso em: 7 ago. 2021.

BOROWITZ, A. Cientistas: Terra em perigo por nova cepa de humanos resistentes aos fatos. *Bem Blogado*, 9 fev. 2021. Disponível em: https://bemblogado.com.br/site/cientistas-terra-em-perigo-por-nova-cepa-de-humanos-resistentes-aos-fatos/. Acesso em: 7 ago. 2021.

CALGARO, F. Caso Mariana Ferrer: Câmara aprova projeto que torna crime a 'violência institucional'. *G1*, 10 dez. 2020. Disponível em: https://g1.globo.com/politica/noticia/2020/12/10/caso-mariana-ferrer-camara-aprova-projeto-que-torna-crime-a-violencia-institucional.ghtml. Acesso em: 10 dez. 2020.

CHAIB, J.; CARVALHO, D. 'E daí? Lamento, quer que eu faça o que?', diz Bolsonaro sobre recorde de mortos por coronavírus. *Folha de S.Paulo* [online], 28 abr. 2020. Disponível em: https://www1.folha.uol.com.br/equilibrioesaude/2020/04/e-dai-lamento-quer-que-eu-faca-o-que-diz-bolsonaro-sobre-recorde-de-mortos-por-coronavirus.shtml. Acesso em: 30 jun. 2021.

CORACCINI, R. OMS: Hidroxicloroquina não funciona contra Covid-19 e pode causar efeito adverso. *CNN Brasil*, 2 mar. 2021. Disponível em: https://www.cnnbrasil.com.br/saude/2021/03/02/oms-cloroquina-nao-funciona-contra-a-covid-19-e-pode-causar-efeitos-adversos. Acesso em: 7 ago. 2021.

DW BRASIL. O apelo inédito de Merkel devido ao coronavírus [vídeo do YouTube]. 19 mar. 2020. Disponível em: https://www.youtube.com/watch?v=IWZiolHnm-w. Acesso em 30 jun. 2021.

FAIRS, M. Nike's "Just do it" slogan is based on a murderer's last words, says Dan Wieden. *Dezeen*, 14 mar. 2015. Disponível em https://www.dezeen.com/2015/03/14/nike-just-do-it-slogan-last-words-murderer-gary-gilmore-dan-wieden-kennedy/. Acesso em: 7 ago. 2021.

FRANCE PRESSE. Bolsonaro sobre vacina de Pfizer: 'Se você virar um jacaré, é problema de você'. *UOL Notícias*, 18 dez. 2020. Disponível em: https://noticias.uol.com.br/ultimas-noticias/afp/2020/12/18/bolsonaro-sobre-vacina-de-pfizer-se-voce-virar-um-jacare-e-problema-de-voce.htm. Acesso em: 7 ago. 2021.

FRANCE PRESSE. Arquivos do papa Pio XII, acusado de ser conivente com nazismo, são abertos aos pesquisadores. *G1*, 3 mar. 2020. Disponível em: https://g1.globo.com/mundo/noticia/2020/03/02/arquivos-do-papa-pio-xii-acusado-de-ser-conivente-com-nazismo-sao-abertos-aos-pesquisadores.ghtml. Acesso em: 7 ago. 2021.

G1RO. 'Não era chacota, fiz de coração', diz Ivo Cassol após vídeo de solda elétrica contra a Covid viralizar. *G1*, 26 mar. 2021. Disponível em: https://g1.globo.com/ro/rondonia/noticia/2021/03/26/nao-era-chacota-fiz-de-coracao-diz-ivo-cassol-apos-video-de-solda-eletrica-contra-a-covid-viralizar.ghtml. Acesso em: 30 jun. 2021.

HANCOCK, J. R. Dicionário Oxford dedica sua palavra do ano, 'pós-verdade', a Trump e Brexit. *El País Brasil*, 17 nov. 2016. Disponível em: https://brasil.elpais.com/brasil/2016/11/16/

internacional/1479308638_931299.html. Acesso em: 30 jun. 2021.

MENDES, P. Dilma sanciona nesta sexta lei que cria a Comissão da Verdade. *G1*, 18 nov. 2011. Disponível em: http://g1.globo.com/politica/noticia/2011/11/dilma-sanciona-nesta-sexta-lei-que-cria-comissao-da-verdade.html. Acesso em: 7 ago. 2021.

RODRIGUES, M. Após reduzir boletim diário, governo Bolsonaro retira dados acumulados da Covid-19 do site. *G1*, 6 jun. 2020. Disponível em: https://g1.globo.com/politica/noticia/2020/06/06/apos-reduzir-boletim-governo-bolsonaro-retira-dados-acumulados-da-covid-19-de-site-oficial.ghtml. Acesso em: 30 jun. 2021.

UOL. Elizabeth 2ª agradece aos profissionais da saúde em discurso. *UOL Notícias*, 5 abr. 2020. Disponível em: https://noticias.uol.com.br/saude/ultimas-noticias/redacao/2020/04/05/elizabeth-ii-cita-compaixao-e-agradece-profissionais-da-saude-em-discurso.htm. Acesso em: 30 jun. 2021.